Michael Schmidt

Wie auf See so vor Gericht

Das zweifache Sterben
des Marinesoldaten Scheffelmeier

*Mein Dank gilt dem NDR-Landesfunkhaus
Mecklenburg-Vorpommern für die Unterstützung
bei der Recherche und für die freundliche Bereitstellung
der Bilddokumente.*

Michael Schmidt

Das Buch

Zwei Matrosen sterben bei einem Manöver auf See. Der Vorgang ist tragisch, die Konsequenz exemplarisch: Die Verantwortung wird wie meist den Opfern zugeschoben. Die sind tot und können sich nicht wehren. In diesem Falle jedoch übernimmt einer der Väter diese Aufgabe. Wolfgang Scheffelmeier aus Cappel in NRW kämpft gegen die Marine, die Justiz, gegen die Bundesrepublik Deutschland. Sein Einsatz für Gerechtigkeit – Erklärung der Unschuld der Verunglückten – erhält eine eigene Dynamik. Am Ende scheitert der Streiter wie jener Hans Kohlhase aus dem 16. Jahrhundert, dem Kleist in einer Novelle als Michael K. Gestalt gab. Ernst Bloch nannte diesen einen »Don Quijote rigoroser bürgerlicher Moralität«. Das trifft gewiss auch auf Scheffelmeier sr. zu.

Der Autor

Michael Schmidt, Jahrgang 1954, gebürtig in Schwerin. Diplomjournalist, Redakteur im Bereich Publizistik des DFF, Moderator bei AK Zwo und Spätjournal, seit 1992 Redakteur beim NDR in Mecklenburg-Vorpommern.
Bücher: »Der Krieg in Passee« (1995), »Das Hurenhaus« (1997), »Der Untergang der BELUGA« (2001, gemeinsam mit Lutz Riemann).
Schmidt hat sich seit 2002 immer wieder mit dem im Buch behandelten Thema beschäftigt und dazu im NDR auch mehrere Fernsehbeiträge produziert.

Inhalt

Todesnachrichten von Kabul bis Cappel 7
Feste Entschlossenheit bis 14.51 Uhr 17
   Sammy, mein Sohn 30
Gottvertrauen im irdischen Jammertal 32
Wir haben die Ehre, gehorsame Diener zu sein 49
   Sammy, Deine Schulzeit 61
Eine Einladung zum praxisnahen Selbstversuch 63
Der Fregattenkommandant als Sündenbock 77
   Sammy, Deine Freunde 91
Vorschriften für eine eierlegende Wollmilchsau 94
Einsteigen, nichts tun dürfen und wieder aussteigen 103
   Sammy, Du Motorrad-Freak 113
Tödliches Schicksal in der Adria 116
Geballte Fäuste auf der Kommandobrücke 125
   Sammy und das Surfen 145
Die Queen übt vornehme Zurückhaltung 148
Großes Kino im warmen Schwimmbad 156
   Sammy, Deine Freundin Rebecca 170
Ein Vater erzwingt die Anklage 174
Eine Fregatte ohne Sicherheitsregeln 187
   Sammy, die Musik und der Basketball 197
Friedrich II. wird entdeckt und ein Anwalt gefeuert 200
Wie man einen Anwalt für verrückt erklärt 212
   Sammy, mach's gut 224
Beleidigte Richter mobilisieren die Kripo 226
Letzte Hoffnung Karlsruhe 240

Vor dem Gesetz steht ein Türhüter.
Zu diesem Türhüter kommt ein Mann vom Lande und bittet
um Eintritt in das Gesetz. Aber der Türhüter sagt,
dass er ihm jetzt den Eintritt nicht gewähren könne.
Der Mann überlegt und fragt dann, ob er also später
werde eintreten dürfen. »Es ist möglich«,
sagt der Türhüter, »jetzt aber nicht«.
Da das Tor zum Gesetz offensteht wie immer und der Türhüter
beiseite tritt, bückt sich der Mann, um durch das Tor in das
Innere zu sehn. Als der Türhüter das merkt, lacht er und sagt:
»Wenn es dich so lockt,
versuche es doch, trotz meines Verbotes hineinzugehn. Merke
aber: Ich bin mächtig. Und ich bin nur der Unterste Türhüter.
Von Saal zu Saal stehn aber Türhüter, einer mächtiger als der
andere. Schon den Anblick des dritten kann nicht einmal ich
mehr ertragen.«
Solche Schwierigkeiten hat der Mann vom Lande
nicht erwartet; das Gesetz soll doch jedem und immer
zugänglich sein, denkt er ...

Franz Kafka,
aus: »Vor dem Gesetz«

Todesnachrichten von Kabul bis Cappel

Ein ruhiger Abend im Hause Scheffelmeier. Was sollte auch los sein, in der kleinen Eigenheimsiedlung von Cappel in Westfalen. Das Dorf, es gehört zur wenige Kilometer entfernten Kleinstadt Blomberg, hat sich eingerichtet zwischen waldbedeckten Hügeln und Feldern. Die ländliche Beschaulichkeit ist erstaunlich, denn das weite Land herum ist arg zersiedelt und kreuz und quer zerschnitten von Straßen.

Es ist der 6. März 2002. Ein ganz normaler Tag, dieser Mittwoch. Cappel atmet Ruhe und Frieden. Die lärmende Welt findet anderswo statt, weit weg. Nur hin und wieder drängt sie auch in die schmucken Häuser des Dorfes. Wie überall genügt der sanfte Druck auf einen Knopf der Fernbedienung und in die Wohnzimmer flimmern Bilder von Kriegen weltweit. Seit Jahren kommt keine Nachrichtensendung ohne sie aus. Nun sind sogar deutsche Soldaten draußen mit dabei. Und plötzlich hat man im Fernsehsessel das Gefühl, ein kleines bisschen näher dran zu sein an ratternden Panzern, berstenden Geschossen und sterbenden Menschen. Nein, noch nicht mittendrin, Gott sei Dank. Aber auch nicht mehr so sehr weit weg.

Wolfgang Scheffelmeier ist gerade dabei sich aufzuregen. Wieder mal. Aber wie soll er auch an sich halten bei dem, was er da zu sehen kriegt. Sie sitzen vor dem Fernseher, er und Ingrid, seine Frau. Auf dem Bildschirm aktuelle Bilder aus Afghanistan, reine Horrormeldungen. Ausländische Soldaten waren getötet worden. Und diesmal holte sich der Krieg am Hindukusch seine Opfer sogar aus Deutschland. In Kabul verunglückten zwei deutsche und drei dänische Soldaten. Sie hatten versucht, eine Luftabwehrrakete zu entschärfen.

Die offiziellen Reaktionen in Deutschland fallen aus wie erwartet. Der Generalinspekteur der Bundeswehr, so ist zu hören, weist Spekulationen, die Soldaten seien unzureichend ausgerüstet gewesen, zurück. Der Kanzler spricht den Angehörigen der Opfer sein Beileid aus, der Unfall habe ihn tief getroffen.

Scheffelmeier holt tief Luft, blickt zu seiner Frau: »Mann, oh Mann – die da oben werden die Schuld wieder den Soldaten zuschieben. So wie's immer war. Wir werden es erleben.«

Für heute reicht es. Der Arbeitstag war anstrengend genug, und zum Schluss daheim noch solche Nachrichten. Mehr möchten sie von der Welt nicht sehen und hören, abends um halb elf. Es ist Zeit, ins Bett zu gehen.

Plötzlich streift das Licht von Autoscheinwerfern die Fenster im Wohnzimmer. Ein Fahrzeug biegt ein auf das Grundstück. Wolfgang Scheffelmeier horcht auf. Um die Zeit noch Besuch? Angekündigt hatte sich jedenfalls niemand.

Der Motor vor dem Haus verstummt, dann klingelt es.

Scheffelmeier öffnet die Tür. Der Schreck fährt ihm in die Glieder. Da stehen zwei Polizisten und der Pfarrer. Er zweifelt nicht einen Moment – dieses Aufgebot kann nur schlimme Nachrichten überbringen. Irgendetwas Ungewöhnliches muss geschehen sein. Und sofort folgt der nächste Gedanke: Einem Menschen aus der Familie könnte etwas zugestoßen sein. Etwa der Tochter?

»Nun sagen Sie schon«, sagt Scheffelmeier gleichermaßen bang wie erregt, »was ist mit Salome? Was ist geschehen?«

»Mit Ihrer Tochter ist nichts, Herr Scheffelmeier«, sagt einer der Polizisten. »Aber Ihr Sohn Samuel ist tot. Ertrunken.« Der Hauptgefreite Samuel Scheffelmeier sei auf der Ostsee ums Leben gekommen, sagt der Uniformierte weiter.

Nur mühsam begreift der Vater die Worte. Nein, das kann er nicht glauben. Sammy tot? Unvorstellbar. Ertrunken, gestorben im Wasser? Unmöglich! Sammy ist ein guter Schwimmer, ein durchtrainierter Sportler ... Der soll ertrunken sein? Nein, nein und nochmals nein.

Hinter ihm stößt seine Frau, die alles mitbekommen hat, einen spitzen Schrei aus. Ingrid ist wie von Sinnen. Fassungslos, dem Zusammenbruch nahe. Ein einziges Schluchzen.

In der Nacht beten sie für Sammy. Irgendwie schafft es Wolfgang Scheffelmeier die folgenden Stunden hinter sich zu bringen. Seine Frau nimmt Beruhigungstabletten, um die Zeit bis zum Morgengrauen zu überstehen. Immer wieder steht sie auf, bewegt sich wie geistesabwesend durchs Haus, ist kaum ansprechbar. Am Morgen kündigen sich telefonisch Leute von der Marine an. Sie wollen vorbeikommen. Von ihnen erwarten die Eltern Auskunft über den furchtbaren Unfall. Denn es konnte nur ein Unfall sein, dem ihr Sohn zum Opfer gefallen war. Sammy, der trainierte Schwimmer, ertrinkt nicht so einfach.

Zugleich ist da die Angst vor der Gewissheit seines Todes. Eine Angst, die die Luft zum Atmen nimmt. Neue Einzelheiten könnten die Mitteilung des gestrigen Abends endgültig zur unabwendbaren Tatsache werden lassen. Dennoch wollen, nein müssen sie es genau wissen. Wie um alles in der Welt ist ihr Sohn Samuel ums Leben gekommen?

Sie brauchen eine Antwort, sie brauchen Gewissheit.

Thorsten Kähler, der Kommandeur des 6. Fregattengeschwaders, sucht sie auf. Der Mann ist sichtlich bewegt, als er den Eltern Einzelheiten über den Tod ihres Sohnes berichtet. Zumal Kähler gerade aus dem brandenburgischen Michendorf kommt. Dort hatte der Marineoffizier ebenfalls eine Todesbotschaft zu überbringen. Der Hauptgefreite Samuel Scheffelmeier starb nämlich nicht allein. Mit ihm kam ein Kamerad, der

Obermaat Stefan Paul, um sein junges Leben. Den beiden Scheffelmeiers ist übel vor Anspannung. Sie nehmen die Worte auf, die Kapitän Kähler zu ihnen spricht und versuchen, sie zu begreifen.

Sie hören von einem großen Manöver auf der Ostsee. Davon, dass deutsche Soldaten von der Fregatte MECKLENBURG-VORPOMMERN Gast waren auf dem britischen Kriegsschiff CUMBERLAND. Und von eben jenem Unglück, das bei der Rückfahrt geschah: Das kleine Schlauchboot sei

Fregatte MECKENLENBURG-VORPOMMERN *an der Pier*

plötzlich gekentert. Dabei seien die Soldaten – drei deutsche und zwei britische – ins eisige Wasser gestürzt. Trotz aller Rettungsmaßnahmen sei für Sammy und Stefan Paul jede Hilfe zu spät gekommen.

So war das, gestern Nachmittag um halb vier.

Der Offizier spricht ruhig, er sucht die passenden Worte. Es fällt ihm schwer, über den tödlichen Unfall zu berichten.

Ingrid Scheffelmeier weint. Ihr Mann wirkt inzwischen gefasst. Ein tragischer Unfall also, ein Schicksalsschlag. Nicht vorhersehbar, aber endgültig.

Wirklich, oder doch nur vielleicht?

Wolfgang Scheffelmeier starrt vor sich hin und grübelt. Erste Zweifel wagen sich hervor.

Kähler verabschiedet sich, kondoliert und wiederholt noch einmal, wie leid ihm der Tod der beiden Jungs tue. Ja, Korvettenkapitän Kähler ist aufrichtig. Das spüren die Eltern, und sie danken ihm für sein Mitgefühl. Trotzdem – eines muss Wolfgang Scheffelmeier ihm für die Heimreise noch mitgeben: »Sie haben Recht, gegen einen Unfall kann man nichts machen. Wenn ich aber heraus kriege, dass ihr da draußen auf der Ostsee Scheiße gebaut habt, dann könnt ihr was erleben. Das verspreche ich euch!«

Abends die Nachrichten im Fernsehen. Verteidigungsminister Rudolf Scharping und Marine-Inspekteur Hans Lüssow sind vor die Presse getreten. »Die Sicherheitsbestimmungen – also Anlegen von Schwimmwesten und Goretex-Anzügen – wurden eingehalten«, hört Wolfgang Scheffelmeier den Marine-Chef sagen. Damit sind die Verantwortlichen aus der Schusslinie. Sie haben das Nötige also veranlasst. Der Rest ...

Das gibt's doch nicht!

Scheffelmeier starrt auf den Bildschirm und schüttelt den Kopf. Wut steigt hoch in ihm, er muss sie raus lassen und schnaubt: »Aha, selber Schuld also, unser Sammy und sein Kamerad. Verflucht, was erzählen die da?«

Wenn alle Bestimmungen eingehalten wurden und trotzdem so ein Unglück passieren konnte, dann bleibt ja wohl nur eine Ursache übrig – die Jungs haben versagt. Eine andere Schlussfolgerung ist nicht möglich. Scheinen sich ja sehr sicher zu sein, die beiden Herren da vor den Mikrofonen. Nur einen Tag nach dem Unglück wissen sie schon alles ganz genau.

Scheffelmeier schüttelt seinen Kopf.

Und dann noch der Scharping: »Die Angehörigen der Soldaten sind benachrichtigt.« Und an die versammelten Journalisten appelliert er in der ihm eigenen sperrigen Sprache: »Und ich wäre Ihnen sehr verbunden, wenn Sie auf den Schock, der damit verbunden ist, mit Blick auf die Angehörigen, Rücksicht nehmen könnten.«

Damit meint der Pfälzer wohl, die Presse soll die Familien der toten Jungs in Ruhe lassen und sie nicht mit lästigen Fragen behelligen. Ist das eine verständliche Bitte um Nach- und Rücksicht auf die Empfindungen der Betroffenen? Oder heißt »Friede ihrer Asche« auch: bitte keine Nachfragen, keine Recherchen, kein Wühlen in den Fakten. Die Bundeswehr als »closed shop«, die keine Blicke von außen wünscht?

Zu ihm könnten die Journalisten ruhig kommen, er würde sie reinlassen, denkt Scheffelmeier. Für ihn ist vieles unklar. Und die Reaktion des Ministers und sein Inspekteur mehren und nähren seinen Verdacht.

Gut, in einer solchen Situation grübelt jeder. Wie man sich gegen die Nachricht sperrt, einen Nahestehenden für immer verloren zu haben, so schiebt man jeden Gedanken zunächst weit von sich, dass dieser allein und niemand sonst an seinem Ende Schuld trüge. Fährt einer gegen einen Baum, müssen die Bremsen versagt haben. Oder er wurde, wenn's denn Nacht war, geblendet. Die Suche gleichsam nach einem Alibi treibt

Minister Scharping und Marine-Inspekteur Lüssow

bisweilen bizarre Blüten. Bis hin zu der Frage: Wieso musste er überhaupt Auto fahren? Bei Scheffelmeier lautet sie: Warum ist Sammy überhaupt zum Bund gegangen? Wieso ist er nicht seinem Ratschlag gefolgt: »Junge, mach' Zivildienst. Da hast du ein laues Leben.« Was hatte er auf ihn eingeredet, wochenlang. Aber ohne Erfolg. Sammy blieb wie immer dickköpfig. Hielt er etwas für richtig und wichtig, gab es für ihn kein Zurück. Wusste alles besser, der Bengel, hadert Scheffelmeier noch immer.

Sammy liebte das Meer, die Seen und Flüsse. Ihn zog es zum Wasser. Egal, an welchem Gewässer er landete: Am liebsten hätte er gleich sein Surfbrett rausgeholt, um über die Wellen zu gleiten.

Darum entschloss er sich auch, zur Marine zu gehen. Er kam auf die Fregatte MECKLENBURG-VORPOMMERN, wo es ihm durchaus gefiel. Als er unlängst mit seiner Mutter telefonierte, geriet er wieder einmal ins Schwärmen. Er war geradezu euphorisch: »Mama, du kannst dir gar nicht vorstellen, was für ein starkes Gefühl das ist, wenn draußen hoher Wellengang tobt und man drinnen ungerührt in der Koje liegt. Da hörst du die Wellen, wie sie mit voller Wucht gegen die Schiffswand donnern. Nur wenige Zentimeter Stahl trennen dich von dieser Urgewalt. Und du liegst sicher wie in Abrahms Schoß. Unglaublich.«

Es sollte Sammys letzter Anruf gewesen sein.

Schön ausgenutzt haben sie den Jungen. Davon ist Wolfgang Scheffelmeier überzeugt. In solchen Momenten neigt man zur Ungerechtigkeit. Hatte die Bundeswehr sich wirklich genügend um den Soldaten Samuel Scheffelmeier gesorgt? Hatte sie nicht stets dann, wenn es drauf ankam, gekniffen und den Jungen enttäuscht?

Er muss nicht lange nachdenken. Die Erinnerungen sind schnell wieder da, sie sind taufrisch. Ihn packt der Zorn, wenn er nur daran denkt.

Zum Beispiel an die Geschichte mit Sammys Blinddarm, Ende vergangenen Jahres. Noch gar nicht so lange her. Die Eltern waren durchs halbe Deutschland bis nach Wilhelmshaven geeilt, um ihren Sohn im Krankenhaus zu besuchen. Sammy hatte eine Not-OP hinter sich – Blinddarmdurchbruch. Es war noch einmal gut gegangen.

Zuvor hatte er tagelang über heftige Schmerzen geklagt und sich deshalb dem Schiffsarzt vorgestellt. Könnte vielleicht der Blinddarm sein, äußerte Sammy seinen Verdacht.

»Von wegen Blinddarm – mit dem haben Sie gar nichts, Hauptgefreiter Scheffelmeier«, rüffelte ihn der Mediziner. »Kümmern Sie sich lieber um Ihren Bartwuchs! Sie sollten sich mal wieder rasieren!«

Als Sammy ihnen das im Lazarett erzählte, war Wolfgang Scheffelmeier außer sich. Mein Gott, was war das für ein medizinisches Personal auf der Fregatte. Von Obhutpflicht und Verantwortungsgefühl war dort nicht viel zu sehen. Die haben meinen Sohn schon damals beinahe verrecken lassen, grollt er. Diese Vorgesetzten sahen an ihren Untergebenen offenbar nur das, was sie sehen wollten.

So verhielt es sich auch mit Sammys Neurodermitis. Ihn plagte ein Ekzem an Händen und Armen. Manchmal, wenn der Juckreiz zu lästig wurde, krempelte sich Sammy schnell mal die Ärmel der Uniformbluse auf.

»Scheffelmeier – Sie halten sich wohl für einen ganz coolen Typen, oder was! Schon mal was von einer Dienstvorschrift gehört?

Vater Scheffelmeier konnte nicht verstehen, was seinen Sohn an Bord hielt. Er hatte seine neunmonatige Dienstzeit bei der Marine sogar um weitere drei Monate verlängert. Freiwillig! Mein Gott, wie hatten er und Ingrid auf ihn eingeredet, um ihn davon abzubringen. Fast angefleht hatten sie ihn: »Sammy, zieh' die Verlängerung zurück. Du riskierst dein Leben auf dem Schiff!«

War alles vergeblich.

Sammy lachte nur: »Was soll mir da schon passieren? Ich bin doch Funker und sitze unter Deck. Leute, was glaubt ihr denn – da unten ist alles ganz sicher.«

Samuel Scheffelmeier hatte sich seine Entscheidung genau überlegt. Das zusätzliche Vierteljahr länger zu dienen, war ihm wichtig. In der Zeit wollte er unbedingt noch ein paar Abschlüsse machen. Bevor er zum Bund kam, absolvierte er in Blomberg eine Lehre als Industriemechaniker. Jetzt lockte die Marine mit brauchbaren Qualifizierungsangeboten. Einen Schein als Gabelstaplerfahrer wollte er machen und dann noch den Nachweis, um als Ausbilder in Lehrwerkstätten arbeiten zu dürfen. Er wollte später gern Lehrausbilder werden oder etwas Ähnliches. Mit Jugendlichen zu arbeiten, das war sein Ziel.

Und was Handwerkliches musste es sein. Mit den beiden Papieren in der Hand wäre er für seine zivile Zukunft bestens gerüstet, meinte er. Die Chance dafür würde nie wieder so günstig sein wie jetzt. Er wäre schön blöd, sie nicht zu nutzen. Was sind schon drei Monate länger in Uniform?

Mit Rebecca, seiner Freundin, gab es deswegen zwar jede Menge Stress. Aber auch durch sie ließ er sich von seinem Vorhaben nicht abhalten. Da mussten sie beide eben durch. Drei Monate – ein Klacks.

Um ehrlich zu sein, gab es da noch andere Gründe, nicht schon nach neun Monaten die Marineuniform auszuziehen und nach Hause zu gehen. Einer war das Geld. Sammy sparte beharrlich. Jeden Euro vom Sold, der abzuzwacken war, legte er auf die hohe Kante. Zwei Motorräder wollte er kaufen. Natürlich gleich zwei. Warum auch nicht? Ein richtig gutes Bike für die Straße und dazu eine Cross-Maschine. Das war sein Traum.

Und dann sollte seine Fregatte demnächst wieder auf große Fahrt gehen, nach Ägypten. Das war doch was – nach Afrika reisen, ohne dafür zahlen zu müssen: dank Reiseunternehmen Bundesmarine. Noch so ein Traum. Der blanke Urlaub würde das werden. Ein schöneres Ende der Bundeswehrzeit konnte es nicht geben.

So hatte es sich Sammy gedacht.

Und genau so würde er es auch machen.

Feste Entschlossenheit bis 14.51 Uhr

Hat es so viel »Graues Blech« auf der Nord- und auf der Ostsee seit Ende des Zweiten Weltkrieges jemals gegeben? Die Meere im Norden Europas sind voller Kriegsschiffe, am Himmel jagen Düsenjets, an Land marschieren Zehntausende Soldaten. Seit dem 1. März 2002 wird der militärische Ernstfall geprobt. Obgleich der Kalte Krieg seit einem Jahrzehnt vorüber ist und Deutschland, wie es heißt, nur von Freunden umzingelt ist. Der Feind im Osten ist Geschichte.

Zwei Wochen lang will die NATO »Feste Entschlossenheit« demonstrieren. Übersetzt in die englische Kommandosprache heißt das Manöver folgerichtig »Strong Resolve«. 40.000 Soldaten, 140 Schiffe und 160 Flugzeuge und Hubschrauber vereinen sich zu einem Militäraufmarsch ohnegleichen. Beteiligt daran sind 15 NATO-Staaten, drei neutrale Länder und neun Staaten des ehemaligen Ostblocks. Es soll Frieden gestiftet werden – mit aller Gewalt. Gegen wen?

Das Übungsszenario geht von zwei fiktiven Krisengebieten in unterschiedlichen Regionen aus. Die sollen »befriedet« werden. Training für die reichlich vorhandenen realen Konflikte auf der Welt. Vorbei die Zeit windelweicher Diplomaten und UNO-Resolutionen. Militärische Härte ist angesagt, feste Entschlossenheit.

Kein halbes Jahr ist es her, dass in New York die Zwillingstürme in Schutt und Asche versanken. Spätestens seitdem heißt der neue Erzfeind Terrorismus. Und der ist bekanntlich allgegenwärtig und muss bekämpft werden. Da heißt es lernen, lernen, nochmals lernen. Erstmals soll eine neue Spezialeinheit zum Einsatz kommen, die Kampfgruppe »John F. Kennedy« der US-Marines. Jungs von der ganz harten Sorte müssen das sein, wenn man den Worten des amerikanischen Vizeadmirals Cutler Dawson folgt. Gegenüber Journalisten erklärt er, dass sie ihre Spezialausbildung gerade abgeschlossen hätten und nach Ende des Manövers die internationalen Streitkräfte am Persischen Golf verstärken sollen. Vizeadmiral Dawson ist Chef der 2. US-Flotte und der NATO-Einsatzflotte Atlantik. Er hat besonders entschlossen zu sein, denn er kommandiert »Strong Resolve«. Das geschieht vom Kriegsschiff USS MOUNT WHITNEY aus, einer schwimmenden Befehlszentrale mit Kommunikationsmöglichkeiten rund um den Globus. Vier Jahre lang, so berichtet der Admiral voller Stolz den Journalisten, sei der Aufmarsch vorbereitet worden.

Um die Qualität des Großmanövers zu kennzeichnen, benutzt der Militärmann Dawson einen Begriff aus der zivilen Wirtschaft – es sei ein »Joint Venture« aller Waffengattungen. Mit anderen Worten: Die hoch gerüstete Übung des Nordatlantikpaktes ist eine »Arbeitsgemeinschaft«, man könnte auch sagen: ein »gemeinschaftliches Unternehmen«. Demnach verrichten die Soldaten ihren Job in einer Art Zeitarbeitsfirma namens »Feste Entschlossenheit«.

Das klingt, als solle ihr Arbeitsplatz zwei Wochen lang ihr Kampfplatz für den Frieden sein.

Ein Jahr später, am 20. März 2003, starten die USA und ihre willigen Koalitionäre den Angriffskrieg gegen den Irak. Es drängt sich die Frage auf: Wie viel vom zerstörerischen Ernstfall am Persischer Golf haben die Militärs schon im Jahr zuvor auf Nord- und Ostsee routiniert durchexerziert?

Vier Jahre lang, so sagte der Admiral, dauerte die Generalstabsplanung für das Manöver. Und richtige Kriege wie der im Irak – wie lange im Voraus werden sie geplant?

Am Nachmittag des 1. März 2002, pünktlich zu Manöverbeginn, verlässt die Fregatte MECKLENBURG-VORPOMMERN den Hafen Kiel. Fünf Tage danach, es ist der 6. März, befindet sich das Schiff in der Pommerschen Bucht südlich Bornholm.

Gegen 10 Uhr sind drei Soldaten an Deck angetreten: Obermaat Stefan Paul, Hauptgefreiter Samuel Scheffelmeier und Obermaat Kai Nieschwitz. Die Jungs haben es gut getroffen, sie dürfen ein anderes Schiff sehen. Besatzungsaustausch heißt die Aktion, und die Vorgesetzten haben ihnen gerade noch einmal eingeschärft, dass auch das ein Manöverschwerpunkt sei – Kontakt zu Soldaten anderer Nationen herstellen. Man erwarte sie auf der CUMBERLAND. Die britische Fregatte bewegt sich in Sichtweite, nur wenige hundert Meter vom deutschen Schiff entfernt.

Eine rauschende Bordparty erwartet von so einem Besatzungsaustausch zwar niemand, aber ein wenig Abwechslung schon. Und die ist immer willkommen. Deshalb haben die drei Soldaten von der MECKLENBURG-VORPOMMERN auch gleich zugestimmt, als sie gefragt wurden, ob sie nicht Interesse an so einem Besuch hätten. Ein bisschen schmeichelt ihnen das Angebot auch, denn von 35 angesprochenen Kameraden wurden letztlich sie ausgewählt – nur die Besten. Nun sind sie neugierig auf ihre Nachbarn.

Ein Speedboot der britischen Fregatte nimmt sie auf. Nach wenigen Minuten schon sind sie auf der CUMBERLAND. Alles verläuft wie angekündigt. Smalltalk mit den britischen Kameraden in der Kammer, Fachsimpelei in den Diensträumen, ein gemeinsames Mittagessen. Bis zum Einbruch der Dämmerung gegen 16.30 Uhr sollen Scheffelmeier und seine beiden Kameraden an Bord bleiben.

Doch daraus soll nichts werden. Das Wetter verschlechtert sich rapide. So sehr, dass selbst einige der geplanten militärischen Übungen im Seegebiet abgesagt werden müssen. Sie sitzen gerade bei einem Kaffee in der Messe, als die Durchsage kommt, dass der Bootstransfer zurück zur MECKLENBURG-VORPOMMERN vorverlegt sei.

14.45 Uhr. Es ist höchste Zeit. Draußen auf der Ostsee sieht es nicht sehr gemütlich aus. Der Wind bläst aus Südwest inzwischen mit Stärke 7. Die Wellen türmen sich zwei Meter hoch. Und die Temperaturen? Wie sie eben Anfang März so sind – die Luft hat vier bis fünf Grad Celsius, im Wasser wurden drei Grad gemessen. Mal wieder richtiges Mistwetter. Vorboten von Sturmtief »Anna«.

Knapp dreihundert Meter entfernt liegt die MECKLENBURG-VORPOMMERN. Ein zweites britisches Kriegsschiff nähert sich, die EDINBURGH. Dorthin hat das Speedboot eben noch schnell Ladung gebracht. Nun nimmt es wieder Fahrt auf und arbeitet sich durch die Wellen zur CUMBERLAND. Der Seegang nimmt stetig zu. Ab und zu verschwindet das kleine Boot in einem Wellental, um gleich danach wieder aufzutauchen.

Das Speedboot der Royal Navy vom Typ Pacific 22 kommt heran, ein sieben Meter langes Kunststoffboot mit einem aufblasbaren Gummiwulst. Es schiebt sich längs an die Backbordseite des Achterdecks der britischen Fregatte, hinten an der sogenannten Schanz. Die ist nicht viel höher als die anlegende kleine Pacific. Dort, nicht mehr als einen Meter tiefer auf dem halb aufblasbaren Schlauchboot, winken zwei Soldaten – am Ruder der Steuermann Stuart Ireson und vorn am Bug eine Soldatin, Joanne Sharp. Die CUMBERLAND behält ihre langsame Fahrt von etwa sechs Knoten bei, das Übersetzboot fährt mit der gleichen Geschwindigkeit und drückt sich gegen die Bordwand. Alles klar für den Rücktransfer.

»Are you ready?« An Deck schaut sich einer der Briten die drei Deutschen noch einmal an. Sie machen einen guten Eindruck, die Boys. Kräftige und sympathische Kerle, so wie es sich für Seemänner gehört. Allerdings – ein wenig komisch ist das schon mit den Deutschen. Angeblich sollen die doch so auf Gründlichkeit bedacht und immer überkorrekt sein. Und für alles eine Vorschrift haben. Doch wenn man sich diese Jungs hier ansieht, wie die so angezogen sind ... Ob das wirklich ausreicht, wenn auf dem Wasser mal was schief geht?

Unwillkürlich zieht der Brite die Schultern ein. Und er bedankt sich im Stillen bei der Königlichen Marine für eine Vorschrift, die da besagt, dass bei Wassertemperaturen unter 15 Grad Celsius grundsätzlich Taucheranzüge aus Neopren oder Multifaseranzüge zu tragen sind.

Ha, da sieht man mal wieder, wer tatsächlich die Seefahrernation Number One ist. God save the Queen!

Die drei Deutschen tragen ihre normale Borduniform, das orangefarbene Ölzeug und die automatische Schwimmweste. So wie bei der Marine von Germany üblich und im Wesentlichen ausreichend. Im Sommer. Im kalten Wasser jedoch hilft das wenig. Bei 30 Grad Körpertemperatur wird man bewusstlos und ertrinkt. Aber es wird schon nichts passieren bei der kurzen Entfernung zu ihrem Schiff. In vier bis fünf Minuten sind sie an Bord der MECKLENBURG-VORPOMMERN und wärmen sich auf. Thank you for coming. Good bye, friends!

14.49 Uhr. Das halbstarre Schlauchboot fährt so schnell wie die Fregatte und klebt an der Schanz. Die Soldaten Paul, Nieschwitz und Scheffelmeier steigen über und setzen sich hinter Steuermann Ireson. Vom Deck der CUMBERLAND wird das erste Gepäckstück nachgereicht. Da bemerkt Obermatrosin Sharp am Bug, dass das Boot achteraus leicht zurückfällt. Sie ruft dem Steuermann zu, er möge die Fahrt voraus beschleunigen.

Kein Problem, er dreht auf.

Sekunden später jedoch verliert der Mann am Ruder die Kontrolle über die Pacific. Das Heck hebt sich nach oben. Fol-

Am 1. März 2002 verlässt die Fregatte MECKLENBURG-VOR-POMMERN *(F 218) den Hafen Kiel zur Teilnahme am NATO-Manöver »Strong Resolve« in der Ostsee. Daran nehmen 40.000 Soldaten, 140 Schiffe und 160 Flugzeuge und Hubschrauber aus 27 Staaten teil*

gerichtig senkt sich im selben Moment der Bug in die aufgewühlte See. Eine eisige Flut stürzt von vorn ins Boot. Das kleine Fahrzeug ist zum Spielball der Wellen geworden, es kippt um in Richtung Steuerbord.

Alle fünf Insassen stürzen ins Wasser.

Es ist 14.51 Uhr.

Die drei Deutschen und die Britin treiben in See.

Steuermann Ireson ist unter den umgekippten Bootsrumpf geraten und kommt nicht heraus. Die Schwimmweste zieht ihn nach oben. Geistesgegenwärtig lässt er Luft aus seiner Schwimmweste entweichen und kann unter dem Boot herausschwimmen. Danach klettert er auf das kieloben treibende Speedboot.

»O shit, was ist denn da passiert?« Mechaniker Heinemann auf dem Deck der CUMBERLAND hat alles verfolgt. Er fährt seit etlichen Jahren bei der britischen Marine und weiß, was zu tun ist. Nicht mal eine Sekunde vergeht, und sofort funkt er »Bootsnotfall« und informiert die Brücke. Gleich danach ist für alle auf dem Schiff das Mann-über-Bord-Signal zu hören.

Jetzt muss alles schnell gehen, sehr schnell. Denn bei dreieinhalb Grad Wassertemperatur und dem starken Wind geht es um Minuten. Dabei muss sich Heinemann weniger um seine eigenen Leute sorgen. Sharp und Ireson tragen unter den Rettungswesten die wärmenden Neoprenanzüge. Damit ausgerüstet würden die beiden sogar an einem Tag wie heute einige Stunden im kalten Wasser überstehen. Hauptsache, sie bleiben ruhig und verlieren nicht die Nerven.

Heinemann schaut aufs Wasser und sucht die deutschen Jungs. Er erkennt sie in ihren Schutzanzügen. Mein Gott, hoffentlich kommen die mit ihren dünnen Klamotten klar.

Anfangs sieht alles übersichtlich aus. Die deutschen Soldaten bleiben zusammen, sind als Gruppe auszumachen. Ihre Schwimmwesten funktionieren, haben sich aufgeblasen. Doch Obermaat Paul hat offenbar Probleme, er treibt regungslos im Wasser.

Die zwei Briten scheinen, den Umständen entsprechend, nach wie vor wohl auf zu sein. Ireson treibt immer noch neben dem Rumpf des kopfüber im Wasser schaukelnden Speedboots und Soldatin Sharp hält sich nicht weit von ihm entfernt ruhig auf der See.

Das Kommando über die Rettungsaktion übernimmt die CUMBERLAND. Die EDINBURGH und die deutsche Fregatte MECKLENBURG-VORPOMMERN werden über Funk von dem Unglück informiert und aufgefordert, sich auf Distanz zu halten. So will die CUMBERLAND einen sicheren Manöverspielraum schaffen. Um sich für die Rettung in eine günstige Position zu bringen, vollzieht das britische Kriegsschiff ein Wendemanöver, dreht langsam und kommt dann zum Stehen. Die Verunglückten befinden sich in unmittelbarer Nähe zum Schiff, nur 20 bis 30 Meter entfernt von Steuerbord.

Um 15.04 Uhr geht ein Rettungsschwimmer, Marinesoldat Godfrey, ins Wasser. Dieser hat dienstfrei und stemmte eben noch im Kraftraum des Schiffes schweres Eisen. Das Alarmsignal war kaum verklungen, da stand er bereits in voller Montur an Deck. Bereit zum Befehlsempfang. Er wird ins Wasser geschickt und kämpft sich durch die Wellen hin zu den Deutschen. Denen muss zuerst geholfen werden – bei der Ausrüstung, die sie tragen.

Godfrey kann auf der dunklen, heftig bewegten See nur noch zwei Menschen ausmachen. Auf dem Weg zu ihnen will er eine Schwimmweste wegschieben, die leer vor ihm auf den Wellen zu treiben scheint. Er fasst zu – und sieht einen der Deutschen, dessen Kopf ungefähr 25 Zentimeter unter der Wasseroberfläche liegt. Es ist Obermaat Stefan Paul. Verzweifelt versucht Godfrey, Pauls Kopf aus dem Wasser zu heben. Aber seine Kräfte reichen nicht aus.

Es ist 15.07 Uhr. Von der Rettungsschwimmerbrücke wird ein Seil herunter gelassen. Wegen des beängstigenden Zustands des Deutschen wird jedoch entschieden, ihn vom soeben eintreffenden Rettungsboot der EDINBURGH bergen zu lassen.

Um 15.14 Uhr liegt Obermaat Paul an Bord der britischen Fregatte. Seine Haut ist blau gefleckt, der Puls ist nicht zu spüren, er atmet nicht. Die Atemwege waren blockiert durch Erbrochenes und Meerwasser, wird später ein Mitglied des Erste-Hilfe-Trupps der britischen Fregatte zu Protokoll geben. Es wird reiner Sauerstoff über einen Schlauch zugeführt. Keinerlei Lebenszeichen, auch nach der intensiven Herzmassage nicht. Nach einer Viertelstunde werden die Wiederbelebungsversuche beendet. Obermaat Stefan Paul ist tot.

Vor wenigen Tagen hatte der junge Mann aus Langerwisch in Brandenburg seinen 22. Geburtstag gefeiert.

Tod von Matrosen rätselhaft

Marine gibt keine Auskunft

Die Matrosen der Fregatte „Mecklenburg-Vorpommern", die bei einem Unfall in der Ostsee ums Leben kamen, sind offenbar nicht an Unterkühlung gestorben, sondern ertrunken. Das Marinekommando schweigt dazu.

Rostock/Glücksburg (OZ/MM) Vor einer Woche starben zwei ken kann man nur, wenn die Schwimmweste nicht ordnungsgemäß angezogen ist."

Das Gerücht, die Soldaten seien nicht vorschriftsmäßig ausgerüstet gewesen, wies Karsch zurück: „Die Soldaten hatten Bordgefechtsanzug, Wetterschutzkleidung und Schwimmweste mit Kälteschutz an." Der Kälteschutz jedoch muss im Wasser angezogen werden. Bei Kälte, Schock, Verletzung und Seegang fast unmöglich, wissen Insider. Bei den Engländern ist dieser Schutz integriert. In Ma-

Aufmacher der Ostsee-Zeitung *am 16./17. März 2002*

Unterdessen gehen die Rettungsmaßnahmen weiter. Noch treiben vier Schiffbrüchige in der rauen See. Steuermann Ireson auf dem umgekippten Bootsrumpf ist sicher. Nach einer halben Stunde nimmt ihn das Beiboot der EDINBURGH auf.

Bei den anderen wird die Zeit allmählich knapp. Hebeseile werden von Bord der CUMBERLAND gelassen. Obermaat Nieschwitz und Soldatin Sharp können sich daran festhalten. Es gelingt, beide über die Rettungsschwimmerbrücke zu bergen.

Bei Nieschwitz konstatiert der Arzt die typischen Symptome einer schweren Unterkühlung. Der Gerettete ist völlig erschöpft und macht einen verwirrten Eindruck. Er wird in die

Kabine des Kommandeurs gebracht und sofort in eine Wanne mit heißem Wasser gelegt. Erst dann beginnt man, ihn nach und nach zu entkleiden. Er bleibt im wärmenden Bad, bis er aufhört zu zittern. Anschließend wird er in ein Bett gepackt.

Kai Nieschwitz ist mit dem Schrecken davon gekommen. Er hat überlebt.

Die Untersuchung der geretteten Joanne Sharp ergibt keine Auffälligkeiten. Sie wirke »erschüttert, aber ansonsten in gutem Zustand«, wird notiert. Die junge Frau kann »zusammenhängend sprechen«, ihre Atemwege sind frei. Der bei der Royal Navy übliche dicke Taucheranzug hat sich bewährt. Gleiches trifft auf Stuart Ireson zu. Er wird als letzter an Bord gehoben. Zwar erschöpft, aber nicht lebensgefährlich unterkühlt.

Und der dritte deutsche Soldat? Was ist mit Samuel Scheffelmeier? Niemand auf dem Oberdeck oder der Brücke der CUMBERLAND und der anderen in der Nähe sich befindlichen Kriegsschiff bemerkt, dass er abtreibt. Alle verfolgen die Rettungskräfte, wie sie die vier anderen Seeleute aus dem Wasser fischen. Unterdessen treibt der fünfte, Samuel Scheffelmeier, aus dem Blickfeld. Er kann weder eines der herabgelassenen Taue greifen, noch hat er irgendein anderes Rettungsmittel. Scheffelmeier bewegt sich beängstigend schnell um den Bug herum, Wind und Strömung tragen ihn immer weiter weg von der britischen Fregatte. Verzweifelt rudert er mit den Armen, versucht zu winken und ruft um Hilfe. Doch in der stürmischen See hört er kaum sich selbst. Niemand behält ihn vom Schiff aus unter Beobachtung. Als man sich in der Hektik an Bord wieder an ihn erinnert, sucht man ihn zwischen den meterhohen Wellen vergebens.

Wertvolle Minuten verstreichen mit Tatenlosigkeit.

Endlich wird Scheffelmeier doch noch von Besatzungsmitgliedern entdeckt.

Um 15.15 Uhr naht Hilfe aus der Luft.

Ein britischer Merlin-Hubschrauber trifft am Unfallort ein. Die Besatzung sieht Stuart Ireson auf dem gekenterten Boot und dann – endlich – auch den im Wasser treibenden Scheffelmeier. Es ist deutlich erkennbar, dass diesem zuerst geholfen werden muss. Zwei Minuten später wird Besatzungsmitglied Shaw herabgelassen. Aber dann wird es schwierig. Der britische Soldat schafft es nicht, an den verunglückten Scheffelmeier heranzukommen. Der Seegang ist zu stark. Mehrfach taucht Helfer Shaw, am Seil hängend, vollständig in den sich auftürmenden Wellen unter. Dann ist er dran an Scheffelmeier. Dessen Gesicht liegt im Wasser, er reagiert nicht. Der Brite ruft, er schreit ihn an, er greift den Körper – nichts. Scheffelmeier zeigt keinerlei Regung.

Fünf Minuten lang, bis 15.22 Uhr, versucht Shaw einen Stropp, also eine Seilschlaufe, über Scheffelmeiers Schwimmweste zu ziehen. Die deutsche Schwimmweste erweist sich als zu sperrig, Samuel Scheffelmeier passt nicht durch den Stropp.

Obermaat Stefan Paul an Bord der Fregatte

Unaufhörlich verrinnt die Zeit. Shaw flucht und will Luft aus Scheffelmeiers Weste lassen. Aber auch das klappt nicht, er kommt mit der Luftentleerungsröhre nicht klar. Die einzig noch mögliche Entscheidung – das Ding muss mit dem Messer aufgeschlitzt werden.

Shaw greift mit einer Hand in die Beintasche nach seinem Spezialmesser. Das heißt, er will greifen, kann aber seine Finger nicht bewegen. Das kalte Wasser hat seine Gliedmaßen klamm und taub gemacht. Es hilft nichts – Shaw muss wieder hoch in die Hubschrauberkabine. Kurz aufwärmen, ein anderes Messer nehmen und wieder runter ins Wasser. Diesmal gelingt es ihm, den Stropp um Scheffelmeier zu legen. Einhaken und schleunigst hochziehen. Er ist geborgen.

Ist er gerettet?

15.27 Uhr liegt Samuel Scheffelmeier im schützenden Hubschrauber – nach insgesamt 36 Minuten in der eiskalten und stürmischen See. Und erst jetzt, nach einer reichlichen halben Stunde, sind ausreichend Rettungskräfte da, die ihm helfen könnten. Ob sein Körper stark genug ist, um diese Zeit in See zu überleben?

Die Briten an Bord des Hubschraubers geben die Hoffnung nicht auf. Sie beginnen mit den Wiederbelebungsmaßnahmen. Zweimal erbricht sich Scheffelmeier, doch die Atmung setzt nicht ein.

Um 15.33 Uhr landet der Merlin-Hubschrauber auf der CUMBERLAND. Die Sanitäter warten dort schon ungeduldig. Mit Hilfe einer Absaugpumpe legen sie die Luftröhre frei. Danach die Herzmassage, in gleichmäßigem Rhythmus: Druck auf den Brustkorb, hundertmal pro Minute. Es scheint, als ob man neues neues Leben in den erkalteten Körper pressen will. Die Sanitätssoldaten wechseln einander ab, keuchend vor Anstrengung. Adrenalin wird gespritzt.

Scheffelmeier atmet nicht.

Er bekommt den ersten Elektroschock, noch einen und noch einen – und bleibt leblos.

Auf dem Monitor, der die Herztätigkeit aufzeichnen soll, tut sich nichts. Kein Ausschlag. Oder doch? Einer der Sanitäter zeigt aufgeregt auf den Monitor. War da nicht gerade ein Ausschlag, ein winziger, zu erkennen? Wirklich, schaut doch, da ist was zu sehen!

Für ein paar Augenblicke glauben sie, sie hätten ihn zurückgeholt ins Leben.

17.30 Uhr stellt man enttäuscht die Wiederbelebungsversuche ein, die Technik wird ausgeschaltet. Ärzte und Sanitäter sind erschöpft und deprimiert. Samuel Scheffelmeier aus Cappel in Nordrhein-Westfalen wird für tot erklärt.

In wenigen Wochen wäre er 22 Jahre alt geworden.

Das NATO-Manöver auf der Ostsee hat zwei Menschenleben gekostet. »Strong Resolve«, das entschlossene militärische Üben in harten Friedenszeiten, mündet unvorhergesehen in eine tödliche Realität.

Einen Tag später, am 7. März, beginnt die bürokratische Nachbereitung des Todes. Unter der Asservaten-Nummer 545/02 werden die persönlichen Dinge aufgelistet, die Samuel Scheffelmeier zum Zeitpunkt des Unglücks bei sich trug: die zerbrochene Identifikationskarte, eine silberfarbene Halskette, vier Kreolen, eine Krankenkassenkarte, ein Schlüsselbund und anderes – insgesamt elf Teile eines jäh geendeten Lebens.

»Alle Teile sehr feucht«, heißt es am Ende der Liste.

Sammy, mein Sohn,

Du warst unser zweites Kind. Deine Geburt musste eingeleitet werden, aber Du hattest es nicht eilig, in diese Welt zu kommen. Nach 24 Stunden wurde der Wehentropf abgestellt. Am nächsten Tag das Ganze noch einmal. Als es dann endlich nach zwei Tagen Kampf so weit war, gestaltete sich die Entbindung sehr schwierig. Du musstest mit der Zange geholt werden und warst sehr entstellt. Ich musste weinen, als ich Dich sah. Dein Köpfchen war verformt, Dein kleines Gesicht aufgequollen und völlig zerkratzt.

Ursprünglich hatten Dein Vater und ich uns den Namen »Daniel« ausgesucht. Als jedoch der Kampf um Deine Geburt so schwer wurde und wir um ein gesundes Kind beteten, war aus Daniel ein Samuel geworden – das ist Hebräisch und heißt soviel wie »von Gott erbeten«. Wir waren glücklich, denn vor Dir hatte ich ein totes Kind geboren …

Du entwickeltest Dich zu einem aufgeschlossenen und fröhlichen Kind. Obwohl noch ganz klein, warst Du an allem interessiert, stelltest tausend Fragen. Immer standest Du hinter Papa oder mir und wolltest helfen. War ich zum Beispiel am Backen, wolltest auch du »teigeln«.

In den ersten Jahren musstest Du Dir ein großes Zimmer mit Deinen beiden Schwestern teilen. Aber das bereitete Dir keine Probleme. Du hattest dir Dein kleines Reich geschaffen. Du warst sehr ordentlich und schon als kleiner Junge sehr eitel. So legtest Du abends Deine Kleidung, die Du zuvor farblich passend zusammengestellt hattest, für den nächsten Tag ordentlich über den Stuhl. Dann kam die Schule, und Du lerntest Lesen und Schreiben. Das Lernen bereitete Dir keinerlei Mühe. Kaum konntest Du die ersten Zahlen und Buchstaben schreiben, fingst Du an, ein kleines

Taschengeld beiseite zu legen. Und waren die Beträge noch so klein – Du führtest exakt Buch.

Denn Du hattest immer ein Ziel, für das gespart wurde. Beim Sparen warst Du eisern, niemals wurde auch nur ein Pfennig für Süßigkeiten geopfert. Irgendwann reichte das Geld für Dein erstes Rennrad, für ein Skateboard, für Schlittschuhe, Lego-Bausteine. Ich sehe Dich noch vor mir, wenn du ein Sparziel erreicht hattest und es stolz zeigtest.

Zum Geburtstag und zu Weihnachten wünschtest Du dir immer Spielzeug, mit dem man bauen und gestalten konnte. Ganze Straßen, Städte und Burgen entstanden. Tagelang wurde das Zimmer dann in Beschlag genommen.

An eine Begebenheit erinnere ich mich ganz besonders. Es war Weihnachten, und Du hattest Dir eine Autorennbahn gewünscht. Die Bescherung erfolgte, und schließlich warst auch Du mit dem Auspacken fertig. Aber Tränen standen Dir in den Augen – die ersehnte Rennbahn war nicht unter den Geschenken.

Ganz still bist Du geworden. Was Du nicht ahntest – Dein Vater hatte die Rennbahn ins andere Zimmer gestellt. Er führte Dich nun nach nebenan – die Freude war unbeschreiblich. Du hattest keinen Aufstand gemacht, nicht gemeckert, Du warst nur sehr traurig.

Danach aber war die Freude umso größer. Sofort rasten die Rennautos los, drehten Runde für Runde. Viele Jahre hast Du damit gespielt.

Gottvertrauen im irdischen Jammertal

Sein Dialekt verrät ihn. Die Sätze sprudeln aus ihm heraus und die Worte sind voll mit diesen Sch-Lauten. In seinem Redeschwall gehen die Endungen der Worte regelmäßig unter. Wolfgang Scheffelmeier kommt unüberhörbar aus Schwaben. Von Beruf ist er Technischer Zeichner, seine Frau Ingrid Krankenschwester. Vor allem aber ist Wolfgang Scheffelmeier ein frommer Mann, kirchlich geprägt von Kindheit an. Die Heimat Württemberg versteht sich seit Jahrhunderten als ein Hort des Pietismus. Bibelstudium und Gebet sind evangelischen Gläubigen meist wichtiger als Gottesdienste unter dem Dach der Kirche. In diesem Geist wird Scheffelmeier erzogen.

Bei Calw besucht er eine Missionsschule. Er fühlt sich berufen, als Laienprediger den Glauben zu verbreiten. Fünf Jahre dauert die Ausbildung, danach darf Scheffelmeier das Wort Gottes verbreiten, eine Zeit lang sogar hauptberuflich. Das ist Anfang der 80er Jahre. Sein Glaube ist so gefestigt und selbstbewusst, wie seine kritische Distanz zur etablierten Landeskirche stabil bleibt. Frömmigkeit ist für ihn nie gleichbedeutend mit stummer Ergebenheit. Scheffelmeier will seinen eigenen Weg zu Gott finden und sich nicht reinreden lassen, auch nicht von den Kirchenoberen.

Die wiederum können auf so einen Seelenhirten gern verzichten. Es kommt zum Bruch – die Kirche und ihr Prediger Scheffelmeier trennen sich in Unfrieden. Ungesagtes und Unerledigtes werden mitgenommen in einen neuen Lebensabschnitt. Sein Glaube jedoch wird sein Leben auch künftig bestimmen. Niemand kann ihm seine persönliche Beziehung zu Jesus Christus stören oder gar rauben.

Der Glaube ist seine feste Burg in einer Welt voller Widrigkeiten. Wie tat es Wolfgang und Ingrid Scheffelmeier gut, sich dahin zurückziehen zu können, um Zuversicht aufzutanken. Das Gottvertrauen war ihnen eine Stütze, die sie im Alltag mehr als einmal aufrecht hielt. Das Leben hielt und hält viele Herausforderungen für das Ehepaar bereit.

Harte Belastungsproben durchstanden sie, als ihre erste Eigentumswohnung in Schwaben jedes Jahr aufs Neue im Hochwasser geflutet wurde. Und als Ingrid Scheffelmeier operiert wurde und ein Narkosearzt ihr beim Intubieren die Vorderzähne abbrach. Oder als das Ehepaar eine Totgeburt zu beklagen hatte.

Und schließlich als das Leiden ihrer Tochter Sarah begann. Mit 12 Jahren wurde das Mädchen von einem Herpes-Virus heimgesucht, der eine Hirnhautentzündung verursachte. Viel zu spät erst wurde die Krankheit diagnostiziert. Da war ein ganzer Hirnstamm bereits abgestorben. Sarah überlebt, bleibt aber für ihr ganzes Leben gezeichnet, sie ist seitdem geistig schwer behindert. Ein Kurzzeitgedächtnis hat sie nicht mehr. Ihr Gehirn weigert sich, die Ereignisse, die um sie herum geschehen, abzuspeichern. Alles wird sofort wieder gelöscht. Nur an das, was sie in den ersten zwölf Lebensjahren erlebte, kann sich Sarah erinnern, als sei es gestern erst geschehen. So lebt sie dahin seit 1988.

Ein Jahr danach wagen Scheffelmeiers einen Neuanfang und ziehen um nach Cappel in Ostwestfalen. Dort bauen sie ihr neues Zuhause. Er arbeitet wieder als Technischer Zeichner, sie zunächst erneut als Altenpflegerin, schult dann um zur Krankenschwester, ist spezialisiert auf Sterbebegleitung. Wolfgang Scheffelmeier übernimmt in seiner Firma auch die Funktion des Sicherheitsbeauftragten, der sich um Arbeitsschutz und Ge-

Wolfgang und Ingrid Scheffelmeier in Cappel

sundheitsfürsorge zu kümmern hat. Die Familie richtet sich ein und kommt zur Ruhe.

Sarah kommt in Bielefeld in einem Quartier für betreutes Wohnen unter. Für die beiden anderen Geschwister wird die neue Gegend zur Heimat. Und die Eltern lassen die Kinder an der langen Leine. Das Haus steht ihren Freunden stets offen. Salome ist stolz auf ihren drei Jahre älteren Bruder Samuel.

Sammy, wie ihn alle nennen, ist hoch gewachsen und ein Sportstyp. In seiner Nähe fühlt sich Salome geborgen, da kann ihr keiner was anhaben. Es ist schön, einen starken Bruder zu haben. Mit ihm wird es nie langweilig. Gar zu gern wäre sie öfter mit dabei, wenn Sammy und seine Clique unterwegs sind. Dann ist *Action* angesagt.

Manchmal, meint Salome, hat ihr Bruder aber auch eine ziemliche Macke. Geht es um Sport oder ums Wasser, gibt es für ihn kein Halten. Am schlimmsten ist es, wenn beides zusammen kommt. Das Surfen, zum Beispiel, versetzt Sammy und seine Freunde jedes Mal in höchste Erregung. Sie geraten förmlich außer Rand und Band. Freizeit im Ausnahmezustand. Es muss nur einer mit dem Gequatsche anfangen – dass es mal wieder Zeit werde, auf die Bretter zu steigen, weil auf dem See da hinten in der Pampa, na, ihr wisst schon wo, da sollen heute die geilsten Wellen sein ...

Kein Wasser im Umkreis von hundert Kilometern ist vor ihnen sicher. Bei Wind und Wetter schnappen sie ihr Surfzeug und stellen sich in den Wind.

Vorbei.

Es gibt keinen Bruder mehr. Sammy ist tot. Nicht nur im Haus ist es von einem Tag auf den anderen leer geworden. Salome fühlt sich allein gelassen. Zu wem kann sie noch gehen, wenn die Eltern mal wieder abweisend sind und sie nicht verstehen wollen? Früher war da immer Sammy. Und jetzt? Die Trauer hält Salome gefangen. Sie lässt sich den Kopf kahl scheren. Ihren Freund schickt sie weg. Sie will das Elternhaus in Cappel verlassen.

Zwei Tage nach dem Unglück treffen die ersten offiziellen Beileidsbekundungen ein. Der Briefkasten von Familie Scheffelmeier füllt sich mit schwarz umrandeter Post.

Auch ein Schreiben des Wehrbeauftragten des Deutschen Bundestages ist darunter. Dem Briefkopf mit Datum 7. März 2002 ist zu entnehmen, dass dieses Amt gerade ausgefüllt wird von Willfried Penner, einem Sozialdemokraten. Es ist ein Amt von einiger Wichtigkeit. Auftrag und Befugnis sind klar festgelegt. Der Wehrbeauftragte soll – so definiert es das Grundgesetz – zum »Schutz der Grundrechte und als Hilfsorgan des Bundestages bei der parlamentarischen Kontrolle« über die Streitkräfte tätig werden. Sollte er von Umständen Kenntnis erlangen, die auf eine Verletzung der Grundrechte der Soldaten oder auf Verstöße gegen die Grundsätze der Inneren Führung schließen lassen, dann hat Penner aktiv zu werden. Und – was immer wieder betont wird – jeder Soldat hat das Recht, sich jederzeit und ohne Einhaltung des Dienstweges an ihn zu wenden. Ein Ombudsmann für die jungen Frauen und Männer in Uniform, ein unbestechlicher Wächter der Demokratie in einer ansonsten nach Dienstvorschrift und Befehl ausgerichteten Organisation. Das soll er sein, der Wehrbeauftragte.

Kondolenz des Wehrbeauftragten Penner, 7. März 2002

Ob Sammy Scheffelmeier sich jemals mit dem Gedanken getragen hatte, Herrn Penner kritische Details aus dem Innenleben der Deutschen Marine mitzuteilen, ist kaum anzunehmen. Hauptgefreiter Scheffelmeier gehörte eher zu der Sorte Menschen, die versuchen, ihre Probleme selbst in den Griff zu kriegen. Und als es dann wirklich bitter ernst wurde und es für ihn in der eiskalten Ostsee um Leben und Tod ging, dürfte er allenfalls verzweifelt geflucht haben auf seine Obrigkeit, da hinten in Sichtweite auf dem Wasser.

›Verdammte Scheiße, ich treibe hier hilflos im Wasser und kein Aas kriegt das mit. Eins, zwei, drei riesige Kriegsschiffe um mich herum, überall auf den Decks die anderen Jungs und all die Offiziere. Wo bleibt Ihr denn? Ihr könnt mich doch nicht einfach so absaufen lassen?! Warum dauert und dauert das? Warum, zum Teufel, hilft mir keiner? Es sind doch nicht bloß Deppen an Bord. Irgendeiner muss doch wissen, was zu tun ist, um mich raus zu holen …‹

Auch der Wehrbeauftragte des Deutschen Bundestages Willfried Penner meint zu wissen, wie dem Soldaten Scheffelmeier kurz vor Schluss zumute gewesen sei. Einen Tag nach dem tödlichen Unfall schreibt er gleichermaßen einfühlsam wie lakonisch kurz an die Eltern: »Ihr Sohn Samuel hat erfahren müssen, dass auch Manöver sehr gefährlich sein können. Er ist bei der Teilnahme daran ums Leben gekommen. Sie, sehr geehrte Frau Scheffelmeier und Sie, sehr geehrter Herr Scheffelmeier, werden hoffentlich Menschen finden, die Sie in Ihrem Kummer und Schmerz nicht alleine lassen. Ich hoffe, dass Hilfe und Trost gerade in den kommenden Wochen Sie begleiten werden.«

Noch weiß Wolfgang Scheffelmeier nicht viel über den Flottenaufmarsch auf der Ostsee und über den Unfall, der seinen Sohn das Leben gekostet hat. Nur eines steht für ihn fest – es müssen andere Schiffe in der Nähe gewesen sein mit vielen, wahrscheinlich hunderten Soldaten an Bord. Sammy war ja nicht Kilometer weit weg hinterm Horizont. Warum also ist er dennoch verloren gegangen und elend verreckt? Wo waren seine Kameraden? Warum haben sie ihn erst nach mehr als einer halben Stunde aus dem Wasser gezogen? Und was ist mit der Technik, mit der diese hochmodernen Kriegsschiffe ausgerüstet sein sollen? Etwa nicht tauglich für einen Ernstfall?

Wolfgang Scheffelmeier will genau wissen, was passiert ist. Den ganzen Ablauf des Unglücks und der vermasselten Rettungsaktion sollen sie ihm berichten. Über jede einzelne Minute sollen sie ihm und seiner Familie Rechenschaft ablegen, jede seiner Fragen sollen sie beantworten.

Die fünfeinhalb Zeilen des Wehrbeauftragten legt er vorerst beiseite, seine Frau soll die Unverschämtheit nicht lesen. Wozu sie noch mehr quälen?

Scheffelmeier beginnt zu telefonieren und zu schreiben. Die Recherchen lassen ihn die Lähmung der Trauer überwinden und zwingen seinen Kopf zu klaren Gedanken. Sich bloß nicht tatenlos im Haus verbarrikadieren, sagt er sich.

Er ruft an beim Institut für Rechtsmedizin in Rostock. Dort werden die Leichname der beiden Soldaten untersucht. Eine Auskunft erhält er nicht. Das sei Sache der Staatsanwaltschaft. Auch die Marine und das Verteidigungsministerium liefern noch keine konkreten Informationen.

Nach einer Woche wird der Leichnam freigegeben. Samuel Scheffelmeier liegt aufgebahrt in einem Schuppen an der Friedhofskapelle von Cappel. Für seine Mutter gibt es kein Halten, sie muss ihren Sohn sehen, ihn noch einmal anfassen. Am offenen Sarg beginnt sie zu schreien, lässt niemanden an sich heran. Dann wimmert sie nur noch und bewegt sich wie in Trance. Wenn der Ehemann oder ihre Tochter Salome sie ansprechen, reagiert sie geistesabwesend. Seit Sammy tot ist, scheint sie durch eine fremde Welt zu wandeln. Hin und wieder schüttelt sie versonnen den Kopf und ein kurzes verzerrtes Lachen huscht über ihr Gesicht. – ›Merkwürdig, wie er so da liegt, mein Sammy. Die Augen geschlossen, aber der eine Mundwinkel so komisch herunter gezogen. Als ob der Junge kurz mal lebendig geworden ist, uns frech angrinst und sagen will: Hallo Leute, das ist ja wohl nicht so gut gelaufen …‹

14. März, der Tag der Beerdigung. Ein kleiner Bus hält am Haus von Scheffelmeiers. Sammys Kameraden wollen Abschied nehmen. »Das ist eine Chance für uns. Die waren doch dabei, die werden vielleicht was erzählen«, glaubt Wolfgang Scheffelmeier. Gemeinsam mit Rebecca will er mit ihnen reden, am besten oben, im Zimmer von Sammy.

Die Jungs sehen ernst und mitgenommen aus. Zwei tragen Zivil. Sie lehnen es ab, Sammy die letzte Ehre in Uniform zu erweisen. Scheffelmeier spitzt die Ohren – »aus Protest«, hört er sie sagen. Deshalb durften sie nicht im Marine-Bus mitfahren. Sie sind allein, auf eigene Kosten, angereist.

Das Zimmer von Sammy Scheffelmeier im Elternhaus

An der Zimmertür zögern alle zunächst. Keiner will der erste sein, der in Sammys Reich eintritt. Langsam schauen sie sich um. An den Wänden hängen Fotos von der Fregatte MECKLENBURG-VORPOMMERN. Sie zeigen mal einen albern grinsenden Soldaten Scheffelmeier an Deck, mal einen betont ernst und seemännisch dreinschauenden Sammy. Bilder von Motorrädern und vom Surfen. Dazu – griffbereit und wie es sich gehört – am Haken neben dem Kleiderschrank sein Surfanzug. Überall Erinnerungsstücke und Kleidung, die mit Wassersport und der Marine zu tun haben.

Die Jungs tauen auf, sie lächeln. Diese Fotos und Sachen sind ihnen vertraut: das ist ihr Kumpel Sammy. Und sie beginnen zu erzählen, einmal fällt sogar das Wort »Meuterei«.

»Wir saßen schon im Motorrettungsboot, und der Decksmeister hat oben auf der Brücke angerufen. Alles war klar zum Runterlassen«, berichtet einer zögernd und leise. »Aber nichts tat sich. Kein Kommando zur Rettung.«

Andere Soldaten bestätigen das. Als es hieß »Mann über Bord!« hätten sie sich sofort fertig gemacht für den Rettungseinsatz. Aber es sei kein Befehl bekommen.

Scheffelmeier begreift nicht: »Ihr könnt doch nicht zehnmal und öfter eine Rettung üben, und wenn dann wirklich was passiert, dürft ihr nicht raus?! Was soll denn das?« Da standen also Sammys Kameraden an der Reling und mussten tatenlos zusehen, wie einer der ihren absoff? Unvorstellbar. Scheffelmeier ist entsetzt.

»Wir hätten ihn retten können, wir haben das doch dauernd geübt. Aber wir mussten raus aus dem Boot. Der Kommandant hat die Rettungsaktion abgebrochen. Das war sein Befehl.«

Die Stimmung an Bord sei sofort ganz unten gewesen. Viele hätten eine Stinkwut auf den Alten, den Kommandanten, gehabt und diese lauthals über Deck gebrüllt.

Das Manöver solle trotzdem zu Ende gefahren werden, hätten einige der Offiziere verlangt. Nicht mit uns, da mache die Mannschaft nicht mit, weigerten sie sich.

Zwei Kameraden tot – und der Kommandant habe weiter machen wollen, als ob nichts geschehen sei. Deshalb hätten sie ihm beim Appell, der bald danach auf dem Schiff stattfand, auch keinen Gruß erwiesen.

»Stramm stehen und die Hand an die Mütze – wofür? Dafür, dass er alles versaut hat? Niemals!«

Bevor die Stimmung auf der MECKLENBURG-VOR-POMMERN außer Kontrolle geraten konnte, handelte die Marineführung. Man ließ einen neuen Kommandanten einfliegen, zog die Fregatte aus dem Manöver ab und schickte sie zurück nach Deutschland. Im polnischen Swinemünde gab es noch einen Zwischenstopp. Eine günstige Gelegenheit, um den widerspenstigen Soldaten dringend eine Beruhigungspille zu verabreichen – ein Psychologe sollte sich um die verwirrten Kameraden kümmern.

Sammys Kameraden wurden herangeholt. Eindringlich redete der Seelsorger, wie die Jungs ihn nannten, auf sie ein. Die Rede war von einem bedauerlichen Unfall, einem nicht vorhersehbaren Ereignis, von Leid und Trauer. Ehre ihrem Andenken. Und bitte keine unbedachten Anschuldigungen und durch nichts bewiesene Vermutungen! »Ein bedauerlicher Unfall – wir sollten still der so grausam ums Leben Gekommenen gedenken. Danke.«

Wolfgang Scheffelmeier fühlt sich in seinen Ahnungen bestätigt. Jedes Wort der Soldaten hat er sich gemerkt. Es gibt Verantwortliche für den Tod seines Sohnes. Und er wird sie finden und zur Rechenschaft ziehen lassen. Es geht nicht um einen persönlichen Rachefeldzug, sondern um Gerechtigkeit: Diese Menschen dürfen nie wieder ein Kommando über andere Menschen erhalten. Sie haben Leben auf dem Gewissen.

Es hatte Tote gegeben – doch die dafür Verantwortlichen sollten unbeschadet davonkommen. Nicht mit ihm.

Die kleine Kirche fasst die vielen Gäste der Trauerfeier kaum. Es wird gebetet und gesungen – »Von guten Mächten wunderbar geborgen.« Der Pastor erinnert an einen Leitspruch von Sammy – *Carpe diem, pflücke den Tag, nutze den Tag, mach' was draus.*

Rebecca geht nach vorn. Sammys Freundin hat eine der sehr irdischen Geschichten über ihn aus der Erinnerung gekramt. Fünf Jahre war sie mit ihm zusammen, beginnt sie stockend zu erzählen. Und sie spricht darüber, dass die Zeit nicht ausreichen würde, alle Episoden aufzulisten. »Deswegen möchte ich eine erzählen, die zeigt, wie Sammy war. Sehr gut erinnere ich mich – und viele von euch bestimmt auch – an eine abenteuerliche Reise von anderthalb Jahren. Mit ein paar Kumpels hatte er sich auf den Weg gemacht über die Alpen. Natürlich mit Motorrädern. Auf einer Passstraße stürzte plötzlich einer seiner Freunde mit der Maschine. Der Junge stand unter Schock, und sein Motorrad war schwer beschädigt. Die Kupplung im Eimer, der Bremshebel abgebrochen. Aber wie es Sammys Art war, bot er dem Freund sein eigenes Motorrad an. Er selbst plagte sich mit der kaputten Möhre ab.«

Die Freunde in der Trauergemeinde müssen lächeln. Ja, typisch, so war er, der Sammy. Und nun liegt er da unten in der Holzkiste

Auf dem kleinen Gottesacker von Cappel ist die Erde ausgehoben. Dicht drängen sich Familie, Freunde und Soldaten um die Grube. Der Pfarrer erhebt noch einmal die Stimme für ein paar gottesfürchtige Worte, dann wird das Vaterunser gesprochen und der Segen erteilt.

Vater Scheffelmeier aber mag seinen Blick nicht nur nach oben, gen Himmel richten. So wie es um die Dinge bestellt zu

Auf dem Friedhof in Cappel

sein scheint, wird der Herr allein es nicht richten. Stärker als alle Gottesfurcht ist die Befürchtung, die irdischen Instanzen könnten vertuschen und verheimlichen. Scheffelmeier legt für sich und die Seinen einen Schwur ab: »Ich suche die Schuldigen an Sammys Tod und bringe sie vor Gericht.«

Er kann nicht ahnen, welche Last er sich mit dieser Selbstverpflichtung aufbürdet.

Es ist nicht die einzige Trauerfeier an jenem Tag. Einige hundert Kilometer östlich, im brandenburgischen Langerwisch bei Michendorf, trägt man den Obermaat Stefan Paul, den zweiten toten Soldaten der Fregatte, ebenfalls zu Grabe. Wie sich Bilder gleichen – noch eine verzweifelte Familie, die ebenfalls keine genaue Kenntnis über die Umstände des Todes hat. Sie erfährt nur, dass der Sohn im Wasser bereits nach wenigen Minuten einen Kälteschock erlitten habe.

Doch diese vage Auskunft wirft bei Adelheid und Bodo Paul neue Fragen auf. Ihr Stefan ging Woche für Woche ins Fitnesscenter, er war topfit – und trotzdem war er schon nach ein paar Minuten tot? Er besaß den Deutschen Rettungsschwimmer-Pass, konnte sich im Wasser bewegen. Wusste mehr als andere, wie man sich in Gefahr verhielt. Wie also war es möglich, dass Stefan so schnell ertrank?

Auch über die Rettungsmittel wusste er hundertprozentig Bescheid. Seit der Schulzeit machte Stefan bei der Freiwilligen Feuerwehr im Ort mit. Erst im vergangenen Jahr hatte er es zum Hauptfeuerwehrmann gebracht. Für einen wie ihn war der Umgang mit Rettungstechnik nichts Ungewöhnliches, der besaß Übung und wusste, wie man sich im Notfall zu verhalten hatte.

Stefan Paul träumte seit Kindestagen von der Seefahrt. 1997 wurde der Traum Wirklichkeit. Vater und Sohn fuhren nach Leer in Ostfriesland. Eine renommierte Reederei hatte auf die Bewerbung des Brandenburgers geantwortet und ihn zum Gespräch eingeladen. Der stand nach der Frage-Antwort-Runde dermaßen unter Spannung, dass er nicht mal sein eigenes Auftreten einschätzen konnte. Er fragte, ob er eine Chance habe. Die Auskunft der Prüfer haute ihn fast vom Stuhl.

»Ob wir Sie gebrauchen können, wollen Sie wissen? Meinen Sie, wir lassen Sie Hunderte von Kilometern fahren für eine Absage?«

Ende Oktober ging Stefan Paul als Lehrling an Bord eines Containerschiffes. Über vier Monate dauerte seine erste große Schiffsreise. Die Eltern staunten nicht schlecht – von einem Tag auf den anderen war ihr Sohn nicht mehr da. Auf und davon, nach Südamerika. Aber musste das so lange sein und gleich über Weihnachten und Silvester?

Als Antwort zitierte Stefan lachend die Reederei: »Da werden die Weicheier aussortiert. So ist das.«

Drei Jahre lang fuhr das Landei aus der Mark Brandenburg um die Welt. Es waren harte Lehrjahre, die er als Schiffsmechaniker abschloß. Dabei wurde ihm auch in punkto Sicherheit von der Reederei einiges beigebracht. Nachlässigkeiten an Bord wurden nicht geduldet. Nach dem, was Stefan Paul daheim erzählte, wurde auf Übungen und Schulungen allergrößter Wert gelegt. Auf jedem zweiten Foto, das er seinen Eltern schickte oder mitbrachte, posierte er in irgendeiner Rettungsausrüstung, um sie daheim zu beruhigen. Mal steckte er in einem der entsprechenden Anzüge, mal hatte er eine sichere Weste angelegt, auf einer anderen Reise schaukelte er in einem aufgeblasenen Rettungsfloß.

Nach den drei Jahren auf See war aus dem Jungen ein Mann geworden. Und der wollte unbedingt zur Bundesmarine. Stefan Paul verpflichtete sich als Zeitsoldat für vier Jahre. Er absolvierte die Marinetechnik-Schule in Kiel und durfte danach seinen Seesack auf der Fregatte MECKLENBURG-VORPOMMERN auspacken. »Ein Vorzeigeschiff der Marine«, pflegte er seinen Eltern voller Stolz zu sagen.

Das imposante Äußere des Kriegsschiffes bekam Obermaat Paul während seiner Dienstschichten eher selten zu Gesicht. Auf den Außendecks hatte er nichts zu suchen. Paul war für das komplizierte Innenleben mitverantwortlich, für die Maschine. Da konnten sich die Jungs oben abrackern wie sie wollten – nur wenn sie da unten aufpassten und alles unter Kontrolle hatten, bewegte sich das Schiff auf dem Wasser.

Normalerweise lief alles wie geschmiert mit der Technik, er verrichtete die üblichen Arbeiten an den zwei über 5.000 PS starken Dieselmotoren. Hart wurde es, wenn die Marschgeschwindigkeit gesteigert wurde. Dann wurde die Maschine hochgefahren, bis an die Spitze von 29 Knoten. Sodann wurden die beiden Gasturbinen auf die Antriebswelle geschaltet. Ein gewaltiges Dröhnen erfüllte in diesem Moment das Maschinendeck, sogar unter dem Ohrenschutz spürte man die lärmende Kraft. Mit den Turbinen ging es richtig ab, die hatten Power, jede fast 26.000 PS.

Der übliche Routinedienst hingegen konnte schon mal anöden und sich hinziehen. In solchen Stunden dachte Stefan Paul gern über seine Zukunft nach. Zweieinhalb Jahre hatte er noch abzureißen bei der Marine. Wenn er sich das richtig überlegte, könnte er bald wieder Gefallen am Leben an Land finden. Ewig die Welt nur vom Wasser aus zu betrachten, das war doch nicht sein Ding. Je mehr er darüber nachdachte, desto mehr nahmen seine Pläne Gestalt an. Eine Arbeit als Polizist würde ihn reizen. Ihn interessierte die Kriminalpolizei. Und tatsächlich hatte sich Obermaat Stefan Paul, wie später bekannt wird, für die Zeit nach der Marine bereits bei der Kripo in Berlin beworben.

Sein Vater, und mehr noch der Großvater, sprachen voller Stolz über den Matrosen in der Familie. Ihr Stefan machte das, was sie auch nur zu gern getan hätten – er fuhr zur See. Beim Vater war von der Liebe zum Wasser nur die Angelei übrig geblieben. Die betrieb er zwar mit Leidenschaft, seine große Sehnsucht jedoch, die Seefahrt, blieb unerfüllt. In der DDR hatte sich das schnell erledigt. Sein Bruder wurde 1963 »republikflüchtig«, wie das damals hieß, und sofort wurde der Bürger Bodo Paul von den misstrauischen Schutz- und Sicherheitsorganen in eine Art Sippenhaft genommen. Zehn Jahre später noch galt er der Staatsmacht als unsicherer Kantonist. Sie lehnte selbst seinen Wunsch ab, freiwillig länger bei der NVA zu dienen, als es die Wehrpflicht verlangte. Volksmarine? Kommt nicht in Frage. ›Der denkt wohl, wir wüssten nicht, warum der aufs Schiff will. Aus purer Seefahrerromantik? Ein durchsichtiger Quatsch ist das. Der Mann will bei der erstbesten Gelegenheit abhauen zu seinem Bruder und nichts weiter. Hat sich aber gründlich getäuscht, der bleibt schön hier, wie alle anderen auch. Dafür sorgen wir.‹

Das Fernweh ist geblieben. Bodo Paul zieht es auch heute weg von zu Hause. Als Gleisbauer ist er tagelang unterwegs in Europa. Er führt ein Leben zwischen Trennung und Wiedersehen mit Familie, Haus und Angeln. Seine Frau Adelheid hält die Fäden in der Hand. Denn ihre Arbeitstage als Altenpflegerin laufen nach einem festen Dienstplan ab.

Stefan gefällt es sehr bei den Eltern. Zudem hängt seine ältere Schwester Cindy sehr an ihm. Cindy lebt nicht ständig mit ihrer Familie unter einem Dach. Sie ist schwer geistig

Stefan Paul während der Ausbildung zum Schiffsmechaniker vor einem Rettungsfloß

behindert und auf besondere Betreuung angewiesen. Sie liebt Stefan über alles. Und niemand wagt es, in seiner Gegenwart auch nur eine abfällige Bemerkung über Cindy fallen zu lassen.

Die Familie ist ein eingespieltes Team, das Stefan auf gar keinen Fall verlassen möchte. Zwischen all den Schiffsreisen und dem Dienst im Maschinenraum ist das gemütliche »Hotel Mama« genau der Ruhepol, den er braucht. Überall im Haus herrscht ein prima Wohlfühlklima.

Von dem lässt sich Stefan aber nicht zum untätigen Herumhängen verführen. An einem Wochenende, zum Beispiel, kommt er mit Freunden auf das Grundstück, sie schleppen Balken und packen Werkzeug aus. Die Eltern können gar nicht so schnell gucken – da ist der Carport schon fertig. Einer von der ganz noblen Ausführung, mit Satteldach aus festen Ziegeln und so. Hut ab vor so einem Untermieter!

Am 6. März 2002 endet die Normalität in den Familien Scheffelmeier und Paul abrupt. Ihre private Welt ist eingestürzt, sie haben einen unfassbaren Verlust ist erlitten. Auf der Suche nach einer Antwort auf die Frage, warum gerade ihren Söhnen so etwas widerfahren ist, begegnen sie sich. Der tödliche Unfall auf der Ostsee bringt eine westdeutsche und eine ostdeutsche Familie einander nahe. Verwundert stellen sie fest, dass sie nicht nur die Trauer teilen, sondern dass ihre Lebensverläufe Berührungspunkte aufweisen.

Ingrid Scheffelmeier aus Cappel in Nordrhein-Westfalen wurde am 4. April 1956 geboren. In selben Jahr und ebenfalls am 4. April kam Adelheid Paul aus Brandenburg zur Welt.

Sammy Scheffelmeier und Stefan Paul, ihre einzigen Söhne, dienten gemeinsam auf derselben Fregatte.

Zu beiden Familien gehört eine geistig behinderte Tochter.

Beide Mütter arbeiten als Altenpflegerin.

Ist das eine Fügung, sind es Zeichen?

Wir haben die Ehre, gehorsame Diener zu sein

Das ist kein Fall wie jeder andere. Die Sache stinkt, gewaltig sogar. Je länger sich Rechtsanwalt Peter Wüller mit dem Todesfall Samuel Scheffelmeier beschäftigt, desto mehr beschleicht ihn ein ungutes Gefühl. Selbstverständlich wird er dem Vater des Verunglückten juristischen Beistand geben. Das steht bereits nach dem ersten Gespräch mit Wolfgang Scheffelmeier fest. Und es mag auch Ausdruck seines durchaus passablen Rufes als Anwalt sein, dass gerade ihm, Wüller, diese Vertretung angetragen wird.

Doch schon beim Anhören der erregt vorgetragenen Berichte und – bei allem Respekt – bestimmt auch mancher Gerüchte, die ihm sein neuer Mandant anvertraut, beginnt er zu ahnen, was da in den kommenden Wochen und Monaten – wahrscheinlich sogar Jahren! – auf ihn zukommen könnte. Scheffelmeier hat ihm von den Versuchen berichtet, mit der Kripo ins Gespräch zu kommen. Ohne Erfolg. Dann wandte er sich an die Staatsanwaltschaft Oldenburg, weil die wegen des Unfalls auf der Ostsee ermitteln würde – das hatte man ihm jedenfalls mitgeteilt. Auch von dort keine Auskünfte. Und die Bundeswehr? Hüllt sich nach wie vor diskret in Schweigen, offizielle Informationen rückt sie nicht raus. Scheffelmeier ist es leid, vertröstet und hingehalten zu werden. Den Schlusspunkt setzt er mit deutlichen Formulierungen, die seinem Anliegen und seiner Gemütslage sehr angemessen waren und schließt mit den Worten, dass er die Nase voll habe und nicht beabsichtige, sich noch länger »von denen« hinhalten lassen wolle.

Das Mandat ist erteilt. Also, Herr Anwalt, handeln Sie und bringen Licht ins Dunkel!

Anwalt Wüller aus dem kleinen Städtchen Werther bei Bielefeld spielt nicht unbedingt in der Bundesliga. Es kommt schon mal vor, dass er selbst sich in feinem Understatement als Wald- und Wiesen-Anwalt klassifiziert. Aber gerade weil der Mann sich als sehr irdisch sieht, schwant ihm im Falle Scheffelmeier nichts Gutes. Wie er die Sache schon nach wenigen Tagen einschätzt, könnte sich eine Auseinandersetzung nach dem Muster »Allein gegen alle« anbahnen: Wolfgang Scheffelmeier und Familie mit anwaltlicher Verstärkung auf der einen und auf der anderen Seite die geballte Macht von Militär und Politik. Ein NATO-Manöver unter USA-Kommando, jede Menge deutscher Militärs bis hin zu Admirälen, womöglich noch die Hardthöhe in Bonn samt Minister. Sogar der Wehrbeauftragte des Bundestages machte keinen Hehl, welche Position er einzunehmen gedachte. Gegen die Interessensvertreter auf hoher und höchster Ebene muss man sich erst einmal durchsetzen.

Davor hat Wüller keine Bange. Nein, das nicht. Er ist nur Realist und erlaubt sich deshalb den einen oder anderen Zweifel an Schärfe und Wirksamkeit der Instrumente in seinem juristischen Arsenal. Er ist lange genug dabei, er kennt das doch, er ahnt, wie die vorgehen. Und er weiß, dass in den allermeisten Fällen diese Leute Recht bekommen haben.

Rechtsanwalt Wüller hütet sich, Wolfgang Scheffelmeier seine Skepsis spüren zu lassen. Der Mann ist nervlich fertig, der braucht fürs erste uneingeschränkte Hilfe, der muss aufgebaut und nicht demontiert werden. Und außerdem – wer sagt denn, dass es diesmal nicht anders, also besser läuft? Warum eigentlich sollte es nicht zu schaffen sein, vor einem Gericht den gewaltsamen Tod des Marinesoldaten und Staatsbürgers Samuel Scheffelmeier aufzuklären? Die bevorstehende Auseinan-

Rechtsanwalt Peter Wüller aus Werther bei Bielefeld

dersetzung könnte interessant werden. Ihr wollt Streit? Bitteschön, ihr werdet ihn kriegen!, denkt der Advokat entschlossen.

Am 21. März 2002 erstattet Rechtsanwalt Peter Wüller im Auftrag seines Mandanten bei der Staatsanwaltschaft Oldenburg Strafanzeige gegen Unbekannt und beantragt Einsicht in die amtliche Ermittlungsakte. Die Dinge sind nunmehr auf dem ordentlichen Rechtsweg.

Einige Tage später wird ihm ein Dokument zugeschickt, dessen Lektüre sein Grundvertrauen in die Funktionsfähigkeit der Bundeswehr und des nordatlantischen Bündnisses einigermaßen erschüttert. Es ist der 34-seitige vertrauliche Bericht eines britisch-deutschen Ermittlungsausschusses zum Unglück auf der Ostsee. Seite um Seite offenbart sich dem Anwalt ein erschreckendes Bild vom Ablauf des Unfalls.

Schon das Deckblatt ist bemerkenswert und lässt auf eine rege Betriebsamkeit bei den Chefs der Deutschen und der Königlich-Britischen Marine schließen. Abgefasst wurde der

Bericht bereits am 14. März, nur acht Tage nach dem Unglück. Genau an jenem Tag übrigens, als die beiden ums Leben gekommenen Soldaten beerdigt wurden.

Die Sprache liest sich auch in der deutschen Übersetzung noch *very British*. Angekündigt wird die Berichterstattung »zu den Umständen im Zusammenhang mit dem fatalen Seeschiffsunglück […], das sich am 6. März 2002 neben der HMS CUMBERLAND ereignete.« HMS steht für *Her Majesty's Ship*, ein Schiff Ihrer Majestät. Die Sitten im Vereinigten Königreich sind streng, und besonders die hohen Herren der Marine verstehen sich darauf, einen royalen Umgangston zu pflegen. »Wir haben die Ehre […] Ihre gehorsamen Diener zu sein.« Man weiß eben, was sich ziemt.

Danach folgt ein Rapport über unerhörte Vorgänge. Auch die umständlichen maritim-fachlichen Formulierungen können nicht das tödliche Desaster der britisch-deutschen Rettungsaktion auf der Ostsee kaschieren. Anwalt Wüller registriert beim Lesen mit zunehmender Bestürzung eine Abfolge von Pleiten, Pech und Pannen.

Und ihn beschleicht der beklemmende Verdacht, dass es sich bei der britischen Fregatte CUMBERLAND an jenem 6. März 2002 nicht um ein Kriegsschiff unter klarer militärischer Befehlsgewalt handelte, sondern um ein unkoordiniert umher schippperndes Geisterschiff. Der Kommandeur war nicht an Bord, man hatte ihn per Hubschrauber zu einer Planungskonferenz mit Vizeadmiral Dawson auf das schwimmende Manöver-Hauptquartier, die USS MOUNT WHITNEY, beordert. Die Führung auf der CUMBERLAND wurde dem Ersten Offizier übertragen. Die Dienstübergabe kann allerdings nur salopp gewesen sein, denn es »wurde über eine formelle Übertragung der Exekutivfunktionen nicht gesprochen«, heißt es im Bericht. Und wenige Zeilen weiter: »Die höheren Führungsaufgaben auf dem Schiff wurden nicht formell übertragen.« Allem Anschein nach wurde das Schiff einer Riege von unerfahrenen Nachwuchsoffizieren anvertraut, die damit überfordert schienen. Der Diensthabende Wachoffizier als Assistent des Ersten Offiziers hatte zwar ein Brückenwachezeugnis, »aber ihm ist [...] noch keine umfassende Brückenführungserlaubnis erteilt worden«.

Insgesamt stellt der Ermittlungsausschuss eine »Aushöhlung der oberen Kommandostruktur« fest – eine vornehme Umschreibung für das Befehlschaos, das auf der Brücke der CUMBERLAND geherrscht haben muss. Damit war ein Scheitern der Rettungsaktion nahezu vorprogrammiert. Es versagten die Offiziere und ein Teil der Technik. Sobald ein Mann-über-Bord-Alarm ertönt, zählt jede Sekunde. Doch ein schnelles Manövrieren des großen britischen Kriegsschiffes war nicht möglich – weil es statt von den zwei vorhandenen nur von einer Schraube angetrieben wurde. Die Welle an Backbord lief leer. Der Grund »sei sparsamer Umgang mit Treibstoff gewesen, weil in der Übung keine Tanker zur Unterstützung eingesetzt wurden«.

Wer auf der Brücke welche Befehle gab, ob richtige oder falsche, und wer diese dann wie umsetzte, konnte laut Bericht nicht mehr rekonstruiert werden. Auf der Blackbox des Schiffes war nichts. Das eigentlich mitlaufende Aufzeichnungsgerät wurde – Zufall oder weiteres Indiz für die Konfusion an Bord – nicht richtig bedient: das Band war falsch eingelegt. Ausfall auch bei den Lebensrettungsbojen. Ferngesteuert ausgelöst sollten sie neben den Verunglückten im Wasser aufschlagen und die Bergung erleichtern. Das ging komplett daneben, der Auslöse-Mechanismus »funktionierte an drei von vier Stellen nicht, und an der einzigen Position, wo es funktionierte, wurde die Boje fehlerhaft freigesetzt.«

Die Funkverbindung zwischen dem Rettungsboot, das von der in Sichtweite fahrenden EDINBOURGH eingesetzt wurde, und der CUMBERLAND brach zudem immer wieder zusammen. Das Boot musste deshalb bis nah an die CUMBERLAND zurückkehren, »um per Zuruf neue Einsatzbefehle entgegenzunehmen«. Es war der Versuch, sich mit aus voller Kehle gebrüllten Kommandos gegen brausenden Sturm und tobende Wellen zu behaupten.

Auch als die Verunglückten endlich an Bord gehievt waren, setzte sich die Kette der Ausfälle fort. Als die lebenswichtige Infusionen von den Sanitätern gesetzt werden sollte, fehlte das übliche Heizgerät, um die Tropfflüssigkeit auf Körpertemperatur vorzuwärmen. Die Improvisation kostete weitere wertvolle Zeit. Kurz: Die CUMBERLAND überraschte alle am Bergungsmanöver Beteiligten von Anfang bis Ende mit schlecht gewarteter Rettungstechnik.

Als Rechtsanwalt Peter Wüller einige Tage danach von Journalisten zum Untersuchungsbericht befragt wird, kann er seine Empörung nur mühsam zurück halten. »Man muss sich das mal vorstellen – dieses britische Kriegsschiff ist kein Äppelkahn, wie man landläufig sagt. Das Schiff ist fast 150 Meter lang, und während des Unglücks waren bestimmt 260 Soldaten an Bord. Und keiner von denen will festgestellt haben, dass Samuel Scheffelmeier abgetrieben wurde. Die Ausgucke waren nicht besetzt, und es wurden nicht genug Rettungsseile ins Wasser gehalten. Das ist für mich ein Unding. Aber – und das muss man sich mal vorstellen – es wurden Fotos gemacht. Offensichtlich war das private Familienalbum wichtiger als das Leben von Menschen in See. Während der Rettungseinsatzes wurde von Deck der CUMBERLAND fotografiert. Die Bilder in der Akte zeigen, wer sich gerade im Wasser befindet und wer wann mit einem Rettungsseil hoch gezogen wird. Zeit zum Fotografieren war vorhanden – aber keine Zeit, um Marinesoldat Scheffelmeier rechtzeitig aus dem Wasser zu bergen.

Das ist für mich nicht nachvollziehbar.«

Soldat Scheffelmeier wird davon nichts mitbekommen haben. Er »trieb unglücklicherweise unbemerkt« ab und »um den Bug herum«, konstatiert die Untersuchungskommission. Dabei hatte man ihn doch zwanzig Minuten nach seinem Sturz ins Wasser noch »winkend gesehen«. Doch dann war er weg. Ausgucke seien zwar befohlen worden, »jedoch scheint die Kontrolle etwas planlos gewesen zu sein«, umschreibt der Bericht vorsichtig die Verwirrung an Bord der CUMBERLAND. Statt eindeutiger Befehle machten blinde Annahmen die Runde. Irgendwer würde sich schon um die Ausgucke kümmern.

»Das Brückenteam nahm an, dass der Oberbootsmaat auf dem Steuerbord-Mitteldeck diese Aufgabe ausführte, während er glaubte, dass die Brückenteams sich um einen derartigen Überblick kümmerten.«

Alle müssen von allen geglaubt haben, die da würden es schon übernehmen.

Und noch eine »gewichtige Fehlannahme« kursiert als Gewissheit zwischen Brücke und Oberbootsmaat hin und her – »nämlich [...], dass Scheffelmeier ein Seil in der Nähe des Schiffes ergriffen hatte, was nicht der Fall war«.

Nur kurz weist der Bericht auf die Kulisse hin, in der die beklagenswerten Versäumnisse rasend schnell zum Drama mit tödlichem Ausgang wurden – die Naturgewalten. Zum Zeitpunkt des Unfalls herrschten die »schlechtesten« Wetterbedingungen während der gesamten Übung. Die Wellen gingen hoch. Unter diesen Umständen erscheint die Entscheidung, den Transfer mit dem Pacific-Boot durchzuführen, als sehr fragwürdig.

Und während die Ermittler dabei sind, den Dingen auf den Grund zu gehen, fördern sie Widersprüchliches zutage. Die Stelle an der britischen Fregatte, wo solche Übersetzmanöver gewöhnlich beginnen oder enden – auf der Steuerbordseite des

Achterdecks – wird als die denkbar ungünstigste bewertet: weil sie »unter keinen Umständen von der Brücke aus eingesehen werden« kann. Was immer also in den wichtigsten Momenten eines solchen Transfers geschieht, bleibt von der befehlshabenden Brücke unbeobachtet. Damit ist die Chance für ein koordiniertes Eingreifen von dort bei Zwischenfällen gleich Null. Plötzlich stellt sich eine seit Jahren ausgeübte maritime Praxis als untauglich heraus. Und den Unfallforschern wird klar, »dass definierte und dokumentierte Verfahrensvorschriften für die Durchführung von Bootstransfers von der Backbordseite einer T22-Fregatte nicht existieren«.

Vom Erstaunen über diese Feststellung gefesselt erinnert man sich plötzlich an eine Aktennotiz von »vor ungefähr sieben Jahren«, die seinerzeit Schwierigkeiten von Transfers ausdrücklich hervorhob.

Aber ehe Anwalt Wüller gänzlich von Zweifeln an der Einsatzfähigkeit der britischen Flotte befallen wird, was die Autoren des Berichts wohl ahnten, konstatieren sie, dass die festgestellten Unzulänglichkeiten natürlich »in starkem Gegensatz (stünden) zu anderen Entwicklungen der Navigationstechnik in der Königlichen Marine, die bis in Details und in verschiedenen Publikationen dokumentiert sind«.

Wüller markiert sich mehrere Stellen im Bericht. Die könnten in der zu erwartenden juristischen Auseinandersetzung erhebliches Gewicht erlangen. Es sind die Aussagen zur Bekleidung der vom Unfall betroffenen Soldaten. Die britischen Überlebenden hätten dank ihrer Taucheranzüge einen »exzellenten Schutz« gehabt. Und mit einer kaum zu überlesenden Genugtuung wird ausführlich die dazu gehörende Dienstanweisung der Königlichen Marine zitiert: »Die Vorschrift, einen Taucheranzug oder Multifaseranzug zu tragen, ist zwingend, wenn Operationen bei Wassertemperaturen von bis zu und einschließlich 15° C ausgeführt werden, aber es liegt im Ermessen des befehlshabenden Offiziers, wenn die Wassertemperaturen zwischen 16° C und 20 liegen.« Eine eindeutige Regelung, die ebenfalls für Passagiere gelten soll. Unklar aber sei, so merken die Ermittler kritisch an, »wer einen Passagier darstellt«.

Rechtsanwalt Wüller greift sich unwillkürlich an den Kopf. Wer oder was waren die Soldaten Scheffelmeier, Paul und Nieschwitz? Gäste oder Passagiere?

Die Ermittler beantworten diese Frage nicht, indem sie lediglich konstatieren, »dass die von den drei deutschen Seemännern getragene Kleidung diesen Vorschriften nicht voll entsprach, während die britische Besatzung korrekt gekleidet war.«

Aus Sicht von Anwalt Wüller hätte ein britischer Offizier mit Verantwortungsgefühl und ein bisschen Überlegung auch den Deutschen das Anlegen der schützenden Anzüge befehlen können.

Er muss kein Experte in militärischen Dingen sein, um auch ein Versäumnis der deutschen Marine zu erkennen. Wenn solche Taucher- und Multifaseranzüge ihre Qualität mehrfach unter Beweis gestellt haben, wenn die beiden gekenterten britischen Soldaten im Gegensatz zu ihren deutschen Kameraden Eiseskälte und Wellengang schadlos überstehen konnten – warum verzichten die deutschen Admiräle auf solche überlebenswichtige Ausrüstung?

Mehr als nur eine Passage im Ermittlungsbericht deutet auf einen der wahrscheinlichen Schwerpunkte hin, den die Militärs als wesentlich für den Tod der beiden deutschen Soldaten ausmachen werden – die persönliche Ausrüstung. Mögen die Rettungsanzüge *Made in Germany* auch noch so ungeeignet für die extremen Wetterbedingungen an jenem 6. März 2002 gewesen sein – leider wären sie falsch angelegt worden. Scheffelmeier habe es unterlassen, »sein Schwimmwestenvisier zu benutzen oder den mit der Schwimmweste integrierten Kälteschutzanzug anzulegen«.

Der Soldat Paul habe gleichfalls seine Schwimmweste nicht korrekt angelegt. »Insbesondere wird angenommen, dass die Gurte im Schritt und am Bauch nicht hinreichend straff gespannt waren.« Eine fatale Nachlässigkeit und vorschriftenwidrig. Denn die Weste füllte sich automatisch mit Luft und trieb sofort über den Kopf von Paul hinaus. Deshalb habe der keine Chance mehr gehabt, die Wasseroberfläche zum Atmen zu erreichen. Wenige Minuten später war er tot, ertrunken. Scheffelmeier und Paul, das musste man daraus schließen, waren Opfer eigener Nachlässigkeit geworden?

Hätten sie korrekt alle Dienstvorschriften umgesetzt wären sie noch unter den Lebenden.

So formulierten es die britischen und die deutschen Marineoffiziere, die an Bord der CUMBERLAND Ursachenforschung betrieben, natürlich nicht, auch wenn man es aus der Diktion schließen könnt, dass sie dies dachten. Dem fügten sie medizinische Befunde hinzu. Man müsse auch die sofort nach dem Kentern einsetzende Kälteschockreaktion bei den Deutschen berücksichtigen. Die darauf einsetzende Hyperventilation führe naturgemäß »rasch zu einer Trübung des Bewusstseins, [...] zu Muskelschwäche und Fühllosigkeit, sogar zu Krämpfen«. Es komme zu »Panik und Strampeln im Wasser. Einfache physische Verrichtungen (z. B. die Spritzschutzkapuze einer Schwimmweste zu entfalten) werden extrem schwierig«.

Sollten die Matrosen wirklich so nachlässig ihre Rettungsausrüstung angelegt haben, fragt sich Anwalt Wüller, dass sie selbst Schuld an ihrem Tod waren? Was ja zunächst unterstellt wird. Oder waren sie wegen wegen des Kälteschocks und der nachfolgenden Bewusstseinstrübung, also aufgrund der extremen Wetterlage ums Leben gekommen? Also aufgrund höherer Gewalt?

Vielleicht wollten Scheffelmeier und Paul genau das tun, was man ihnen theoretisch und praktisch im gut beheizten

Obermaat Stefan Paul in der Freizeit auf der Brücke der
MECKLENBURG-VORPOMMERN

Marine-Schwimmbecken beigebracht hatte. Nur leider reichte ihre Kraft oder ihr Willen nicht aus, um in jenem Ernstfall so zu reagieren.

Der Rechtsanwalt beginnt, über die Verantwortung oder gar Schuld der Deutschen Marine am Tod von zwei ihrer Soldaten nachzudenken.

Was sagt der Bericht über die Fregatte MECKLENBURG-VORPOMMERN?

Auch dort finder er ein Sowohl-als-auch statt einer unmissverständlichen Einschätzung.

Nachdem der Navigationsoffizier der CUMBERLAND das deutsche Kriegsschiff und die EDINBURGH über das Unglück informiert hatte, »wies er sie an, sich von der CUMBERLAND fernzuhalten«, um Raum für die Rettungsmanöver zu gewinnen.

Andererseits hielt sich die deutsche Fregatte »für zu beschränkt und nicht hinreichend manövrierfähig, um ihren

Cutter zu entsenden. Dieses zusätzliche Rettungsmittel hätte sich zweifellos ausgewirkt.«

Anwalt Wüller notiert an dieser Stelle die berechtigte Frage, warum von der MECKLENBURG-VORPOMMERN kein Rettungsboot zur Unterstützung der Hilfsaktion ausgesetzt wurde.

Er legt den vertraulichen Ermittlungsbericht zu den Akten. Ein aufschlussreiches, brisantes Dokument, bemerkenswert auch wegen der namentlich auf dem Deckblatt aufgeführten Autoren. Der fünfköpfigen Untersuchungskommission gehörten demnach auch zwei Herren der Deutschen Marine an.

Einer von ihnen ist Kapitän zur See Ingo Splettstößer. Dieser hatte in den vergangenen Tagen gegenüber der Nachrichtenagentur *dpa* und anderen Journalisten erklärt, dass es auf der Ostsee »keine Chance auf Rettung« gegeben habe und die Bergungsaktion »vorbildlich« abgelaufen sei. Wüller hatte die Meldung in einem Ordner abgeheftet.

Im Lichte einer solchen Erklärung erscheint ihm der ausführliche Bericht dieser fünf hochrangigen Marineoffiziere als eine argumentative Unterfütterung der These von einer im Prinzip gelungenen Rettung, die nur deshalb zwei Tote hatte, weil diese subjektiv versagt und objektiv höhere Mächte gewirkt hatten.

Wenn sich die Frage nach Schuld und Verantwortung überhaupt stellte, so war diese an alle möglichen Adressen, nicht aber an die Schiffsführungen und die Marine zu richten.

Sammy, Deine Schulzeit

ist Dir nie schwer gefallen. Du lerntest schnell und hattest ein überdurchschnittliches Auffassungsvermögen. Eigentlich hat Dich die Schule nicht wirklich gefordert. In Höchstgeschwindigkeit hast Du Deine Aufgaben erledigt, um ja viel Zeit für den Sport zu haben. Deine liebsten Sportarten waren jene, in denen es um Schnelligkeit und Technik ging. Schon als kleiner Junge hattest Du ein Rennrad und später dann die ganze Palette von Rädern, mit allem drum und dran. Bis Du ungefähr 15 Jahre alt warst, spieltest Du Fußball, danach fast nur noch Basketball. Nicht zu vergessen das Schwimmen, auch mit voller Leidenschaft. Alles, was mit Wasser zu tun hatte, übte eine magische Anziehung auf Dich aus. Irgendwann musste es logischerweise mit dem Surfen losgehen.

Eine Episode aus der Schulzeit werde ich nicht vergessen. Es muss wohl noch in einer der unteren Klassen gewesen sein. Eine Wanderung war angesagt, und ihr, die Schüler, hattet natürlich jede Menge Blödsinn im Kopf. Der Lehrer war gereizt. Als es auf den Heimweg ging, schlug er eine Strecke vor, die einen großen Umweg bedeutete. Du, Sammy, versuchtest, mit dem Lehrer zu sprechen und ihn zu überzeugen, den direkten Weg einzuschlagen, schließlich war es schon spät. Ohne Erfolg, der Lehrer beharrte auf seiner Anweisung. Doch einige Jungs waren auch Deiner Meinung. Kurzerhand nahmt ihr die Abkürzung, während die anderen müde dem Lehrer hinterher trotteten. Zu Hause hast Du davon nichts erzählt. Plötzlich klingelte es, und der Lehrer stand vor der Tür – mit puterrotem Kopf und wild gestikulierend. Er konnte sich nicht mehr bremsen wegen Deines »unglaublichen Verhaltens«. Du würdest die anderen beeinflussen, wärst ein Aufrührer, und bestimmt würdest Du später Terrorist werden.

Du hast das sehr gelassen genommen und wolltest nicht einsehen, etwas falsch gemacht zu haben. Es sei doch nur logisch gewesen, den kürzeren Weg zu gehen, lautete Dein Kommentar. Die Autorität des Lehrers hättest Du jedenfalls nicht untergraben wollen. Das Ganze hatte ein Nachspiel – einen Eintrag.

Die Jahre am Gymnasium vergingen ohne größere Zwischenfälle. Zeit zum Lernen hattest Du zwar nie, aber Deine Noten waren sehr gut. Als Du Dich zwischen Französisch und Latein zu entscheiden hattest, wähltest Du Latein – obwohl Du dieses Fach nicht mochtest. Aber ich hatte es Dir empfohlen ...

Nebenbei fingst Du an, in der Bikescheune zu arbeiten. Du lerntest Motorräder zusammen zu bauen und sie zu reparieren. Das war Deine Welt. Also wurde eines Tages der Wunsch nach einer Crossmaschine geäußert. Doch als armer Schüler? Eine kleine 50er Maschine hattest Du ja schon – doch eine schnellere wäre viel, viel besser.

Und dann noch die anderen Dinge, das Surfen zum Beispiel. Allein die Grundausstattung dafür ging richtig ins Geld. Es kam wie es kommen musste. Eines Nachmittags offenbartest Du mir, keinen »Bock« mehr auf die Schule zu haben. Studieren wolltest du ohnehin nicht, und wenn doch, so sei dafür später immer noch Zeit. Einen »vernünftigen« Beruf wolltest du erlernen, was Handwerkliches.

Ich fiel zuerst aus allen Wolken. So ein intelligenter Junge und nicht weiter lernen wollen – das ist doch wie Perlen vor die Säue werfen. So dachte ich damals. Ein lernbegabter Junge und nichts daraus zu machen wollen ... Ich konnte Dich nicht verstehen und versuchte, Dich von Deinem Vorhaben abzubringen. Keine Chance. Wolfgang, Dein Vater, schluckte heftig wegen Deiner Entscheidung.

Du hattest klare Vorstellungen davon, was Du aus Deinem Leben machen wolltest.

Es war Dein, nicht unser Leben.

Eine Einladung zum praxisnahen Selbstversuch

Wolfgang Scheffelmeier greift zur Schere. Auf dem Schreibtisch in seinem kleinen Arbeitszimmer daheim hat er Zeitungen ausgebreitet. Besonders die regionale Presse aus der Gegend Ostwestfalen-Lippe und aus Mecklenburg-Vorpommern berichtet ausführlich über den tödlichen Unfall auf der Ostsee, oft sogar auf der ersten Seite.

Scheffelmeier schneidet jeden Artikel aus und heftet ihn ab. Seine Pressemappe füllt sich. Schon durch die Diktion der meisten Überschriften fühlt sich Scheffelmeier in seinen Zweifeln an den offiziellen Verlautbarungen der Marine bestätigt.

Die *Schweriner Volkszeitung* hat am 15. März getitelt: »Schwerer Vorwurf an die Marine: Matrosen könnten noch leben«. Ein Unteroffizier der Besatzung hatte sich in der Redaktion gemeldet und gegenüber den Redakteuren von »unterlassener Hilfeleistung« gesprochen. »Die Befehlsstruktur auf der MECKLENBURG-VORPOMMERN sei zurzeit des Unglücks chaotisch gewesen. An Bord habe sich ›Wut über die misslungene Aktion und über unsere Führung breit gemacht‹«, wird er zitiert.

Die Marine, vom Blatt um eine Stellungnahme gebeten, verwies die Vorwürfe kategorisch »ins Reich der Spekulationen«. Kein Kommentar, man warte die Ergebnisse der deutsch-britischen Untersuchungskommission ab, hieß es aus die diesen Kreisen, wie die Zeitung wissen ließ.

Nun, diese »Ergebnisse« hat Scheffelmeier längst aufmerksam studiert, Anwalt Wüller hatte ihm den brisanten Bericht zur Kenntnis gegeben. Die Lektüre verdichtet bei Scheffelmeier die längst gehegte Vermutung, dass an Bord der CUMBERLAND während der Rettungsaktion chaotische Zustände geherrscht haben müssen.

Und auf der deutschen Fregatte, was geschah dort? Wenn ein Soldat von sich aus bei der ersten sich bietenden Gelegenheit vom Schiff steigt und in einer Zeitung wie der *SVZ* über Ereignisse an Bord berichtet, dann tut er dies weder aus Wichtigtuerei, Eitelkeit oder gar für Geld. Es müssen andere Motive für eine solche »Enthüllung« vorliegen. Konnte man nicht von moralischer Verantwortung ausgehen? Gar von einer Art Leidensdruck? Der Mann war ein aktiver Unteroffizier, gehörte an Bord zur untersten Kommandoebene.

Einen anderen Artikel bewahrt Scheffelmeier ebenfalls sorgfältig auf.

Am 26. März titelt die *Ostsee-Zeitung* aus Rostock »Gefährdet Sparpolitik die Sicherheit der Truppe?«. Sie lenkt damit den Fokus auf die Ausrüstung beim Bund, deren Zustand und die Auswirkungen von Etatkürzungen. Darin werden die Befehlsgewaltigen im Verteidigungsministerium nach Schlüssen aus dem Unfall befragt. Sie ringen sich zu schwachen Antworten durch. »Ein Sprecher: ›Die jeweilige Ausrüstung ist eine Frage der Philosophie.‹ So seien Flieger mit Ganzkörperschutzanzügen ausgerüstet, da man bei einem Unglück über See davon ausgehen muss, dass die Soldaten bis zur Rettung über eine Stunde im Wasser treiben. Mit diesen Anzügen auch kein Problem.

Die Modelle auf Marine-Schiffen seien dagegen nicht für Manöver im Beiboot, sondern für Notfälle vorgesehen. Sie werden im Falle des Untergangs an Bord angezogen. Das gehe mit etwas Übung auch im Wasser. Da wirft sich die Frage auf, warum es keine Schutzanzüge für routinemäßige Manöver wie im Speedboot zwischen der CUMBERLAND und der

Kapitän Ingo Splettstößer demonstriert in Oldenburg die Funktionsweise einer Schwimmweste, April 2002

MECKLENBURG-VORPOMMERN gibt? Briten, Amerikaner, Polen und Skandinavier haben sie; die Deutsche Marine fordert sie seit Jahren. Auch darauf nur ausweichende Manöver von der Hardthöhe. Was Engländer und Polen für Anzüge haben, erklärt der Ressortsprecher lapidar, ›ist deren Sache‹.«

Im April lädt Kapitän zur See Ingo Splettstößer Journalisten nach Oldenburg ein. Im Beisein von Oberstaatsanwalt Gerhard Kayser demonstriert er vor laufenden Kameras und im grellen Blitzlicht der Fotografen die Funktionsweise einer Schwimmweste.

Ein Hauptgefreiter legt sich die orangefarbene Rettungskrause um den Hals. Splettstößer zeigt, wie das Rettungsmittel nach Vorschrift gehandhabt werden muss. »So wird's gemacht, dann klappt alles tadellos.«

Und die Presseleute erfahren, was geschieht, wenn die Soldaten bei der Unterweisung nicht aufpassen und ihre Weste nicht richtig anlegen. Sie gefährden sich selbst und können ertrinken. Ist das die Schuld des Vorgesetzten? Nein! Die angetretenen Journalisten kommen zum gewünschten Schluss: Samuel Scheffelmeier und Stefan Paul müssen ihre Rettungswesten falsch angelegt haben. Andernfalls wären sie noch am Leben, klar doch. Nur so kann es gewesen sein.

Aber nicht alle Medienvertreter sind davon überzeugt. Die Lehrvorführung in einem trockenen und wohlig warmen Raum bringt nicht die erhoffte hundertprozentige Gefolgschaft.

Dass die Zustimmung geteilt ist bemerkt auch Wolfgang Scheffelmeier. Er sieht in den Journalisten und Medien potenzielle Verbündete. Die Öffentlichkeit soll mit ihrer Hilfe erfahren, was mit seinem Sohn passiert ist und wie die Bundeswehr mit ihren Jungs umgeht. Vom Bodensee bis an die polnische Grenze da oben in Vorpommern sollen alle lesen, hören und sehen, welches Drama sich auf der Ostsee abgespielt hat.

In den ersten Wochen nach dem Unglück berichten die Zeitungen fast täglich über die misslungene Rettungsaktion und die beiden toten Soldaten. Auch Radio und Fernsehen haben in einigen Sendungen darüber informiert. Aber jedes Thema läuft sich irgendwann tot. Was, wenn Neuigkeiten ausbleiben und die Aufklärung ins Stocken gerät? Bleiben die Medien auch dann am Thema dran, wenn sich die Sache hinzieht?

Scheffelmeier wird aktiv und beginnt die Journalisten mit Informationen zu »füttern«. Der Vorgang – das Unglück auf See – war ein öffentlicher Vorgang. Seine Aufklärung muss ebenfalls öffentlich erfolgen.

Er kauft sich sämtliche großen Tageszeitungen der Republik und nimmt Kontakt zu den Redaktionen auf. Dort ist der Marineunfall natürlich bekannt. Aber den – noch – geheimen britisch-deutschen Ermittlungsbericht kennen die wenigsten. Scheffelmeier fragt sich durch am Telefon, erklärt, spricht viel und laut, findet fast immer ein offenes Ohr, weckt die Neugier der Redakteure und verspricht Nachschub.

Seine handgeschriebene Liste mit Namen, Adressen und Telefonnummern von Journalisten aus ganz Deutschland kann sich sehen lassen, eine stolze Kartei mit mehr als fünfzig Kontakten. Wenn die alle in seinem Sinne schreiben und senden würden …

Was wäre, wenn – auf Spinnereien dieser Art lässt sich Scheffelmeier nicht ein. Seine Überlegungen und sein Handeln werden von der Realität diktiert, von Paragraphen und Aktenzeichen, von einzuhaltenden Dienstwegen und verstreichenden Widerspruchsfristen. Er vertraut dem Rechtsstaat, mit dessen Mitteln will er Aufklärung erreichen. Es ist auch eine Suche nach Seelenfrieden. Wolfgang Scheffelmeier und seine Frau werden erst zur inneren Ruhe finden, wenn sie wissen, wie es zum Tod ihres Sohnes kommen konnte.

Einstweilen aber ist amtliche Ruhe eingetreten. Staatsanwaltschaft und Marine hüllen sich in Schweigen, unerträglich für Scheffelmeier.

Er sammelt alles, was er an Informationen über die Fregatte MECKLENBURG-VORPOMMERN kriegen kann – Fotos, Artikel, Beschreibungen im Internet. Der Landmensch Scheffelmeier lernt maritime Fachbegriffe, in Gedanken erkundet er die Decketagen und inspiziert die Kommandobrücke. Er weiß, dass außen am Kriegsschiff zwei Rettungsboote hängen – backbord das schwere Motorrettungsboot und steuerbord ein schnelles Bereitschaftsboot, ein Speedboot. Ihm ist bekannt, dass beide Rettungsfahrzeuge während der gesamten Zeit der Bergung nicht zu Wasser gelassen wurden. Das hatten ihm Sammys Kameraden am Tag der Beisetzung mit Zorn erzählt. Es ist auch im gemeinsamen Ermittlungsbericht nachzulesen. Zwei deutsche Rettungsboote existierten, aber sie blieben am Haken. Obwohl in Sichtweite zwei Kameraden auf See trieben.

Warum gab der Kommandant des Schiffes keinen Befehl zum Aussetzen der Boote? Was war los an Bord?

Er, Wolfgang Scheffelmeier, wird das rausfinden.

Von Tag zu Tag verbringt er mehr Zeit in seinem Arbeitszimmer. Mit den kräftigen Fingern seiner großen Hände drückt er Briefe in den Computer. An alle, an alle, an alle … Minister, Bundestagsabgeordnete aller Parteien, an den Bundeskanzler und an den Herrn Bundespräsidenten. Auch die ranghöchsten Militärs im Land bittet er um Beistand. Anfangs ist sein Ton freundlich, moderat, später, verärgert über beschwichtigende oder ausbleibende Antworten, fordert er Unterstützung mit unmissverständlichen Worten ein. Jetzt beginnt, was eine Zeitung die »laute Trauerarbeit eines Vaters« nennt.

Besonders einen Mann in Uniform nimmt Scheffelmeier ins Visier: den Havariebeauftragten der Marine, Kapitän zur See Ingo Splettstößer. Der Marineoffizier ist zwar Mitverfasser des britisch-deutschen Untersuchungsberichtes, verschweigt aber gegenüber den Hinterbliebenen wie der Presse Einzelheiten der skandalösen Rettungsaktion.

In grimmiger Ohnmacht lässt Scheffelmeier seinem Unmut freien Lauf.

Blomberg-Cappel, den 17.5.2002

Sehr geehrter Herr Splettstößer,
wie Sie ja in den Medien die Öffentlichkeit haben wissen lassen, hätte mein Sohn seine Schwimmweste lax getragen, sei ertrunken und selber Schuld. Aus diesem Grunde haben wir bei dem Wehrbeauftragten des Deutschen Bundestages Dr. Penner beantragt, eine Demonstration bzw. Rekonstruktion des Unfallherganges vorgeführt zu bekommen, damit man sehen kann, welche Fehler unsere Jungs gemacht haben sollen.

*Aus diesem Grunde suche ich Freiwillige, und meine Frage an Sie
– ob Sie sich als Mann-über-Bord bereit erklären würden, für die
Rekonstruktion des Unfallherganges zur Verfügung zu stehen?
Selbstverständlich zu den gleichen Bedingungen, die mein Sohn
gehabt hat.
Keiner kommt Ihnen zu Hilfe.
Bei 3°C Wassertemperatur.
Bei Sturmstärke 7.
Keine Halteseile stehen zur Verfügung.
36 Minuten mindestens im Wasser.
Kein Erwärmungsgerät für evtl. Infusionen.
Die weiteren Bedingungen kennen Sie ja selbst. Selbstverständlich
gestehe ich Ihnen zu, dass Sie die Schwimmweste richtig anlegen
und üben dürfen. Da Sie ja der Überzeugung sind, dass man so
überleben kann, werden Sie wohl meine Bitte nicht ausschlagen.
Mit freundlichen Grüßen*

Und der Nachsatz als Drohung:
»Der Brief geht an die Presse, Politik und Fernsehen.«
Eine ähnliche Einladung zum Selbstversuch schickt Scheffelmeier an Oberstaatsanwalt Gerhard Kayser in Oldenburg.
Auch der höchste Mann im Staate, Bundespräsident Johannes Rau, Landsmann aus Nordrhein-Westfalen, bekommt im Berliner Schloss Bellevue ein geharnischstes Schreiben.
Der mahnt präsidial zur Mäßigung. »Es ist wohl eine der schrecklichsten Erfahrungen im Umgang mit der Trauer, dass sie im Innersten alleine machen will und einsam. Verdacht und Misstrauen richten sich oft nur vermeintlich nach außen, gegen andere; sie können aber vor allem nach innen zerstörerisch wirken.«
Doch der zur Besonnenheit Aufgeforderte gerät nun erst richtig in Rage. Er will Politiker und Militärs aus der Reserve locken und verschärft den Ton seiner Anfragen und Beschwer-

den. Scheffelmeier hebt zu postalischem Geschützdonner an, auf den man in den Amtsstuben zunehmend genervt reagiert oder gar nicht.

Abwarten, scheint dort die Devise zu heißen, soll er doch sein Pulver verschießen. Jeder Angreifer erlahmt irgendwann einmal. Wochen vergehen, Monate.

Scheffelmeier kann die Ungewissheit nicht ertragen. Der Frust muss raus, also noch ein Brief an den Inspekteur der Marine, Hans Lüssow. Dieser Mann soll sich zur Verantwortung der Marine bekennen. Der wütende Vater schreibt:

Als es aber darum ging, die Schuldigen festzumachen, da konntet Ihr ja nicht schnell genug an die Presse gehen. Als man Euch dann der Lügen überführt, bekommt Ihr auf einmal kein Wort mehr heraus und rührt Euch nicht mehr. Die lassen wir am langen Arm verhungern. Wenn die Engländer zu blöde sind, Krieg zu spielen, so muss man denen wenigstens alle Hochachtung aussprechen für ihre Ehrlichkeit. Die ist bei Euch nicht zu finden.

Aufstehen soll der Herr Admiral und Haltung annehmen, wenn er, Scheffelmeier, ihn anspricht, und er soll schamvoll zu Boden blicken, wenn er diese Zeilen liest: »Welchen eindeutigen Fehler hat Sammy gemacht? Er hat Euch vertraut und dafür mit dem Leben bezahlt.«

Was für ein Typ ist sein Mandant Wolfgang Scheffelmeier eigentlich? Anwalt Wüller beobachtet dessen Aktivitäten mal mit zustimmendem Respekt, mal mit neugierigem Erstaunen, aber zuweilen auch mit Besorgnis. Diplomatie scheint Scheffelmeiers Sache nicht. Der will auffallen und anecken.

Wüller versteht das. Allein die Pressekonferenz mit dem Schwimmwesten-Theater muss für Scheffelmeier wie ein Schlag ins Gesicht gewesen sein. Die beiden Soldaten sollen selbst Schuld gewesen sein an ihrem Tod, weil sie ihre Rettungswesten falsch angelegt hatten – nur dieses Ergebnis sollte diese Schauvorführung haben. Das ist grob falsch, und diese Auffassung diktiert der Anwalt jedem Journalisten, der es wissen will, ins Notizbuch oder spricht sie deutlich ins Mikrofon.

Die Schreibwut seines Mandanten bremst Wüller nicht. Es imponiert ihm, wieviel Energie der Mann in den vergangenen Wochen mobilisiert hat. Manchmal jedoch ist ihm dieser atemlose Protest Scheffelmeiers nicht geheuer. Was, wenn sie beide am Ende in ihren Bemühungen doch scheitern sollten? Würde er das verkraften?

Scheffelmeier hat ihm schon wieder die Kopie eines Briefes an die Marine geschickt. Der Anwalt kennt die immer wieder gestellten Fragen, es sind auch seine Fragen. Den Antworten, die meist nicht mehr sind als eine mit unverbindlichen Freundlichkeiten garnierte Eingangsbestätigung, ist nie eine plausible Erklärung zu entnehmen, warum es mit der Aufklärung des Unfalls so lange dauert. Ausflüchte anstelle von Auskünften. Man wolle nicht vorverurteilen und irgend jemandem voreilig die Schuld zuweisen, dafür bitte man um Verständnis.

Je weicher die Auskünfte, umso härter wird Wolfgang Scheffelmeier. Sein Vorrat an »Verständnis« ist längst aufgezehrt. Und: Je verbissner die Marine an ihrer Schuldzuweisung an die Opfer festhält, desto zorniger wird der Ton, in welchem Scheffelmeier seine Briefe abfasst.

Fünfeinhalb Monate sind inzwischen seit dem Unfalltod der beiden Marinesoldaten vergangen. Wolfgang und Ingrid Scheffelmeier besuchen fast täglich das Grab ihres Sohnes. Oft gemeinsam mit ihrer Tochter Salome oder Rebecca, Sammys Freundin. Sie stehen vor dem Holzkreuz, in das der Name eingeschnitten ist. Die Frühlingsblumen auf dem Grab verwelkten und wurden gegen leuchtende sommerliche Blüten ausgetauscht. Auch das Foto ist ausgewechselt worden. Jetzt klebt ein lachender Sammy in Motorradkluft am Holz. Der Besuch auf dem Friedhof gehört inzwischen zum festen Tagesablauf, er ist Ritual. Die Angehörigen pflegen die Grabstelle und verharren stumm im Gedenken. Nur allzu gern würde Wolfgang Scheffelmeier seinem Sohn »dort« Neuigkeiten berichten und ihm erleichtert mitteilen, dass alle Welt jetzt wisse, dass er und sein Kamerad Stefan Paul nicht Schuld an ihrem Tod trügen, sondern deutsche und britische Marineoffiziere, die kläglich versagt hätten.

Dann könnten die beiden Jungs und ihre Familien an den Gräbern endlich zur Ruhe kommen. Würde, hätte, könnte – der Wunsch entbehrt jeder Wirklichkeit.

Scheffelmeier und die Seinen haben keine verbürgten Neuigkeiten. Das Warten auf ein Ergebnis staatsanwaltschaftlicher Aufklärung macht mürbe.

Schließlich hat Scheffelmeier das Warten satt.

Am 26. August stellt er Strafantrag gegen den Kommandanten der Fregatte MECKLENBURG-VORPOMMERN sowie gegen alle Offiziere, die zur Zeit des Unfalls auf der Brücke Dienst versehen hatten. Er zeigt sie alle an wegen des Verdachts der unterlassenen Hilfeleistung und des Verdachts der fahrlässigen Tötung. Drei Tage später trifft Post von der Staatsanwaltschaft Oldenburg bei Rechtsanwalt Wüller ein. Es ist nicht die Antwort auf die aktuelle Anzeige – Gott bewahre, solch eine rasante Bearbeitung hätte Scheffelmeiers Anwalt auch im Ernst nie für möglich gehalten. Nein, die Staatsanwaltschaft antwortet auf die Strafanzeige gegen Unbekannt, erstattet am 21. März.

Auf sechs Seiten Papier wird die Rettungsaktion vom 6. März geschildert, deren konfuser und peinlicher Ablauf jedoch nicht annähernd so beschrieben wie im britisch-deutschen Untersuchungsbericht. »Aus heute nicht mehr nachvollziehbaren Gründen« sei Samuel Scheffelmeier abgetrieben. Ob dank des Einsatzes weiterer Rettungsmittel der Gekenterte früher hätte geborgen werden können – wer vermag das schon zu sagen?

Die Staatsanwaltschaft bestätigte, dass auf der deutschen Fregatte zwei Rettungsboote vorhanden gewesen seien – ein Speedboot und ein Motorrettungsboot. Aber wegen »sicherheitstechnischer Mängel« habe das Speedboot nicht herabgelassen werden können, und für das Motorrettungsboot seien die Wellen der Ostsee leider zu hoch gewesen.

Dem Kommandanten sei folglich der Vorwurf der unterlassenen Hilfeleistung nicht zu machen. Denn ein Einsatz der beiden untauglichen Rettungsboote hätte eine »erhebliche eigene Gefahr« oder »die Verletzung anderer wichtiger Pflichten« bedeutet.

Aha, die Rettung von Menschenleben ist demnach nicht die wichtigste aller Pflichten – dieser Fall steckt voller neuer Erkenntnisse, staunt Anwalt Wüller. Er liest weiter und nimmt fast beiläufig eine Information auf, die die Mängelliste der MECKLENBURG-VORPOMMERN um ein weiteres bizarres Detail ergänzt. Der Sanitäter nämlich konnte sich nicht ordnungsgemäß zum Motorrettungsboot begeben, weil er die Aufforderung »akustisch nicht wahrgenommen hat. Hieraus ist ihm jedoch kein Vorwurf zu machen, da in einigen Räumlichkeiten der Fregatten dieses Typs, z. B. im Bereich der Treppenhäuser (Niedergänge), keine Lautsprecher vorhanden sind, so dass Durchsagen dort nicht wahrgenommen werden können.«

Insgesamt seien »weitere Anhaltspunkte für ein mögliches Fehlverhalten beteiligter Personen nicht erkennbar.« Die Schlussfolgerung drängt sich bei dieser Logik von selbst auf – das Ermittlungsverfahren wird eingestellt. Die Antwort von Rechtsanwalt Wüller im Namen seines Mandanten Scheffelmeier passt auf eineinhalb Seiten. Er legt Beschwerde ein und fordert zum wiederholten Mal Einsicht in die »vollständigen Ermittlungsakten.«

Bei der Staatsanwaltschaft in Oldenburg klingeln die Telefone. Journalisten von der Ostseeküste bis nach Westfalen wollen es genauer wissen. Zwei tote deutsche Soldaten, aber Schuldige sind so richtig nicht zu ermitteln? Dabei gibt es doch den britisch-deutschen Untersuchungsbericht mit den darin beschriebenen unglaublichen Einzelheiten der gescheiterten Rettungsaktion.

Für Oberstaatsanwalt Gerhard Kayser sind die vielen Interviewwünsche kein Problem. Der Beamte ist ein höflicher Mensch. Er sagt, dass er die Fragen der Journalisten selbstverständlich gern beantwortet. Und das tut er auch, mit ruhiger, freundlicher Stimme.

Warum die Staatsanwaltschaft nicht auf besagten Untersuchungsbericht eingehe?

Weil die Staatsanwaltschaft Oldenburg nun mal eine deutsche Strafverfolgungsbehörde sei. Deshalb habe man nur das Handeln und Tun deutscher Staatsangehöriger zu beurteilen und nicht das Geschehen auf der CUMBERLAND.

Es mag sein, dass Befehlsstrukturen dort dazu geführt haben, dass »irgendwas verspätet gewesen ist. Nach deutschem Strafrecht ist das irrelevant.«

Und man könne schon gar nicht sagen, wenn etwas früher oder schneller geschehen wäre, dass »man dann mit an Sicherheit grenzender Wahrscheinlichkeit davon ausgehen könnte, dass Samuel Scheffelmeier überlebt hätte.«

Auf die Frage, ob sich der Kommandanten der Fregatte MECKLENBURG-VORPOMMERN nicht doch den Vorwurf einer unterlassenen Hilfeleistung gefallen lassen müsse, winkt der Staatsanwalt milde lächelnd ab. »Die unterlassene Hilfeleistung ist ein vorsätzlich zu begehendes Delikt. Es wird nur dann bestraft, wenn wir den Vorsatz feststellen können.«

Der Kommandant des deutschen Kriegsschiffes habe den Einsatz seines Rettungsbootes abwägen müssen. Er habe sich

Oberstaatsanwalt Gerhard Kayser, Oldenburg

dagegen entschieden, weil er »die Besatzung, die dieses Motorrettungsboot führen muss, für gefährdet hielt.«

Ist Scheffelmeier also selbst Schuld an seinem Tod?

Staatsanwalt Kayser scheint den Fragesteller sanft anzulächeln, als er die Frage vernimmt. Das werde immer so formuliert, sei aber nie so gesagt worden. »Ich habe gesagt, eine gewisse Mitverursachung ist dadurch gesetzt worden, dass er das Wellenvisier nicht geschlossen hatte. Da hat er sehr viel Wasser geschluckt und ist dann auch ertrunken.« Leider sei Herr Scheffelmeier abgetrieben durch die Strömung. »Das ist natürlich ein sehr unglücklicher und zu bedauernder Zustand und der kann einen auch richtig traurig machen.« Aber die Staatsanwaltschaft habe das Unglück aus strafrechtlicher Sicht zu beleuchten und könne keine Antworten auf hypothetische Fragen geben. »Wir müssen klären, ob Herr Scheffelmeier mit an Sicherheit grenzender Wahrscheinlichkeit überlebt hätte, wenn das und das geschehen wäre. Das konnten wir leider nicht feststellen. Und deshalb haben wir keine Anklage erhoben, sondern haben das strafrechtliche Ermittlungsverfahren durch Einstellung beendet.«

Einen kleinen Trost spricht Gerhard Kayser dann doch noch ins Mikrofon. Die Eltern könne er durchaus verstehen, aber ja doch. »Ich würde wahrscheinlich genauso reagieren, wenn mein Sohn auf der See geblieben und dort verstorben wäre.« Aber es seien eben nur bestimmte Verhaltensweisen strafbar, nur die vorsätzliche Verletzung einer zumutbaren und möglichen Hilfspflicht. »Das ist in unserem Gesetz so geregelt«, spricht der Anwalt des Staates und Hüter des Gesetzes. Seine Logik ist glasklar und einfach. Eben juristisch sauber.

Zum Abschied mustert der Staatsanwalt noch einmal freundlich seinen Fragensteller. Kann es etwa jemanden geben, der das nicht versteht?

Wolfgang Scheffelmeier versteht das nicht. Er sucht weiter die Öffentlichkeit, telefoniert noch immer und schon wieder mit Zeitungsredaktionen, schickt Briefe und gibt giftende Interviews.

»Was, es ist nicht nachzuweisen, dass Fehler gemacht wurden? Da muss doch jeder normale Mensch drüber lachen. Die haben zwei Boote mitgehabt. Das eine kann man überhaupt nicht runterlassen und das andere nur bei schönem Wetter und bis eineinhalb Meter hohem Wellengang. Nicht zu glauben – und der Kapitän hat alles gewusst. Die sind mit einer Fregatte ins Manöver gefahren und hatten keine verfügbaren Rettungsmittel dabei. Eine Unmöglichkeit. Wenn ich heutzutage mit dem Auto fahre und werde ohne Verbandskasten erwischt, dann brummt man mir eine Strafe auf. Zu recht. Aber der Kapitän und die Offiziere eines Kriegsschiffes fahren mit kaputter Rettungstechnik raus und gehen leer aus. Man will die ganze Sache vertuschen und so schnell wie möglich vom Tisch haben. Aber ich werde keine Ruhe geben.«

Der Fregattenkommandant als Sündenbock

Wolfgang Scheffelmeier und seine Familie sind bescheidene Leute. Nicht Maßlosigkeit bestimmt ihr Sinnen und Trachten, weder im Haben noch im Sein. Und so, meinen sie, verlangen sie auch nach Sammys Unfalltod nicht viel vom Staat und seiner Marine. Nur das, was ihnen zusteht – sie wollen die Wahrheit wissen und also von Sammys Vorgesetzten ein Bekenntnis zu ihrer Verantwortung vernehmen. Männern, die ihres Dienstgrades wegen solche Verantwortung in Form von Befehlen und Kommandos permanent verkünden, ist das wahrlich zuzumuten.

Niemand wird gleich ernsthaft die Entlassung des Marine-Inspekteurs in Erwägung ziehen – oder etwa doch? Eine entschlossene Aufklärung und genaue Rekonstruktion des tragischen Manöverunfalls würde Scheffelmeiers fürs Erste genügen. Was ihnen angeboten wird, ist für sie das genaue Gegenteil – eine Verklärung und Vertuschung des Geschehens.

Aber immerhin einer scheint fein raus zu sein, resümiert Wolfgang Scheffelmeier nach wiederholtem Lesen der Gerichtspapiere. Hat der Kerl denn gar keinen Mumm? Kommandiert ein riesengroßes Kriegsschiff und schweigt, obwohl er was zu erklären hätte! Scheffelmeier mag keine Feindbilder, er hat sich stets dagegen gesträubt, die Ursachen für irgendwelche beklagenswerten Zustände und Probleme im Versagen einzelner Menschen zu suchen. Jetzt ist das anders. Es macht sich eine bisher nie gekannte Verbitterung breit in ihm. Die muss raus, muss sich entladen. Scheffelmeier lässt den Ordner mit den Briefen seines Anwalts und der Staatsanwaltschaft auf den Schreibtisch krachen. Der noble Herr Kommandant der MECKLENBURG-VORPOMMERN sitzt zu Hause und rührt sich nicht, blafft Scheffelmeier.

Er irrt sich.

Fregattenkapitän Frank M. verfolgt im niedersächsischen Fallingbostel den Gang der Dinge mit zunehmendem Unmut. Der Mann legt allergrößten Wert auf die Verstümmelung seines Namens. Das ließe vermuten, der Fregattenkapitän traut sich nicht aus der Deckung. Solche Unterstellungen lassen ihn gleichgültig, er achtet auf seinen Ruf als Marineoffizier. Gemäß einer einstweiligen Verfügung des Landgerichts Bremen darf sein Familienname in diesem Zusammenhang öffentlich nicht genannt werden, andernfalls droht der Anwalt von M. mit einem erheblichen Strafgeld.

Zur Unglückszeit war M. Kommandant der Fregatte MECKLENBURG-VORPOMMERN. Nun, Monate später, ist er stocksauer. Er hat die Berichte über den Unfall im Fernsehen gesehen und die Artikel in den Zeitungen gelesen. Fast jeden Tag mit neuen fetten Überschriften. Demnach habe es »doch böse Pannen bei der Rettung« gegeben und die »Schuldfrage sei offen«.

Sogar ein landesweit bekanntes Nachrichtenmagazin mit Millionenauflage schrieb über »unterlassene Hilfe« und er, der Kommandant, »habe unter anderem Vorschriften nicht beachtet«. Musste man da als Leser nicht zu dem Schluss kommen, auf der Brücke der MECKLENBURG-VORPOMMERN habe ein herzloser Versager das Ruder in der Hand gehabt?

Den Ärger über solche Unterstellung hätte Frank M. ohne weiteres verwunden. Was soll's, die Leute lesen viel – schon Tage später erinnert sich kaum einer an das, was eben noch in der Presse so ein unglaublicher Aufreger war. Schon wieder treibt man eine andere Sau durchs Dorf und hat neue Nachrichten.

Es sind die eigenen Kameraden, deren Verhalten ihn schwer enttäuscht.

Am 6. und 7. Mai 2002 hatte sich in Rostock der Havarieausschuss der Marine getroffen, um den Unfall auszuwerten. Nach dem Anhören mehrerer Zeugen stand für das Gremium fest, der Kommandant der Fregatte »hat sich fehlerhaft verhalten, indem er es unterließ, unverzüglich sein einsatzbereites Motorrettungsboot als zusätzliches Rettungsmittel zu Wasser bringen zu lassen. Ob durch eine solche Entscheidung

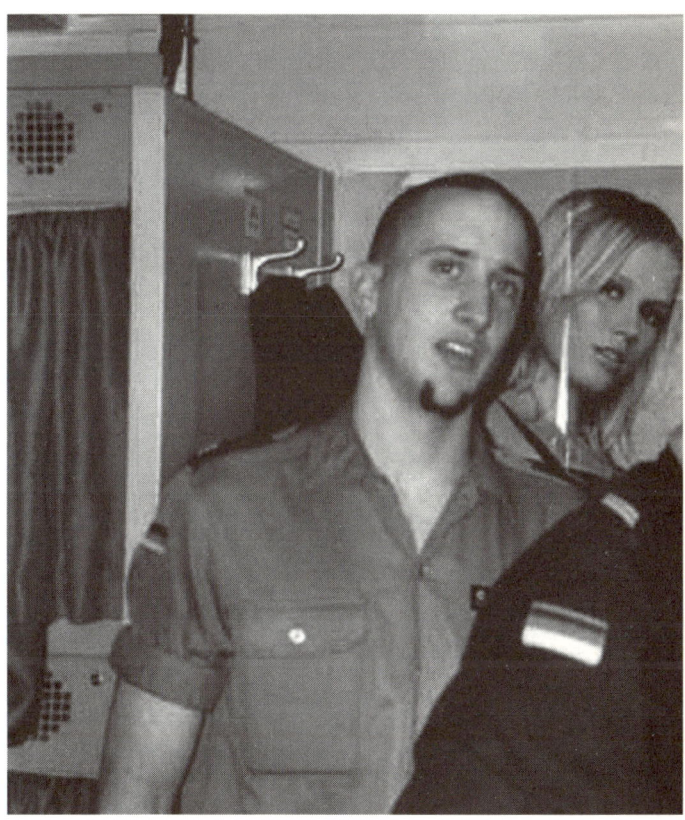

Hauptgefreiter Scheffelmeier in seiner Kammer an Bord

Die Fregatte MECKLENBURG-VORPOMMERN *im Mittelmeer*

der Tod des Hauptgefreiten Scheffelmeier verhindert worden wäre, lässt sich nicht mit hinreichender Sicherheit feststellen.«

Der Havarieausschuss sei der Auffassung, »dass ein sicherer Einsatz des Motorrettungsbootes unter den obwaltenden Umständen nicht nur möglich, sondern geboten gewesen wäre. Die Stellungnahme des Kommandanten überzeugt den Havarieausschuss nicht.«

Fregattenkapitän Frank M. wurde vor den Ausschuss geladen. Der Verlauf der Anhörung traf ihn tief. Wussten die klugen Herren vom Havarieausschuss eigentlich, worüber sie verhandelten? Kannte auch nur ein einziger von ihnen die tatsächlichen Zustände während dieser verfluchten Havarie? Und hatten sie mehr als nur eine nebulöse Vorstellung von einem Motorrettungsboot? Dabei hatte er ihnen alles haarklein erläutert in seiner Stellungnahme. Besagtes Motorrettungsboot einzusetzen war wegen des viel zu hohen Seegangs unmöglich. Bei zwei bis drei Metern Wellenhöhe konnte man mit so einem Boot nicht mehr sicher manövrieren. Hätte er als Kommandant die Besatzung des kleinen Bootes vielleicht auch noch in Lebensgefahr bringen sollen? Dieses Risiko war für ihn unvertretbar hoch. Außerdem fuhr das eigene Schiff mit sechs Knoten zu schnell, um das Boot überhaupt zu Wasser lassen zu können. Der Hubschrauber näherte sich zudem bereits der Unfallstelle. Ein schnelles und effektives Rettungsmittel.

Dass die Hubschrauber-Besatzung allerdings gleichfalls Probleme mit den Wetter- und Seebedingungen hatte und deshalb alles länger dauerte, konnte er als Kommandant nicht ahnen.

Die ersten Schüsse also sind auf Frank M. abgefeuert – von den eigenen Leuten! Der Fregattenkapitän sieht sich auf einsamem, verlorenem Posten. Es dürfte nur noch eine Frage der Zeit sein, bis die Salven der Justiz einschlügen. Das weiß man doch, dass die nur darauf warten, mal wieder richtig loszulegen.

Und richtig – die Staatsanwaltschaft teilt ihm bald darauf mit, dass gegen ihn wegen des Verdachts der unterlassenen Hilfeleistung ermittelt werde.

Das Maß ist voll. Frank M. ist nicht bereit, sich noch länger demütigen zu lassen. Da aber die bewährten Dienstwege nur noch als Hindernisstrecke zu taugen scheinen, hält er nach anderen Verbündeten Ausschau. Der Wehrbeauftragte des Bundestages, Willfried Penner, könnte ein solcher sein. Ein Kümmerer für alle Frauen und Männer in Uniform, egal, ob Soldat oder General. Obwohl – wenn Frank M. ein wenig darüber nachdenkt, hat dieser Herr Penner eine sonderbare Position inne. Die Interessen so unterschiedlicher Dienstgrade wahrzunehmen – für einen solchen Spagat benötigt man schon eine geschmeidige Konstitution.

Egal, der Wehrbeauftragte muss sich jetzt von ihm deutliche Worte gefallen lassen.

Fregattenkapitän M. kommt ohne Umschweife zur Sache. »Das Verhalten meines Dienstherrn«, schreibt er am 29. Juni 2002 an Penner, gebe Anlass, sich an den Wehrbeauftragten zu wenden. »Zunächst kann ich nicht verstehen, warum aus dem BMVg (*Bundesministerium der Verteidigung – M. S.*) regelmäßig Informationen an die Medien gegeben werden, die weder mir noch der zuständigen Staatsanwaltschaft Oldenburg zur Verfügung stehen.« So sei ihm beispielsweise »bis zum heutigen Tag« Einsicht in den deutsch-britischen Abschlussbericht verweigert worden, obwohl Inhalte davon in mehreren Zeitungen zu lesen waren. Erstaunlich auch, dass die Staatsanwaltschaft die ersten Ermittlungen bald einstellte, man sich dann aber dem Druck der Medien gebeugt habe.

Erst nachdem sich der Vater des verunglückten Soldaten Samuel Scheffelmeier mit schweren Vorwürfen gegen die Marine an die Presse gewandt hatte, entfaltete man erneut Aktivitäten im BMVg und entwickelte eine neue Theorie zur Unfallursache: nunmehr soll der Tod der beiden Marinesoldaten im wesentlichen auf meine ›unterlassene Hilfeleistung‹ zurückzuführen sein. Mit jeder Zeile seines viereinhalb Seiten langen Briefes traut sich der Fregattenkapitän ein Stück mehr

Motorrettungsboot der MECKLENBURG-VORPOMMERN, *das aber wegen des Seegangs nicht eingesetzt worden war*

aus der Deckung. Man hat ihn gezwungen, allein für sich einstehen, da kann er gut und gern auf den ansonsten viel beschworenen Korpsgeist verzichten.

Durchaus nachvollziehbar ist für mich, dass das BMVg in heißen Wahlkampfzeiten eine öffentliche Diskussion über technische Sicherheitsmängel an Bord von Fahrzeugen der deutschen Marine (z. B. fehlende Kälteschutzanzüge, schwer handhabbare Rettungswesten, mangelnde Einsatzfähigkeit von Bootsaussetzvorrichtungen etc.) vermeiden möchte. Allerdings kann ich auch nicht länger hinnehmen, dass zur eigenen Entlastung nun versucht wird, mich öffentlich als Sündenbock hinzustellen.«
Frank M. schreibt sich in Rage. Die Besetzung des Havarieausschusses sei »vorschriftswidrig« gewesen, für ihn wichtige Verhandlungstermine habe er »nur rein zufällig« erfahren und ein von ihm benannter Entlastungszeuge wurde »weder geladen noch gehört«.
»Dies alles hatte insgesamt eher den Charakter eines standgerichtlichen Schnellverfahrens als den einer nach rechtsstaatlichen Grundsätzen geführten Unfalluntersuchung. […]
Abschließend möchte ich noch zum Ausdruck bringen, dass mir der Vorwurf der unterlassenen Hilfeleistung gegenüber untergebenen Besatzungsmitgliedern sehr nahe geht und mich tief in meiner Ehre als Marineoffizier verletzt. Ich erhoffe mir von der Anrufung des Wehrbeauftragten die Wiederherstellung einer sachlichen Atmosphäre und die Einhaltung elementarer Fairnessprinzipien durch meinen Dienstherrn.
Bisher habe ich davon abgesehen, meinem Herzen gegenüber den Medien Luft zu machen, da ich das Ansehen der Deutschen Marine – der ich nach wie vor gerne und aus voller Überzeugung angehöre – in der Öffentlichkeit nicht beschädigt sehen möchte.

Ein Offizier taugt nur bedingt zum Kronzeugen von Defiziten in der militärischen Führung. Und auch Frank M. macht seine Drohung, über ihm bekannte Mängel auf Schiffen der Deutschen Marine in aller Öffentlichkeit zu sprechen, nie wahr. Er kommt nicht einmal in die Verlegenheit, diesen Gewissenskonflikt bis zum Ende auszutragen.

Die Staatsanwaltschaft nimmt ihm wenige Wochen danach mit der Einstellung des Verfahrens die Entscheidung ab. So schlecht läuft es also doch nicht für den Fregattenkapitän.

Trotzdem ist völlig offen, wie es mit seiner Marinelaufbahn weiter gehen könnte. Der schlimme Unfall während des Manövers auf der Ostsee macht ihm zu schaffen. Kein Kapitän, auch keiner in Marineuniform, steckt den Tod zweier Besatzungsmitglieder teilnahmslos weg. Das ist eine Tragödie und bedeutet in jedem Falle einen Knick in der Karriere. Hätte er sich anders verhalten, andere Befehle geben müssen?

Die Unterlagen der Marine zum Werdegang von Frank M. lesen sich als eine makellose Aneinanderreihung erfüllter Aufgaben und Funktionen. Seine Offizierskarriere beginnt 1977 auf einer Marineschule, da ist er 19 Jahre alt. Frank M. segelt auf der GORCH FOCK, macht ein Praktikum auf dem Schulschiff DEUTSCHLAND, er studiert beim Bund Nachrichtentechnik, schließt mit einem Diplom ab und arbeitet sich von Dienstgrad zu Dienstgrad nach oben. 1996 wird er zum Fregattenkapitän befördert.

Allein vier Jahre dient er auf der Fregatte RHEINLAND-PFALZ. Danach darf er die bundesdeutsche Verteidigungspolitik im Trockenen und Warmen kennen lernen. Im Ministerium ist M. als Sachbearbeiter und Referent im Führungsstab der Marine tätig. Eine Arbeit, die in der Truppe gern als Schonposten unterschätzt wird. Fälschlicherweise, denn dort, in der politischen Etappe, können wichtige Erfahrung gesammelt werden. Politische Richtlinien, Dienstanweisungen für die Truppe, Personalien, Finanzen und neue Rüstungsprojekte – im Ministerium laufen die Fäden zusammen. Auch ein Marinekommandeur ist gut beraten, die Lage tief im Innern des Landes, an der ministeriellen Front, realistisch beurteilen zu können. Wenigstens eine Vorstellung davon sollte er haben.

Urkunde von Sammy Scheffelmeier

Frank M. hat reichlich Gelegenheit, sich eine anzueignen. Er weiß, dass auch unscheinbare, leichte Blätter gedruckten Papiers große Wellen schlagen können. So kräftige, dass selbst gewiefte Marineleute davon ins Schlingern kommen, wenn nicht gar in einen tiefen Strudel geraten können.

Im Januar 2000 hat es Frank M. geschafft, er wird Kommandant der Fregatte MECKLENBURG-VORPOMMERN. 23 Jahre lang ein schnurgerader Aufstieg – bis zu jenem verhängnisvollen 6. März 2002. Seitdem ist auch für ihn alles anders.

Rechtsanwalt Carsten Grau nennt die Situation für seine Mandanten Frank M. »perfide«, also gemein. Er hat es bisher bestens verstanden, den Marineoffizier vor Journalisten abzuschirmen, scheut sich jedoch nicht, selbst ein bisschen aus der Schule zu plaudern. Auch, weil ihm das Gelegenheit bietet, um Verständnis zu werben für die Zwänge und Nöte eines Marineoffiziers. Er bietet Feuerschutz, und den kann M. momentan gut gebrauchen.

»Aufgescheucht« durch die Medien sei die Hardthöhe gewesen und habe nach altem Muster einen Schuldigen gesucht für den tragischen Unfall. Und schnell sei man fündig geworden – der Kommandant trage die Schuld. Dabei wisse man im Verteidigungsministerium sehr genau um die wahren Hintergründe.

Anwalt Grau berichtet, dass sich die Kommandanten der vier deutschen Fregatten – allesamt Schiffe der Baureihe 123 – jeden Monat zu einer Besprechung treffen. Da seien der Bordladekran und das Speedboot selbstverständlich Dauerthemen gewesen. »Aber passiert ist nichts«, so Anwalt Grau, »nur Sondergenehmigungen wurden von oben ausgestellt und trotz aller Mängel der Marschbefehl erteilt. Das muss man sich mal vorstellen – so eine Fregatte kostet um die 300 Millionen Euro. 200.000 Euro aber, die eine Reparatur des Bordladekrans vielleicht gekostet hätte, sind nicht da. Das Motorrettungsboot kann man bei hoher See vergessen und das Speedboot bleibt besser am Haken. Im Ergebnis ist ein Riesenschiff ohne taugliche Gruppenrettungsmittel unterwegs. Unbegreiflich!«

Für den Anwalt gibt es keinen Zweifel, dass wegen »haushaltstechnischer Gründe« in der Flotte manches im Argen liegt. »Warum haben zum Beispiel nicht alle Besatzungsmitglieder solche Kälteschutzanzüge, wie sie die Engländer tragen? Weil die tausend Euro pro Mann nicht drin sind?« Stattdessen müssten sich die Soldaten mit einer Ausrüstung quälen, bei der eigentlich unklar sei, wie man es schaffen solle, diese bei starkem Wellengang und niedrigen Temperaturen auf offener See überzustülpen. In Kenntnis dieser Zustände träfe den Kommandanten der MECKLENBURG-VORPOMMERN überhaupt keine Schuld. Die Verantwortung liege eindeutig anderswo.

Grau geht auch auf den konkreten Ablauf des Unglücks ein: »Fregattenkommandant M. hatte sich voll und ganz auf die CUMBERLAND verlassen, die hatte ja auch das Kommando für das Rettungsmanöver. Und von der Brücke aus konnte er auch gar nicht sehen, dass der Hauptgefreite Scheffelmeier immer weiter abtrieb.« Beginnend mit dem Kentern des Übersetzbootes habe eine tragische Verkettung von Umständen zum Tod der beiden Soldaten geführt.

Fregattenkapitän Frank M. hat die Befehlsgewalt auf einem der größten deutschen Kriegsschiffe. Sein Wort ist an Bord Gesetz. Nicht einer der ihm anvertrauten Soldaten und Unteroffiziere ahnt, dass er, der »Alte«, sich manchmal selbst mehr als Objekt denn als Subjekt fühlt. Ein hochrangiger Gefangener im Dickicht unzähliger Dienstvorschriften und Anweisungen.

Allein das Kompetenzgerangel rund um das Motorrettungsboot kann jeden Marineoffizier auf einer deutschen Fregatte nur inständig hoffen lassen, dieses Gerät unter keinen Umständen jemals ins Wasser lassen zu müssen. Planer und Ausrüster der MECKLENBURG-VORPOMMERN und ihrer drei Schwesterschiffe haben mit Motorrettungsbooten dieses Typs ein unübersehbares Streitthema auf den Decks der Fregatten hinterlassen.

Frank M. kennt Werden und Wachsen dieses auf der Steuerbordseite schwebenden Problems nur zu genau. Die Geschichte beginnt Mitte der 90er Jahre. Damals stellt die Marine die Fregatten der Baureihe 123 in Dienst. Die Schiffe sind mit je zwei Motorrettungsbooten (MRB) ausgerüstet. Es sind Rettungsmittel, die im Ernstfall Angehörige der eigenen Besatzung aufnehmen und in Sicherheit bringen sollen. Aber die Marineführung hat noch andere Aufgaben für Boote dieser Konstruktion zu bieten.

Neuerdings sind deutsche Soldaten wieder gefragt in der Welt. Übersetzt in die Sprache amtierender Politiker sollen sie mit dem Gewehr im Anschlag »friedenserhaltende und -sichernde Maßnahmen« durchsetzen. Die »Out-Of-Area-Einsätze« beginnen 1991 ganz harmlos mit einem Auftrag zum Minenräumen im Persischen Golf, später wird ein Feldlazaretts in der kambodschanischen Hauptstadt Phnom Penh eingerichtet. Dann folgen Adria, Somalia, Balkan. Mit jedem Jahr wird es ernster für die Jungs in Uniform.

Was zurückhaltend als »Krisenherd« bezeichnet wird, entpuppt sich meist als Kriegsgebiet. Das Unverständnis unter den Zivilisten für die gefährlichen und teuren Abkommandierungen von Bundeswehrsoldaten nimmt zu, das Murren auch. Die Politiker brauchen Verstärkung. Im Sommer 1994 werden die Pläne für eine deutsche Teilnahme an militärischen Auseinandersetzungen außerhalb der Landesgrenzen abgesegnet. Das Bundesverfassungsgericht gibt grünes Licht – Auslandseinsätze der Bundeswehr unter UN-Mandat seien durch das Grundgesetz gedeckt. Politisch kann nichts mehr schief gehen, die da oben haben alles geregelt.

Schwieriger ist zum Beispiel die Frage, ob die da unten überhaupt die passende Ausrüstung für globale Aufmärsche haben. Die Waffengattungen prüfen eilig ihre Technik, um zu entscheiden, welche militärischen Aktionen mit welcher Ausrüstung machbar wären.

Zu diesem Zweck führt die Deutsche Marine Anfang Dezember 1994 unweit der Insel Helgoland eine Übung durch. Die Motorrettungsboote werden getestet. Man will feststellen, ob sie für einen Boarding-Einsatz im Rahmen der Krisenreaktionskräfte (KRK) taugen. Das heißt, ob Soldaten mit diesem Boot an fremde, verdächtige Schiffe heranfahren, dort aufsteigen und an Bord kontrollieren können.

Versuchsobjekt ist das Boot der Fregatte BRANDENBURG. Der Wind weht mit 25 Knoten, die Seegangshöhe beträgt einen bis eineinhalb Meter.

Diese und andere Fakten sind dem »Einzelbericht Motorrettungsboot im Boarding-Einsatz« zu entnehmen, aufgeschrieben am 6. Januar 1995 vom Kommando für Truppenversuche der Marine. Bewertet werden Manövrierfähigkeit, Geschwindigkeit, das Aus- und Einsetzen und die Beladung. Die Bilanz der Tests ist ernüchternd:

»Das Motorrettungsboot ist für den Einsatz in der Boardingrolle nicht geeignet. Es hat gravierende technische und konstruktive Mängel, die z. T. eine erhebliche Gefahr für das Boardingsteam darstellen.«

Detailliert schildert der Bericht die Probleme des Bootes beim An- und Ablegen, die Abfenderung beispielsweise sei »völlig unzureichend.« Besonders abenteuerlich könnte es für Besatzung und Boot bei Seegang werden. »Das Freikommen vom Schiff ist wegen schlechter Manövriereigenschaften des Bootes schon bei geringem Seegang zeitraubend und z. T.

gefährlich, weil das Boot von anlaufenden Wellen vom Kurs gebracht und gegen die Schiffswand geworfen werden kann.«

Was so viel heißt wie: Die Motorrettungsboote der deutschen Fregatten taugen bei Auslandseinsätzen der Marine allenfalls als Dekoration. Kommandant und Mannschaft sollten sie besser nicht einsetzen.

Die Schlussfolgerung der Prüfer ist deutlich: »Die Erklärung der Truppenverwendbarkeit des Motorrettungsbootes für den Boardingeinsatz wird aus o. a. Gründen nicht empfohlen.«

Frank M. und die anderen drei Kommandanten der Fregatten kennen die vertraulichen Testergebnisse. Doch was sind sie wert, wenn sieben Jahre nach den Erkenntnissen die unbrauchbaren Boote noch immer auf den Schiffen und angeblich klar für jeglichen Einsatz sind?

Eine Korrektur allerdings nimmt man von höchster Stelle aus vor – auf jeder Fregatte wird eines der beiden Motorrettungsboote ausgetauscht gegen ein schnelles Bereitschaftsboot, ein Speedboot. Dieses Fahrzeug soll den Anforderungen eines Boardingeinsatzes genügen.

Sammy, Deine Freunde

gehörten immer zu Dir. Einen festen Freund oder eine Freundin hattest Du schon im Kindergarten. Die Kinder waren intelligent und ruhig, ruhiger als Du. Sie hatten viel Fantasie. Ständig wurden sich Spiele ausgedacht. Und Du warst Deinen Freunden absolut treu. Diese Freundschaften hielten lange. Solange, bis wir umziehen mussten. Darunter hast Du damals sehr gelitten.

In Deiner Schulzeit und während der Lehre ging es weiter. Eigentlich hielten die Freundschaften bis zu Deinem Tod. Drei ganz feste Freunde waren Attila, Emir und Marco. Attila war so was wie Dein Schatten. Er ahmte Dich in vielem nach. Manchmal war das eine richtige Konkurrenz zwischen euch beiden. Du lerntest besser, vor allem schneller, und hast Atti oft mit gezogen. Eine Zeit lang konkurriertet ihr auch wegen eines Mädchens. Schließlich lerntest Du aber Rebecca kennen, und Atti war mit Sina zusammen. Alles war wieder okay.

Atti und Du – ihr spieltet zusammen Basketball bei den »Holly Devils«. Von Anfang an wart ihr in dem Verein dabei, hattet ihn sogar mit gegründet.

Emir ist Türke. Du schwärmtest oft von der Gastfreundlichkeit seiner Familie. Und du warst begeistert von dem Essen bei ihm zu Hause, zu dem Du oft wie selbstverständlich eingeladen wurdest. Bis zu diesem tragischen Unfall vor vier Jahren, als Emir, Dein Freund, in seinem BMW ums Leben kam. Weil er den Wagen mal »richtig ausfahren« wollte. Nie hattest Du uns Einzelheiten über das Unglück erzählt, zu bitter für Dich war sein Tod.

In den letzten Jahren war Marco Dein bester Freund. Ich nehme an, das kam durch das Surfen. Ihr zwei hautet ja oft spon-

tan mit den Surfbrettern ab. Allein, raus in die Pampa, wie ihr es nanntet. Dort war auch immer genügend Zeit zum Reden.

Mit Marco hattest Du während Deiner Zeit beim Bund wohl die engsten Verbindungen. Ständig gingen e-Mails hin und her. Ab und zu bekam ich auch mal ein paar Zeilen zu lesen. Ihr hattet euch ja wohl alles geschrieben. Junge, Junge – vor allem viel Blödsinn. Dinge, die nur ihr beide verstanden habt. Marco studiert immer noch Informatik. Er leidet sehr unter Deinem Tod. Oft entdecken wir kleine Dinge von ihm auf Deinem Grab.

An eine Geschichte erinnern sich Dein Vater und ich ganz besonders. Wieder mal stand eine Fete an. Du hattest Geburtstag und Rebecca ebenfalls. Ihr wolltet gemeinsam feiern. Vorher jedoch musstet ihr ein zu solchen Anlässen immer wiederkehrendes Problem klären – wer darf wen und wie viele Leute einladen? Eine knifflige Entscheidung. Also habt ihr eine Namensliste entworfen. Nur einer sollte gleich wieder gestrichen werden – B. Er war bekannt dafür, dass er schon etliche Parties versaut hatte. Meistens lief es immer auf die gleiche Tour ab – kaum hatte er etwas Alkohol

Sammy Scheffelmeier (r.) mit Kameraden auf der MECKLENBURG-VORPOMMERN

getrunken, wurde er streitsüchtig und sogar handgreiflich. Man konnte ein Lied davon singen. Deshalb lehnten alle ab, ihn einzuladen. Daraufhin reagiertest Du ganz heftig. Niemand werde ausgeschlossen, auf gar keinen Fall! Du hättest so viele gute Erlebnisse mit B. gehabt. Es komme überhaupt nicht in Frage, dass B. nun gemieden werde, bloß weil er anders sei.

Du warst absolut in Deinem Denken. Die anderen machten einen Aufstand, es gab heftig Zoff zwischen dir und Rebecca. Aber es störte Dich nicht im Geringsten, die anderen im Nacken zu haben. Du hast den Druck ausgehalten.

»B. ist mein Freund, trotz alledem. Entweder er ist mit dabei, oder ich bleibe auch weg«, hast Du gesagt. Und Du konntest Dich durchsetzen. B. wurde eingeladen.

Alles ging ohne Zwischenfälle ab.

»Das ist mein Freund« – diese Worte hatten für Dich Gewicht, sie galten was. Wer einmal Dein Freund war, der war es für immer.

Vorschriften für eine eierlegende Wollmilchsau

In der Havarieakte zum tödlichen Manöverunfall sind Prüfberichte, Stellungnahmen und technischen Parameter für sämtliche Rettungsmittel der MECKLENBURG-VORPOMMERN geordnet und abgeheftet. Anwalt Peter Wüller müht sich durch hunderte von Seiten. Seine vagen Vorstellungen über die Zustände in der Marine formen sich zu einem Bild mit klaren Konturen. Von Journalisten nach dem Inhalt der Marineakten befragt, konstatiert er »haarsträubende Dinge«, die daraus hervorgehen würden. »Die Deutsche Marine schickt ihre Schiffe immer wieder los, trotz des Wissens um eine mangelhafte Sicherheitsausrüstung«, gibt Wüller verständnislos seine neuen Erkenntnisse wider.

Für seinen Mandanten Wolfgang Scheffelmeier ist die Geschichte mit dem Motorrettungsboot Wasser auf seine Mühle. Gleich nach der Arbeit setzt er sich daheim sofort an den Computer, der Zorn will abgetragen sein. Zum wiederholten Mal ist der Bundeskanzler dran. Scheffelmeier macht Schröder mitverantwortlich für den Tod des Sohnes:

»Seit Sie an der Regierung mit den Grünen sind, sind die Mittel für die Bundeswehr drastisch heruntergefahren worden und Eichel rückt auch kein Geld heraus. Die Bundeswehr ist bankrott, Sie aber schicken immer mehr Soldaten in Auslandseinsätze!«

Basta! Das hat hoffentlich gesessen. Schnell den Brief kopiert und an die Medien gefaxt. Die sollen nicht glauben, ihm sei die Luft ausgegangen. Für Wolfgang Scheffelmeier gilt nur ein Motto und das stellt er in großen, dicken Buchstaben jedem Schreiben an Presse und Politiker voran:

»Betrifft: Marineunfall vom 6. März 2002. Es geht weiter!«

Mancher Attacke in den Gift-und-Galle-Briefen von Scheffelmeier hätte sich auch ein Fregattenkapitän wie Frank M. ohne Zögern anschließen können. Frank M. und seine Offizierskameraden wüssten sogar noch verschiedene andere Beschwerden vorzubringen. Nur, welchen Sinn sollte das haben? Die hohen und höchsten Dienststellen sind seit Jahren über die technischen Mängel an Bord der Kriegsschiffe informiert. Man hat sich dran gewöhnt, bisher hatten sie ja auch immer Glück auf den Schiffen. Letzten Endes ging stets alles irgendwie gut.

Bis zu jenem 6. März.

Nicht nur das Hin und Her um die Motorrettungsboote ist ein Trauerspiel. Der Austausch eines schwerfälligen Motorrettungsboote gegen ein Speedboot verlängert die Liste der technischen Unzulänglichkeiten um zahlreiche Positionen.

Das Speedboot hängt an der Backbord-Seite der MECKLENBURG-VORPOMMERN. Ein schnittiges Beiboot, schneller als 20 Knoten die Stunde. Die tolle Technik hat nur einen Haken – und zwar den Haken, an dem sie hängt. Das flotte Wasserfahrzeug darf – ähnlich wie das Motorrettungsboot auf der anderen Schiffsseite – nicht zu Wasser gelassen werden. Der für das Speedboot eingebaute Bordladekran (BLK), der das Boot hält und im Bedarfsfall zu Wasser lässt, ist leider eine Fehlkonstruktion und wird für den Rettungseinsatz gesperrt.

Im Jahr 2001 ist dieses technische Vorkommnis monatelang Gegenstand einer lebhaften Korrespondenz zwischen Militärs, Sicherheitsexperten und Mitarbeitern des Verteidigungsministeriums. Das Ding will einfach nicht funktionieren, Instandsetzungsversuche bleiben erfolglos. Und man erinnert sich an einen Unfall, den es damit im Sommer 2000 auf der SCHLES-WIG-HOLSTEIN gegeben hat, die Prüfung »Eigenrettung« musste daraufhin abgeblasen werden. Selbst die Herstellerfirma musste unverrichteter Dinge einpacken, die Monteure waren mit ihrem Latein an Ende.

Wer aber hatte den Kran bei der Firma abgenommen, für gut befunden und für viel Geld eingekauft?

Der schriftlich geführte Disput über die technische Peinlichkeit und ihre möglichen Folgen wird quer durch verschiedene maritime Instanzen geführt. Eine warnende Stimme kommt aus dem Bundesamt für Wehrtechnik und Beschaffung: »Ohne eine zuverlässige Aussetzeinrichtung können bestimmte Einsätze in Krisengebieten nicht wahrgenommen werden.«

Die Formulierungen in den Schreiben sind spröde, es wimmelt von technischen Details. Nur manchmal schafft es auch der trockenste Marinebeamte nicht, seine Fassungslosigkeit zu

Zu enge Luken am schwerfälligen Motorrettungsboot, befindet nicht nur Gutachter Becker

Fregatte MECKLENBURG-VORPOMMERN: *Speedboot am Bordladekran (BLK) backbord*

zügeln. Er kann sich ob der absurden Lage nur noch an den Kopf greifen und abschließend feststellen, »der Kran bleibt jedoch wegen der beim Bau weitgehend unberücksichtigten Einflüsse der Meeresumwelt störanfällig.«

Der auf hoher See operierenden MECKLENBURG-VORPOMMERN wird gefunkt, man versuche »einen Kranführer-Sonderlehrgang« zu organisieren. An Bord registriert man das mit Erleichterung, viel zu lange schon ärgert man sich über den betriebsuntüchtigen Kran. Sofort werden sieben Mann von der Besatzung für eine Weiterbildung beim nächsten Landgang ausgewählt.

Der Zustand des Gerätes bleibt trotzdem wie er ist – desolat. Des ergebnislosen Aktionismus' überdrüssig, werfen der Flottillenstab und die Aufsichtsbehörde Kriegsschiffe am 1. Oktober 2001 das Handtuch. Per Telex an alle vier Fregatten wird amtlich, was für Offiziere und Besatzungsmitglieder seit

Jahren offenbar ist: »Nach diversen Problemen und Zwischenfällen mit dem Bordladekran (BLK) F 123 hat eine eingehende Analyse und Bestandsaufnahme zu dem Ergebnis geführt, dass der BLK grundsätzliche, d. h. konstruktiv bedingte sicherheitstechnische Mängel aufweist.«

Der Pfusch am Kran hat Konsequenzen. Einige Tage später macht eine klare Anweisung für den Umgang mit der Gerätschaft die Runde. Von jetzt an darf das Speedboot »nur noch unbemannt ausgesetzt und eingeholt werden. Damit ist eine wesentliche Voraussetzung für die Teilnahme am Seeverkehr nicht mehr gegeben.«

Was nun? Wegen des kleinen Kranes erfüllen die großen Fregatten nicht mehr die gängigen Sicherheitsstandards. »Frühestens Anfang des kommenden Jahres« werde dieser Zustand behoben sein, vermuten Optimisten. Bis dahin setzen die entnervten Befehlshaber auf eine kreative Lösung – die Kommandanten beantragen bei Bedarf »rechtzeitig [...] eine Ausnahmegenehmigung auf Zulassung zur Teilnahme am Seeverkehr.«

Abzuwarten sei noch die »ministerielle Grundsatzentscheidung«. Natürlich traut sich niemand zu befehlen, dass die Fregatten bis dahin fest vertäut an einem Kai liegen. Die Schiffe dürfen weiterhin auf die See.

»Diese Entscheidung erscheint [...] vertretbar, da die Fregatten Klasse 123 über ein weiteres, als Motorrettungs- und Bereitschaftsboot zugelassenes Beiboot verfügen.«

Außerdem, so wird beschwichtigt, seien für die Eigenrettung der Besatzung Rettungsinseln vorhanden, es gebe Rettungsschwimmer und Kletterrettungsnetze. Also bitte keine Panik auf den Fregatten.

Die fünf Jahre zuvor attestierte Beinah-Untauglichkeit des Motorrettungsbootes scheint vergessen zu sein. Es sind Dokumente der Ratlosigkeit, die da als Telex vom Marinekommando bei den Chefs der Fregatten eingehen. Man hat vor den Tücken des Objekts kapituliert und will sich mit dem Abfassen von Papieren aus der Affäre ziehen. Gar zu gern hätte Fregattenkapitän Frank M. gewusst, ob so eine Ausnahmegenehmigung tatsächlich was wert ist oder ob man ihm damit im Fall des Falles nur den Schwarzen Peter unterschiebt.

Allmählich sind die ersten Experten der Marine mit ihrer Geduld am Ende und geben – zumindest intern – ihre Zurückhaltung auf.

Ein Fregattenkapitän R. K. vom Marineunterstützungskommando benennt endlich Ursache und Wirkung des Dilemmas. In einer e-Mail an einen Herrn J. W. im Verteidigungsministerium, Abteilung Wehrverwaltung IV 5, stellt er klar: Der »Bootsaussetz- und Ladekran ist eine ›eierlegende Wollmilchsau‹ (Wunsch der Marine), wurde im Hochgeschwindigkeitstempo möglichst billig beschafft und eingerüstet, stellt meines Erachtens zu hohe technische Anforderungen (Wartung, Bedienung), Ausführung ›billig‹, hieraus resultieren häufig sicherheitsrelevante Störungen mit hohem Instandsetzungsaufwand bei völliger Abhängigkeit der Marine von einem ›Kleinsthersteller‹.«

Und dann nochmals der Hinweis auf die Dimension der technischen Dauerstörung. »Es geht schlicht und ergreifend um die Grundsatzfrage, ob bei Ausfall dieser Komponente auf allen Fregatten KL 123 eine weitere Teilnahme am Seeverkehr zugelassen wird oder darin ein nicht vertretbares Sicherheitsrisiko gesehen wird.«

Die Entscheidung, was zu tun ist, liege nicht in den Händen von Fregattenkapitän R. K. Er habe die deprimierenden Fakten zusammengetragen und erlaube sich den Hinweis, dass »es aus Sicht der Marine kaum nachvollziehbar wäre, ein Waffensystem im Wert von fast einer Milliarde DM nicht einsetzen zu können.«

Die angekündigte ministerielle Grundsatzentscheidung ist überfällig. Am 7. November 2001 wird sie erteilt. Versehen mit der Ausnahmenummer 02/01 ordnet das Bundesministerium der Verteidigung neue »Bestimmungen zur Ausrüstung von Fregatten Klasse 123 mit Seenot-Rettungsmitteln« an. Ein einziges Blatt Papier genügt, um einen vorläufigen Schlussstrich zu ziehen. Das Ministerium lässt »im Rahmen einer Ausnahme zu, dass die Fregatten KL 123 abweichend von den Forderungen an Gruppenrettungsmittel [...] ohne einsatzbereite Bootsaussetzvorrichtung für das Motorboot, See am Seeverkehr teilnehmen.

Die Ausnahmegenehmigung ist mit folgenden Nebenbestimmungen verbunden:

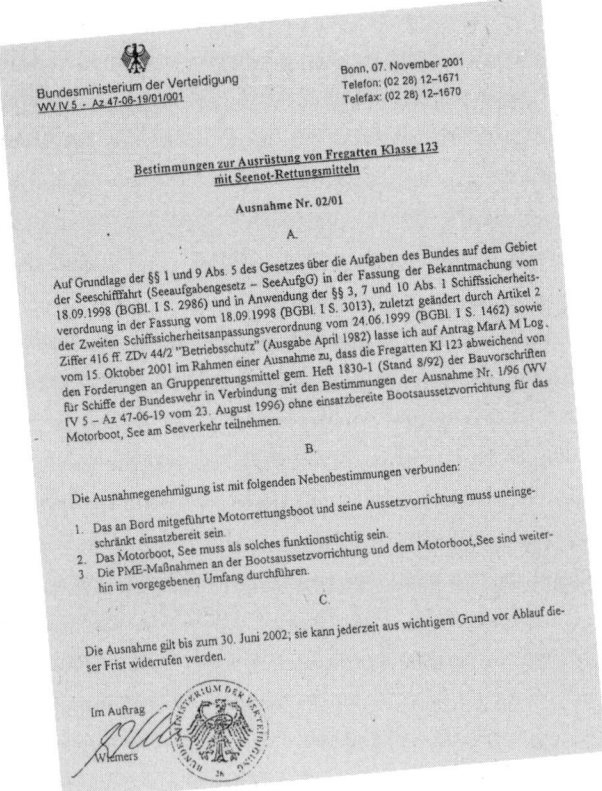

1. Das an Bord mitgeführte Motorrettungsboot und seine Aussetzvorrichtung muss uneingeschränkt einsatzbereit sein.

2. Das Motorboot, See muss als solches funktionstüchtig sein.

3. Die PME-Maßnahmen an der Bootsaussetzvorrichtung und dem Motorboot, See sind weiterhin im vorgegebenen Umfang durchzuführen.

Die Ausnahme gilt bis zum 30. Juni 2002, sie kann jederzeit aus wichtigem Grund vor Ablauf dieser Frist widerrufen werden.«

Für diesen Freifahrtschein hat Jürgen W. von der Abteilung Wehrverwaltung seinen Namen hergegeben.

Aber die maßgeblichen Herren aus dem Ministerium scheint dann doch Angst vor der eigenen Courage gepackt zu haben. Was, wenn auf See womöglich doch was schief gehen sollte? Für den Fall wäre es gewiss nützlich, sich ein wenig abzusichern und die Verantwortung nicht komplett zu übernehmen. Dem Kommandanten der Fregatten dürfe nicht erlaubt sein, die Ausnahmegenehmigung als Persilschein zu interpretieren. Deshalb wird in einem Vermerk ausdrücklich auf die weiterhin geltende Dienstvorschriften MDv 160 verwiesen, in denen festgelegt ist: »Befehlshaber, Kommandeure und selbständig operierende Kommandanten/Kapitäne/Schiffsführer können Sperrungen von Anlagen/Geräten in Seenotlage und in der Ausführung eines Kampfauftrages für den Einzelfall befristet aufheben, wenn es die Umstände zwingend erfordern.«

Und fast wortgleich heißt es in einer anderen Vorschrift MDv 165 zu den Pflichten und Aufgaben des Kommandanten:

»Er kann Stilllegung der Aufsichtsbehörden für den Einzelfall befristet aufheben (z. B. Seenotlagen, in der Krise und im Krieg), wenn es die Umstände zwingend erfordern.«

Fregattenkapitän Frank M. kennt die Dienstvorschriften zur Genüge. Wenn das Ministerium im Zusammenhang mit den unbrauchbaren Rettungsmitteln auf den Fregatten wieder besonders an diese Paragraphen erinnert, kann das nur eines bedeuten: Aufgepasst, da lauert der Schwarze Peter.

Vorerst lautet der Befehl: Ruhe bewahren und abwarten! Die Statistiker unter den Marineoffizieren kommen derweil auf ihre Kosten – in den vergangenen zwei Jahren wurden insgesamt 25 Ausnahmegenehmigungen wegen der Bordladekräne erteilt. Armutszeugnisse im Abonnement. Doch nicht nur Papier ist geduldig, die Mängel an Bord der Fregatten sind es auch. Etliche Wochen sind seit dem Erteilen der jüngsten Ausnahmegenehmigung verstrichen, verändert wurde nichts. Nur dass der alte Trott jetzt mit Stempel und Unterschrift sanktioniert ist. Im Kommando der Zerstörerflottille ist man darüber keineswegs erleichtert. Das einzige, was man meint, tun zu können ist, schon mal prophylaktisch eine Verlängerung der aktuellen Ausnahmegenehmigung zu beantragen. Praktisch wäre doch eine, die bis Ende des Jahres 2002 gilt.

Am 5. März wird ein Schreiben mit der entsprechenden Bitte abgeschickt. Einen Tag danach sterben zwei deutsche Marinesoldaten auf der Ostsee. Das Motorrettungsboot und das Speedboot bleiben während des gesamten Rettungsmanövers ungenutzt an Bord der MECKLENBURG-VORPOMMERN.

Einsteigen, nichts tun dürfen und wieder aussteigen

»Was immer man in einer solchen Extremsituation als Fregattenkommandant machen kann, ist falsch«, sagt Wolfgang Thos und hängt gleich noch eine Feststellung dran: »Klar, aus meiner Sicht ist Frank M. ein Bauernopfer.«

Kapitän Thos ist mit dem Innenleben der Marine bestens vertraut, denn er ist Reserveoffizier mit Dienstgrad Fregattenkapitän. Andererseits gestattet er sich den distanzierten Blick eines außen stehenden Zivilisten. Der Mann arbeitet als Seelotse auf der Ems und gehört der Lotsenbrüderschaft Emden an. Seit 28 Jahren ist der Seemann mit der Schifffahrt verbunden. Die dramatischen Ereignisse vom 6. März hat er auf der deutschen Fregatte hautnah miterlebt, er befand sich in der Backbord-Nock, also auf der äußersten linken Seite der Kommandobrücke. Die Erinnerung lässt ihn das Unglück auch Jahre später noch präzise abrufen. Wolfgang Thos beginnt seinen Rückblick mit dem gewagten Übersetzmanöver von der britischen CUMBERLAND zur MECKLENBURG-VORPOMMERN.

»Nein, das Übersetzen war nichts Außergewöhnliches. So eine Passage muss auch bei schwerem Wetter möglich sein. Schließlich sind wir auf einem Kriegsschiff und Übersetzmanöver dieser Art gehören nun mal zur Ausbildung. Da muss auch das Beherrschen schwieriger Situationen trainiert werden. Dieser Crosspol – so nennen wir das – war solch eine Situation. Mich hatte man zuvor ebenfalls angesprochen, ob ich denn nicht auch mit zu den Engländern wolle. Aber das musste nicht sein. Ich fand es passender, wenn Soldaten den Kameraden auf der CUMBERLAND einen Besuch abstatten würden. Ausgewählt wurden dann einige von denen, die sich im Dienst bewährt hatten – Kai Nieschwitz, Stefan Paul und Samuel Scheffelmeier.

Ich hatte eigentlich wachfrei, schaute jedoch auf der Brücke vorbei und bekam von dort das Manöver mit. In meiner Wahrnehmung schlug das englische Speedboot über seine Backbordseite um, wir waren etwa vierhundert Yards entfernt. Warum das Boot kenterte, kann ich nicht sagen. Das war eine von diesen schwimmenden Gummiblasen mit einem 120-PS-Motor außen dran. Da tippt man nur kurz auf den Gashebel und gleich rast es los. Aufpassen muss man schon, dass nichts passiert.

Den Alarm ›Mann über Bord!‹ auf der CUMBERLAND haben wir auf unserem Schiff gehört. Und über Funk kam gleich der Befehl von dort, wir sollten von der Unfallstelle wegbleiben, die Briten würden fischen. Das war in Ordnung, die MECKLENBURG-VORPOMMERN hatte tatsächlich nicht die beste Position.

Was hätten wir jetzt machen können? Unser Speedboot war gesperrt. Zudem waren die Jungs im Umgang mit diesem Boot nicht ausreichend geübt. Obendrein war der Bordladekran für das Speedboot gesperrt. Aber nicht, weil er kaputt gewesen wäre, sondern weil es auf einer anderen Fregatte mit einem baugleichen Exemplar einen Unfall gegeben hatte. Solche Dinge sind gelebte Realität bei der Bundeswehr. Es gibt nun mal keine idealen Zustände und Bedingungen.

Das Bedrohliche an der Situation draußen auf dem Wasser haben wir erst nach und nach erfasst. Nach meiner Einschätzung wurde es kritisch, als unsere Kameraden nach fünfzehn Minuten immer noch im Wasser trieben. Das muss schlimm gewesen sein für die Jungs – die Retter sind zu sehen, die so nah sind, und es wird doch nichts.

Eine schwierige Lage. Die CUMBERLAND hatte *Command*, wir hatten uns gemäß der Kommandostruktur unterzuordnen. Und wir hatten Rettungstechnik an Bord, die wahrscheinlich nicht einsatzbereit war. Fregattenkapitän M., der Kommandant, wollte einfach nicht riskieren, dass sich jemand von den Soldaten verletzt an einem Gerät, das gesperrt ist und mit dem niemand umgehen kann. Vorwerfen kann man ihm nur eines – dass er sich an Befehle und Vorschriften gehalten hat. Es stimmt, drei seiner Soldaten sind unten im eiskalten Wasser abgetrieben. Aber M. musste auch an die anderen Schutzbefohlenen denken. Ich meine, er hat alle Faktoren in seine Beurteilung der Lage einfließen lassen und sich dann entschieden, *kein* Boot zu Wasser zu bringen. Obwohl die Besatzung für das Motorrettungsboot klar war.

M. hatte seine Entscheidung getroffen und sie dann auch durchgehalten. Ich kann das verstehen. Genau das macht doch einen Kommandanten aus – eine Entscheidung sofort und durchgreifend zu treffen und sie dann auch zu vertreten. Diskussionswürdig wäre eine andere Verhaltensweise gewesen – nämlich gar nichts zu tun.

Ich habe Fregattenkapitän M. als ruhigen, strukturierten Menschen erlebt. Im Dienst ein Technokrat, der keine unnötigen Emotionen zeigte. Aber durfte er als militärischer Befehlshaber eines großen Kriegsschiffes anders auftreten? Nein, nicht.

Die Atmosphäre auf der Brücke war zum Zerreißen gespannt. Nach ungefähr zwanzig Minuten erschien auch der Erste Offizier und Stellvertreter von M., Korvettenkapitän André Dirks, auf der Brücke, um sich ein Bild von der Gesamtsituation zu machen. Ich konnte ihm am Gesicht ablesen, dass er die Lage anders einschätzte als M. und das Motorrettungsboot am liebsten eingesetzt hätte. Aber der Kommandant war nun mal M. – und Dirks sein disziplinierter Erster Offizier. Ein ruhiger, überlegt handelnder Mann, unter Stress sehr belastbar und ohne jede Profilneurose. Die Mannschaft mochte ihn, er war zweifellos beliebter als der Alte. Korvettenkapitän Dirks war für die Jungs eine Vaterfigur, das kann man sagen.

Was ich bis heute nicht verstehe, ist der Einsatz des Hubschraubers. Warum hat man die geborgenen Soldaten nicht auf die MECKLENBURG-VORPOMMERN geflogen, sondern auf die CUMBERLAND? Dort gab es keinen Schiffsarzt an Bord, wir aber hatten einen. Also musste der von uns erst zu den Briten geflogen werden. Viel zu umständlich und zeitaufwendig.

Nach dem Unglück sind wir nach Swinemünde gefahren. Dort hat sich M. mit den Offizieren beraten – wieder rein ins Manöver oder doch besser draußen bleiben? M. wollte rein, die emotional angeschlagene Mannschaft sollte beschäftigt werden. Aber die Offiziere rieten ab. Und M. durchdachte die Einwände und korrigierte sein Vorhaben schließlich, obwohl es ihm schwer fiel. Es ging nicht wieder ins Manöver, sondern zurück nach Wilhelmshaven. Alle, die entbehrlich waren, durften nach Hause. Es war erlaubt, an Land über das Unglück zu reden. Maulkörbe, wie später von einzelnen behauptet, hatte man nicht verteilt. Nur unüberlegte Kontakte zur Presse, die sollten bitte vermieden werden. Ich weiß noch – die ersten Journalisten standen schon an der Pier als wir einliefen. Auf dem Schiff war natürlich eine große Unruhe zu spüren. Zwei tote Kameraden – das war für uns ein Riesenschock. Aber eine Meuterei an Bord gab es dennoch nicht.

Fregattenkapitän M. drängte dann auf seine vorzeitige Ablösung. Das war seine eigene Entscheidung. Er wollte während des Verfahrens, das nun auf ihn zukommen würde, zu Hause sein und alles durchdenken. Also hat er abgewogen und die Konsequenz aus seiner Verantwortung als Kommandant gezogen. Von der Marineführung ist er vorgeführt worden. Wie ich schon sagte – ein Bauernopfer.

Noch am Abend des 6. März bat man mich, die Havarieakte zu schreiben. An Bord wurde begonnen, die Aussagen aller Augenzeugen aufzunehmen. Zuerst schrieb ich meine eigenen Beobachtungen auf.«

Zwanzig Augenzeugen – Offiziere, Unteroffiziere und Mannschaften – geben ihre Beobachtungen zu Protokoll. Ausführlich berichtet Obermaat Kai Nieschwitz wie das britische Speedboot kippte und er und die anderen Soldaten ins Wasser fielen. Hauptgefreiter Scheffelmeier und er seien für kurze Zeit aufeinander zu getrieben. Scheffelmeier »wirkte nervös und aufgewühlt«. Während Nieschwitz sich dann um den leblosen Obermaat Paul kümmerte und ihn an Rettungsschwimmer übergab, sei Scheffelmeier aus dem Sichtbereich »verschwunden.« So lange bis es zu spät war.

Samuel Scheffelmeier wurde mit Hilfe einer Rettungsschlaufe vom Hubschrauber aus dem Wasser gezogen. Der Schiffsarzt der MECKLENBURG-VORPOMMERN scheint diese Bergungstechnik nur schwer zu begreifen. Denn der damit einhergehende Bewusstseinsverlust »mit Herz-/Kreislauf- und Atemversagen ist meines Erachtens nach ein typischer Bergungstod. Hier hätte ein schonender, waagerechter Transport mittels Kletter-Rettungsnetz möglicherweise den entscheidenden Vorteil gebracht.« Anders ausgedrückt – hätte man den schwer angeschlagenen Soldaten Scheffelmeier medizinisch korrekt – also in der Waagerechten – geborgen, hätte er vielleicht überlebt.

Das Motorrettungsboot sei von Anfang an einsatzbereit gewesen, berichten mehrere Augenzeugen übereinstimmend. Genau um 15.01 Uhr, knapp zehn Minuten nach dem Unfall, sei es »klar zum Ausbringen« gewesen. Der Hauptbootsmann schreibt in seiner Aussage, er habe insgesamt dreimal auf der Brücke nachgefragt, ob er das Rettungsboot wegfieren, also herunterlassen solle. Der Erste Offizier, Korvettenkapitän Dirks, »unterstützte meine Frage mit Nachdruck, indem er mir eindeutige Handbewegungen machte«. Nichts, kein Befehl. Dabei sei er der festen Meinung gewesen, »dass wir das MRB zu diesem Zeitpunkt ins Wasser bringen, da wir gut in Lee waren und keine hohen Wellen gegen die Bordwand schlugen«.

Der Sanitätsmaat schreibt, dass es mit der Bereitschaft des Motorrettungsbootes länger dauerte als sonst trainiert. Die Kameraden mussten auf ihn warten, weil er aus ihm »unbekannten Gründen« keine Durchsagen über den Schiffslautsprecher vernommen habe. Was der Sanitätsmaat nicht weiß – er konnte überhaupt nichts hören. Denn die Lautsprecheranlage hat in einigen Bereichen der Fregatte noch nie funktioniert. Ein technischer Dauerdefekt. Endlich saßen vier oder fünf Soldaten, die übliche Besatzung, im Motorrettungsboot und »warteten auf weitere Anordnungen«. Es kam nur ein einziger Befehl – Alle wieder raus aus dem Boot!

Kommandant M. rechtfertigt in einer Stellungnahme sein Verhalten. Ein Auslösen des Alarms »Mann über Bord!« habe er als nicht mehr nötig erachtet. Wegen des geplanten Bootstransfers hätte sich ohnehin schon viel Personal an Deck befunden. Da hätte der Alarm »unter Umständen unnötigen Stationswechsel« bedeutet.

Das Motorrettungsboot sei nicht gleich ausgesetzt worden, da es sich zum Zeitpunkt des Unfalls nicht in Lee, sondern auf der dem Wind zugewandten Seite befand. In dieser Lage sei das Boot nicht von der Bordwand der MECKLENBURG-VORPOMMERN wegzusteuern. Die Fregatte hätte also zusätzliche Manöver einleiten müssen. Warum das Rettungsboot trotz der darin wartenden Besatzung auch später nicht zu Wasser ging, erklärt Fregattenkapitän M. nicht. Er erwähnt nur den herrschenden Seegang und die Wellenhöhe zwischen eineinhalb und zwei Metern. Und erinnert damit an die peinlichen Testergebnisse dieses Bootstyps vor Helgoland. – Nicht zu manövrieren bei so einem Wellengang, also amtlich unbrauchbar.

Kurzeitig sei der »Einsatz des eigenen Speedbootes und damit auch des Bordladekranes durch mich in Erwägung gezogen, jedoch verworfen.« Aber wegen der bekannten technischen Defekte und der nicht durchgeführten Übungen der Besatzung an dem Gerät »erschien mir die Gefährdung weiterer Soldaten nicht zu verantworten«.

Eine glatte Fehlentscheidung sei das gewesen, sagt Mark Milla. Der 26-jährige ist einer der Kameraden von Samuel Scheffelmeier und Stefan Paul. Offiziell befragt zu seinen Erlebnissen wurde er nicht. Hauptgefreiter Milla hielt sich gerade unterhalb der Brücke auf, als der Signalgast angestürzt kam und ihm zurief, das Boot sei gekentert.

»Ich habe ihn wütend angeschaut und gefragt, ob er mich verarschen wolle. Denn ich hatte keine Alarmklingel und keine

Hauptgefreiter Mark Milla

Durchsage gehört. Erst hinterher kam heraus, dass die wirklich keinen Mann-über-Bord-Alarm ausgelöst hatten – das begreife ich bis heute nicht. Da hätte doch jeder von uns sofort gewusst, was zu tun ist, das hatten wir doch dauernd geübt. Ich habe mir sofort die Rettungsweste angezogen und mir alle Sachen geschnappt – Signallampe, Funkgerät, Walkie-Talkie, Flaggen. All die Dinge, die ich als Signaldienst brauche. Und dann nichts wie hin zum Motorrettungsboot. Von dort konnten wir deutlich die gekenterten Jungs auf dem dunklen Wasser sehen. Gleich würden wir ihnen zu Hilfe kommen, nur auf den Sanitäter mussten wir warten. Der hatte nichts mitbekommen von dem Unfall, weil die Lautsprecher kaputt waren. O Mann! Dann hatten wir schnell unsere Plätze eingenommen und waren bereit, runter gelassen zu werden. Doch nichts passierte, wir bekamen keine Erlaubnis.

Mehrmals meldeten wir der Brücke, dass wir startklar waren. Nichts. Natürlich wussten wir, dass das Motorrettungsboot nur bei einem Wellengang bis einen Meter fünfzig Höhe zu manövrieren war. Und die Ostsee hatte um uns herum bestimmt drei Meter hohe Wellen. Aber wir konnten doch nicht nur einfach dasitzen und nichts tun! Wenn einer über Bord geht, müssen Himmel und Hölle in Bewegung gesetzt werden, um den aus dem Wasser zu holen!

Jede Wette – in sieben Minuten wären wir mit dem Boot bei den Jungs gewesen und hätten Sammy rausgeholt. Vielleicht hätten wir es sogar bei Obermaat Paul geschafft. Aber Fregattenkapitän M. hat das verhindert.

Irgendwann nach dem Unfall – es war kurz vor unserer Südostasien-Reise – haben wir das Motorrettungsboot dann mal ins Wasser gebracht. Wohlgemerkt, bei vergleichbarem Wetter und ähnlich hohem Wellengang. Da sind wir mit dem Boot klargekommen. Auch damals an dem Unglückstag war uns das Risiko voll egal. Wir sahen unsere Kameraden im Wasser um ihr Leben kämpfen und wir hätten die Chance gehabt, die beiden zu retten.

Dann die nächste Panne – die haben Sammy mit dem Hubschrauber senkrecht aus dem Wasser gezogen. Ist doch klar, dass das warme Blut in seinem Körper nach unten fließt und das kalte nach oben steigt. Das hat Sammy den Rest gegeben. Warum hat man ihn nicht waagerecht geborgen? Wir mit dem Boot hätten das getan, so wie es richtig ist. Und danach fliegt man ihn zur CUMBERLAND, obwohl auf dem Flugdeck der MECKLENBURG-VORPOMMERN alles vorbereitet war. Decken, Heißwasser – wir hatten alles.

Andere Kameraden vom Decksdienst sind übrigens zum Speedboot gerannt und auch gleich reingeklettert. Die waren drin und wurden vom Offizier wieder raus gezogen. Weil es ja immer hieß, der Bordladekran könne nicht bedient werden. Auf einer anderen Fregatte soll angeblich der Haken des Kranes defekt gewesen sein. Deshalb sei dort das Speedboot runter gekracht, und ein Soldat soll sich die Wirbelsäule gestaucht haben. Junge, Junge – wir fahren auf einem hunderte von Millionen Euro teuren Schiff und haben nicht mal das Geld, einen kleinen Kran zu reparieren.

Hinterher verteidigte Fregattenkapitän M. seine Entscheidungen. Er sagte, er wollte kein Risiko eingehen und andere Menschen nicht gefährden. Kein Bedauern seiner Haltung. Nachdem alles vorbei war, kam M. in die Mannschaftsmesse, da saß unser kompletter Rettungstrupp, etwa fünfzehn Leute. Alle total niedergeschlagen. M. sah uns an und wollte wissen wie es uns geht und was wir jetzt denken würden. Ich konnte mich nicht mehr beherrschen und habe ihm gesagt wie mir zumute war. Dass wir bereit waren, aber nicht los durften und dass wir in sieben Minuten bei den Jungs gewesen wären und sie aus dem Wasser geholt hätten. Das hätten wir geschafft.

Und M.? Der hat nichts gesagt und ist raus gegangen.

Ich bin dann auch gegangen, wollte nach dem Unfall nicht mehr weitermachen. Nach zweieinhalb Jahren vorzeitig weg von der Marine. Dabei gab es mal eine Zeit, da hätte ich jedem geraten, zur Marine zu gehen. So wie ich es getan habe. Man sieht was von der Welt, lernt mit moderner Technik umzugehen. Ein tolles Leben. Mit dem Wissen von heute sage ich: lieber sechs Jahre Technisches Hilfswerk als neun Monate Bundeswehr. Bei der Armee setzt man sein Leben für nichts aufs Spiel. Da muss ich nicht mitmachen.«

Die Schlussfolgerungen von Fregattenkapitän d. R. Wolfgang Thos sind kritische Fragen an Politiker und militärische Führung. Für Thos besteht ein krasses Missverhältnis zwischen politischem Wollen und militärischem Können. Er nennt NATO-Verpflichtungen, UNO-Einsätze und das Eingebundensein in die Europäische Union. Von überall werde nach dem Militär gerufen. »Aber für alles gibt es weder Menschen noch Material«, stellt er klar. Im Ergebnis »haben wir dann definierte Lücken bei der Technik.«

Die Aufgaben der Bundeswehr haben sich grundlegend verändert, Einsatzgebiet ist der halbe Globus geworden. Die althergebrachte Struktur aber sei dafür ungeeignet. Auch in der Deutschen Marine, berichtet Thos über seine Erfahrungen als Reserveoffizier, dienen Wehrpflichtige. »Aber besonders für die Marine sind fünfzehn Monaten Dienstzeit eine atemberaubend kurze Frist. Deshalb ist selbst an Bord noch eine wochenlange, ja monatelange Ausbildung nötig. An technische Systeme und andere Komponenten, die früher nur von Unteroffizieren bedient wurden, müssen längst Leute von der Mannschaft ran.«

Ob die Bundesrepublik eine Berufsarmee brauche, weiß Wolfgang Thos nicht. Die Wehrpflicht habe Vorteile, meint er. Dadurch sei die Armee letztlich auch ein Spiegelbild der Gesellschaft. Bei einer Berufsarmee schmore vor allem die Führung zu sehr im eigenen Saft. Und das sei riskant.

Sammy, Du Motorrad-Freak

hattest für Dein Hobby sogar eine Art zweiter Wohnung in der Nähe gefunden. Die Bike-Scheune, so nannten wir sie, war Treffpunkt für alle Technik-Freaks von Blomberg und Umgebung. Aber ein Schock war es schon für uns, als Du uns mitteiltest, dort auch gleich einen Beruf erlernen zu wollen. Weil es ja so praktisch wäre – an den eigenen Karren zu schrauben und immer gleich sämtliche Werkzeuge parat zu haben. Und nebenbei könne man sich noch Geld verdienen mit dem Reparieren anderer Maschinen.

Darüber haben wir damals lange diskutiert, und am Ende konnten wir Dich von Deinem Vorhaben abbringen. Wohl oder übel musstest Du uns beipflichten, dass ein Job dort unterbezahlt worden wäre. Obendrein würden die Arbeitszeiten schlecht sein und einen Schutz für Auszubildende böte so ein kleiner Betrieb auch nicht. Ganz zu schweigen davon, dass die Arbeit dort stets schmutzig sein würde. Dieses Argument akzeptiertest Du nicht. Aber den anderen konntest Du zustimmen, und wir freuten uns, dass Du Dich um eine Lehrstelle bei einem großen Unternehmen bemühtest. Die sorgten für eine Spitzenausbildung und nutzten auch die Lehrlinge nicht aus. Du verdientest von Anfang an gutes Geld, und die Arbeitszeiten waren auch okay. Außerdem arbeitete Dein Dad auch dort, und so konntest Du jeden Tag mit ihm zur Firma mitfahren. Das sparte Geld, was Dir immer besonders wichtig wr.

Dein Vater engagierte sich als Gewerkschaftsvertrauensmann, und bald wurdest auch Du aktiv als Jungenvertreter der IG Metall. Ich kann mich gut daran erinnern, dass Du oft erzähltest, die gewerkschaftliche Arbeit mache Dir Spaß und es sei wichtig, sich für die Kollegen einzusetzen.

Ich weiß noch, als Du eines Tages mit einer alten Aprillia angekommen bist, diesem kleinen Motorrad, das Du für hundertfünfzig Mark erstanden hast. Fast alles musste an der Maschine gemacht werden, bis sie wieder fahrtüchtig war. Für Dich eine Herausforderung. In jeder freien Minute hocktest Du von nun an in der Garage. Die hattest Du Dir toll eingerichtet, man konnte sich darin wohl fühlen. Alle Werkzeuge sortiert in Kästchen und diese fein säuberlich beschriftet. Alles einwandfrei, da hattest Du System drin, das muss ich sagen. Noch heute sehe ich Dich in Deinem orange farbigen Aprillia-Overall. Ohne den warst Du, glaube ich, nie in der Garage. Jeden Tag trugst Du diese ölverschmierte Kluft am Leib. Wehe, ich hätte den Anzug mal in die Waschmaschine gesteckt. Diesen dreckigen Overall gibt es übrigens immer noch. Ich habe ihn aufbewahrt. Ich kann mich einfach nicht von ihm trennen …

Zur bestandenen Fahrprüfung kaufte Dein Vater Dir einen gebrauchten Opel Kadett und stellte ihn vor die Tür. Wir hatten uns das gut überlegt – denn Dein Weg zur Berufsschule war weit, und besonders im Winter sollte das kleine Auto hilfreich sein. So dachten wir jedenfalls. Aber das war keine gute Idee, denn Du setztest Dich kein einziges Mal in dieses Fahrzeug. Wirklich – nicht ein Mal bist Du damit gefahren! Bloß weil Du Autos nicht abkonntest. Wir mussten das schweren Herzens hinnehmen und verkauften die gut gemeinte Idee wieder.

Ganz selten nur bist Du mit unserem Auto gefahren, wenn es unbedingt sein musste, um sperrige Dinge zu transportieren oder um mich mal zur Arbeit zu bringen.

Und dann war es kaum zum Aushalten. Immer musstest Du den Clown im Auto spielen. Wie ein kleines Kind rutschtest Du auf dem Sitz hin und her und Deine Augen waren überall, nur nicht auf der Straße. Es war Dir einfach zu langweilig, Du musstest Dir den Fahrtwind um die Nase wehen lassen. Auto? Viel zu langweilig für Dich.

Ich akzeptierte Deinen Motorradfanatismus. Doch immer, wenn Du auf einem Bike unterwegs warst, hatte ich eine Heidenangst. Wenn Wolfgang und ich ab und zu mit dem Auto hinter Dir herfuhren, krampfte sich jedes Mal mein Magen zusammen. Mir war ganz schlecht vor Angst um Dich. Und Du hast das natürlich gewusst und wolltest mich immer beruhigen. Bei längeren Touren riefst Du deshalb zwischendurch zu Hause an. Dann konnte ich aufatmen.

Ich weiß noch, dass Du einmal einen Unfall hattest, Rebecca saß auf dem Sozius. Eine Bremse blockierte, und ihr beide seid böse gestürzt. Nur durch Zufall erfuhr ich davon. Das einzige, was Du nach dem Sturz zu Rebecca sagtest: »Erzähl' das bloß nicht Mama!« Du wolltest mich schonen.

Mit Deiner Schwester Salome bist Du auch einmal gestürzt, auf Rollsplitt ausgerutscht. Hinterher hattest Du Dich wohl an die hundertmal bei Salome entschuldigt, weil es Dir so Leid tat. Was sich sonst noch so an Motorradstürzen ereignet hatte, bekam ich nie mit, zum Glück. Wenn Deine Klamotten mal wieder zerrissen waren, ahnte ich es.

Aber, mein Sohn, Du bist ja nicht beim Motorradfahren ums Leben gekommen …

Tödliches Schicksal in der Adria

Das Aussetzen eines Speedbootes sei »stets ein potenziell gefährliches Manöver gewesen«. Zu dieser Einschätzung kommt das Amtsgericht Wilhelmshaven im Mai 2000. Nach viereinhalb Jahren ist der Unfalltod des Marinesoldaten Steffen Behrens damit juristisch abgehakt. Der Vorwurf einer fahrlässigen Tötung gegen den damaligen Kommandanten der Fregatte KARLSRUHE und den Decksmeister ist vom Tisch. Beide werden frei gesprochen.

Was war geschehen?

Anfang Dezember 1995 verließ die Fregatte KARLSRUHE ihren Heimatstandort Wilhelmshaven. Nachdem das Kriegsschiff halb Europa umfahren hatte, steuerte es sein neues Einsatzgebiet an, die südliche Adria, Straße von Otranto. Dort, weit weg von daheim, sollte ein großer Auftrag erfüllt werden – die Überwachung des UNO-Waffenembargos gegen Serbien und Montenegro.

Die Operation nannte sich *Sharp Guard* – Strenge Wache –, eine militärische Gemeinschaftsaktion mehrerer NATO-Schiffe. Dreieinhalb Jahre schon gehörten auch deutsche Fregatten, Zerstörer und ein Seeaufklärungsflugzeug zu den scharfen Aufpassern und Kontrolleuren gegen die Reste Jugoslawiens.

Von größeren Waffen- oder Munitionsfunden auf See wurde nie etwas bekannt. Aber man weiß ja nie.

Für den 20. Dezember hatte sich Besuch aus der Heimat angesagt, Verteidigungsminister Volker Rühe wurde an Bord der KARLSRUHE begrüßt. Kurz vor dem friedlichen Weihnachtsfest konnte es nicht schaden, die deutschen Jungs im Krisengebiet ein bisschen aufzumuntern. Ein deutsches Kriegsschiff auf der schönen blauen Adria und obendrein in militärischem Einsatz – dem Minister wird das einige Genugtuung bereitet haben. Schon seit langem gehörte er zu den Verfechtern einer neuen deutschen Wir-sind-wieder-wer-Politik.

Bereits vor seiner Zeit als Minister hatte er seiner Partei, der CDU, die Marschrichtung klipp und klar vorgegeben: »Unsere wirtschaftliche, technologische und finanzielle Leistungsfähigkeit lassen eine Selbstbeschränkung deutscher Außenpolitik nach dem alten Muster nicht mehr zu.« Und hier, im südlichen Europa, schien einiges davon möglich zu sein.

Kaum war Minister Rühe von Bord gestiegen, hatten sich die frommen Weihnachtswünsche für die Soldaten erledigt. Statt schöner Bescherung war wieder strammer Dienst angesagt. Die Untersuchungsmannschaft von einem in der Nähe fahrenden Handelsschiff musste zurückgeholt werden. Ein Boarding-Einsatz, einer der üblichen Aufträge für Maat Steffen Behrens und seine Kameraden. Hinfahren, die Leute aufnehmen und wieder zur Fregatte bringen.

Wenige Tage vor Heiligabend waren die Soldaten mit ihren Gedanken zwar öfter daheim als sonst, aber die Übersetzmanöver beherrschten sie allemal. Kein Kinderspiel, aber Routine. Obendrein verhieß der Blick vom großen grauen Blech auf die blaue Adria eine entspannte Bootstour – das Wetter war ruhig, der Seegang kaum zu spüren. Die Fregatte durchpflügte mit geringer Fahrt die Wellen, die Soldaten hatten ihre Positionen eingenommen. Wären nicht die Uniformen, die Kommandos und das viele Kriegsgerät überall an Bord, man hätte glauben können, als argloser Passagier auf einer vergnüglichen Kreuzfahrt zu schippern. Doch für solche

1995 starb Maat Steffen Behrens, Bild *berichtete*

die Wehrkraft zersetzenden Phantasien war keine Zeit – schnell die Augen wieder auf, es ging los.

Wie gewohnt wurde das Speedboot vorbereitet, ein leichtes, acht Meter langes Beiboot mit Gummiwulst, am Heck ausgestattet mit einem starken 240-PS-Außenbordmotor. Steuermann Steffen Behrens und ein Obergefreiter nahmen ihre Plätze ein und der Navigationsoffizier gab den Befehl zum Aussetzen. Die Fregatte behielt ihre ruhige Fahrt bei, langsam senkte sich das Boot in die See bis es aufschwamm. Gleich musste es sich automatisch vom Haken des Bootswagens lösen – da passierte es. Das Speedboot geriet in Schieflage, kippte um und geriet teilweise unter Wasser. Erschrocken mussten die Männer an Deck mit ansehen, wie der Obergefreite augenblicklich aus dem Boot ins Wasser flog. Und der Steuermann? Wo war Steffen Behrens abgeblieben? Auf den Wellen war er nicht auszumachen.

Von der Kommandobrücke kam sofort der Befehl, die Maschinen zu stoppen. Aber ehe das große Schiff wirklich zum Stillstand kam, trieb es noch hunderte Meter.

Maat Steffen Behrens wurde schwer verletzt und ohne Bewusstsein geborgen. Das Beiboot war dermaßen schnell gekentert, dass er auf seinem Steuermannsplatz keine Chance hatte. Ehe er wegspringen konnte, wurde er zwischen Beiboot und Bootswagen eingequetscht. Er schaffte es nicht einmal, seinen Kopf wegzuziehen. Schädelbasisbruch.

Etwa eine Stunde nach dem Unfall musste der Schiffsarzt den Tod feststellen. Der junge Soldat hatte sich schwerste innere Verletzungen zugezogen, die Lungen waren zerstört, er hatte aufgehört zu atmen.

Steffen Behrens, 25 Jahre alt und von Beruf Metzger, war das erste Todesopfer, den der Einsatz der Deutschen Marine in der Adria forderte. Verteidigungsminister Rühe, der fast Zeuge des Unglücks geworden wäre, ließ bald darauf erklären: »Der Soldat hat in Erfüllung seiner Pflicht für die Bundesrepublik Deutschland und für den Frieden bei einem tragischen Unfall sein Leben verloren.«

Für Monika Ritter aus der hessischen Gemeinde Biebertal war dieser 20. Dezember 1995 bis jetzt ein guter Tag. Den großen Stress hatte sie am Nachmittag mit Arbeitsschluss hinter sich gelassen. Kassenleiterin im größten Baumarkt der Umgebung – und das in der Vorweihnachtszeit! Du meine Güte, die Leute kauften ein, als ob sie sich in diesem Jahr ausschließlich italienische Badfliesen, Rasentrimmer und diese neumodischen mexikanischen Gartenkamine schenken wollten. Aber bitte – je mehr Drängelei vor den Kassen, desto sicherer die Arbeitsplätze dahinter. Und wie immer im Dezember gingen ebenfalls diese künstlichen Christbäume weg wie nichts. Die Dinger sahen aber auch wirklich von Jahr zu Jahr echter aus, das musste man den Herstellern lassen. Bestimmt würde auch ihr Sohn auf seinem Schiff, da unten vor Jugoslawien, so ein Bäumchen haben, war sich

Monika Ritter sicher. Ein bisschen gemütliche Weihnachtsstimmung mit Lichterglanz und Geglitzer musste schon sein, unbedingt. Ach ja, der Junge. Was er wohl machte?

Zu Hause angekommen, fand sie im Briefkasten eine Überraschung. Zwischen den Werbeblättern und Rechnungen ein Weihnachtbrief. Der Absender – Steffen Behrens, ihr älterer Sohn. An den sie gerade eben gedacht hatte.

Wie schön, dass er sich wieder mal per Post meldete. Hatte er also nicht vergessen, dass sie sich über ein paar Zeilen von ihm immer besonders freute. Ach, der Junge, so weit weg. Ob's ihm gut geht, da auf seinem Schiff? Hat bestimmt ein bisschen Heimweh in diesen Tagen ...

Monika Ritter öffnete schnell den Umschlag und las die Weihnachtsgrüße von Steffen. Eine Karte zum Aufklappen hatte er ausgesucht, vorn ein Foto von der Fregatte KARLSRUHE, rundum Abenddämmerung und an Bord überall Lampen und Lichter. Der reinste schwimmende Weihnachtsbaum.

Monika Ritter schob beruhigt und auch ein wenig stolz die Karte zurück in den Umschlag. Es ist doch ein schönes Schiff, auf dem ihr Sohn da diente.

Jetzt wurde es Zeit für eine Tasse Kaffee. Hinsetzen, ein wenig ausspannen und dann überlegen, was für das Fest noch erledigt werden müsste. Und sie würde dem Jungen noch heute Abend antworten.

Da klingelte es, und an der Wohnungstür stand der evangelische Pfarrer. Was will denn der, ich bin doch katholisch, schoss es Monika Ritter durch den Kopf.

»Darf ich mal reinkommen?«, fragte der Geistliche mit leiser Stimme.

Kaum stand er im Zimmer bat er sie, sich zu setzen.

»Frau Ritter, es geht um Ihren Sohn bei der Marine.«

Monika Ritter durchlitt das schlimmste Weihnachtsfest ihres Lebens. Tage der Tränen und der Trauer. Unerträglich der

Gedanke für sie, ihren Sohn Steffen nie mehr umarmen, nie mehr sehen zu können. Und dann die vielen Sprüche, die zu hören bekam. Immer hieß es, der Steffen sei »in Erfüllung seiner Pflicht zur Friedenserhaltung gestorben«. Sie wollten Trost spenden und redeten doch nur so ein hochpolitisches abstraktes Zeug. Sogar der Priester.

Am 28. Dezember 1995 fand die Beisetzung von Maat Steffen Behrens statt. Über die genauen Umstände des Todes ihres Sohnes hatte seine Mutter bis dahin nichts erfahren. War der Junge sofort tot oder nur bewusstlos? Hatte er vor seinem Tod noch ein paar Worte sagen können?

Steffen Behrens starb 25-jährig beim Auslandseinsatz

Auf der Trauerfeier sprach sie den Kommandeur des Fregattengeschwaders an. Dieser vertröstete sie und bat sie inständig, sich zu gedulden, bis die Ermittlungen abgeschlossen seien.

Endlich, Mitte Februar 1996, erhielt Monika Ritter Antworten auf ihre drängenden Fragen. Der Kommandeur schrieb ihr einen ausführlichen Brief, in dem er den Hergang des Unglücks schilderte.

Zur Ruhe kam Monika Ritter trotzdem nicht.

Das Gutachten eines Sachverständigen sollte Jahre später ausführen, dass der Unfall hätte vermieden werden können, »wenn die eingesetzte Bootsablassvorrichtung mit einem hinteren Bootsseil gesichert worden wäre«. Dem Kommandanten der KARLSRUHE und dem Decksmeister wird fahrlässige Tötung vorgeworfen. Es kommt zum Prozess in Wilhelmshaven, dem Standort der Fregatte.

»Haken versagte«, so fasst die *Wilhelmshavener Zeitung* am 10. Mai die Erkenntnisse des Gerichts zusammen und widmet sich ausführlich dem Ablauf des Unglücks.

»Beim Aufschwimmen des Bootes hätte eigentlich der Automatikhaken der kurzen Seilverbindung zum Bootswagen auslösen müssen, tat er aber nicht. Der Bootsführer bemerkte dies nicht und gab seinem Mitfahrer den Befehl zum Loswerfen der Verbindungsleine zur Fregatte. Das entsetzte Rufen des an Deck stehenden 1. Offiziers ›Der Haken, der Haken!‹ kam zu spät. Kurz darauf drehte sich das Speedboot mit der Spitze vom Rumpf der mit fünf Knoten fahrenden Fregatte weg.

Weil noch am Haken des Bootswagens hängend, strömte Wasser seitlich gegen das Boot, ließ es um die Längsachse um 90 Grad kentern und drückte es mit dem hinteren Bereich gegen das Bootswagengestell.

Während sich der mitfahrende Obergefreite auf den Schlauchwulst des Bootes retten konnte, schaffte es der Maat nicht mehr, aus seinem engen Steuerstand zu kommen und wurde zwischen Bootssitz und Einsenteilen des Bootswagens mit großer Gewalt eingeklemmt.

Das Obduktionsergebnis lässt den Schluss zu, dass er sofort tot war.

Havarieausschuss und Befehlshaber der Flotte kamen im Frühjahr 1996 zu dem Ergebnis, dass ursächlich für das Unglück der Befehl zum Freigeben der Seefangleine vom Boot zur Fregatte nach dem Versagen des Automatikhakens gewesen sei. Der Befehlshaber schlug deshalb auch die Suche nach technischen Verbesserungen vor. Etwa ein halbes Jahr vor dem KARLSRUHE-Unglück hatte es auf der Fregatte KÖLN einen ähnlichen Vorfall gegeben, zum Glück ohne Folgen.

Im zunächst auf drei Tage angesetzten Prozess mit zahlreichen aus ganz Deutschland geladenen Zeugen stand als buchstäblicher Dreh- und Angelpunkt ein Drahtstropp zur Debatte, mit dem auch de Bootswagen nach hinten fixiert werden könnte. Er war aber nicht angebracht, sondern nur eine gleichartige Sicherungsbefestigung nach hinten.«

Den tödlichen Unfall hätte das nicht verhindern können. Darin sind sich verschiedene Zeugen, Gutachter und Technikexperten vor Gericht einig. – »Eine Sicherung achtern hätte bei von vorn anströmendem Wasser keine Funktion.«

Diese Feststellung ist nicht nur theoretische Behauptung. Im Sommer 1999 hatte die Marine mit der Fregatte KÖLN die Situation auf der KARLSRUHE nachgestellt. Alles wurde simuliert – die Fahrgeschwindigkeit, das Herablassen des (in diesem Fall unbemannten) Bootes, die lose vordere Leine. Und alles wurde auf Video und auf Fotografien festgehalten.

Das Ergebnis erstaunte auch die Untersuchungskommission der Marine. Die achtere, also die hintere Sicherungsleine, hatte keinen Einfluss auf den Unglücksverlauf. Entscheidend, so zitiert die Zeitung die Testergebnisse, sei vielmehr die Schiffsgeschwindigkeit.

»Bis zu drei Knoten Fahrt der Fregatte kam es in den Versuchsreihen zu keinem Kentern des Speedbootes, wohl aber bei fünf Knoten – immer unter der Prämisse, dass entgegen der Vorschrift die Leine von der Spitze des Bootes zur Fregatte gelöst wird, während der mittig angebrachte Stropp zum Bootswagen noch fest ist. Inzwischen ist übrigens wegen der Problematik die richtige Abfolge der Schritte durch eine technische Einrichtung zwanghaft vorgegeben.« Das wenigstens hat der Tod des jungen Soldaten Steffen Behrens bewirkt – die Deutsche Marine sah sich genötigt, die riskanten Manöverabläufe beim Absenken von Speedbooten auf See zu korrigieren, um sie sicherer zu machen.

Die Verteidigung des Kommandanten und des Decksmeisters der KARLSRUHE zeigt sich mit dem Freispruch ihrer Mandanten sehr zufrieden. Gegenüber der Presse lässt sie sich gar zu einer besonders bemerkenswerten Interpretation des tödlichen Unglücks hinreißen: »Die Unfallursache ist das Schicksal gewesen.«

Ein schicksalhafter Tod bei der Erfüllung einer Friedensmission? Monika Ritter will sich damit nicht abfinden. Ein paar Wochen lang denkt sie über einen erneuten Gang zum Gericht nach. Ob sie mit einem zivilrechtlichen Verfahren eine Chance hätte? Doch das kann sich hinziehen und wird einiges an Geld kosten. Geld, das sie nicht hat. Und was bringt das ganze? Ihr Steffen jedenfalls wird auch von einem neuerlichen Prozess nicht wieder lebendig.

Monika Ritter fehlt die Kraft, sich noch einmal mit der Justiz einzulassen. Sie ist psychisch am Ende. Die starke, resolute Frau braucht bis heute ihre tägliche Ration Tabletten, um über den Tag zu kommen.

Immer noch ist ihr Sohn ein gegenwärtiger Teil der Familie.

Geballte Fäuste auf der Kommandobrücke

Das Leben von Familie Scheffelmeier geht weiter, irgendwie. Die tägliche Arbeit taugt für Sammys Vater nur wenig als Ablenkung. Es ist seine Seele, die Kopf und Körper keine Ruhe gönnt. Nach der Firma eilt Scheffelmeier nach Hause, zur zweiten Schicht am Schreibtisch. Er kann sich gar nicht schnell genug an den Computer stürzen, um seinen Groll in Worte zu fassen und diese dann täglich in neue Rundumschreiben zu stopfen. Wolfgang Scheffelmeier plant die nächsten Schritte. Seit der Einstellung des Verfahrens im August gönnt er sich kaum eine Pause. Am liebsten würde er alle Journalisten zu einer großen Pressekonferenz antreten lassen. Scheffelmeier glaubt an die Unbestechlichkeit der Presse und der Medien.

Wenn der Staat dank der ihn vertretenden Staatsanwaltschaft allem Anschein nach die Probleme bei der Marine deckelt und jegliche Suche nach der Wahrheit torpediert, dann müssen die Journalisten ran. Dann müssen die Medien Schützenhilfe geben, damit er endlich dieses Dreigestirn von Militär, Justiz und Politik zu greifen kriegt. Er weiß – bei denen dort oben ist er längst berüchtigt. Sie kennen ihn, aber sie sollen ihn noch besser kennen lernen.

Es muss neue Bewegung in die Sache kommen. Zum Glück ist die schlimmste Phase daheim überstanden. Wochenlang hatten er und seine Frau kaum miteinander gesprochen. Was auch hätte Scheffelmeier ihr sagen sollen? Dass er sich an manchen Tagen selbst so unendlich hilflos vorkommt? Dass er weniger denn je weiß, ob die Mauern der sie umgebenden

Bürokratie aus flauschiger Watte bestehen, die alles lautlos wegschluckt oder aus meterdickem Gummi, der alles locker abprallen lässt? Über Hoffnung will er mit seiner Frau erst reden, wenn er selbst welche hat.

Monatelang ist Ingrid Scheffelmeier krank. Schweigend und in sich gekehrt absolviert sie ihre Wege zu den Ärzten, zu Sammys Grab und wieder nach Hause. Nur dank einer beachtlichen Dosis an Medikamenten hat sie sich wieder aufgerappelt. Die stets einsatzbereite, engagierte Altenpflegerin braucht nunmehr selber Hilfe und Unterstützung.

Und Salome? Die Tochter wohnt außerhalb und lässt sich nur selten blicken. Sie behält ihren Kummer für sich. Oder trifft sich mit Sammys Freundin.

Rebecca schaut oft vorbei. Manchmal liest sie sich die Protestbriefe von Vater Scheffelmeier durch, steht ebenfalls Journalisten Rede und Antwort und spricht mit der Mutter. Das Haus in Cappel ist ganz selbstverständlich auch ihr Zuhause.

Mit Rechtsanwalt Wüller hat Scheffelmeier alle denkbaren Varianten hin und her gewendet. Einig sind sie sich, dass die Entscheidung der Staatsanwaltschaft nicht der juristische Schlussstrich sein darf. Aussicht auf Erfolg verspricht nur ein Weg – Anwalt Wüller muss ein Klageerzwingungsverfahren anstrengen. Eine andere Möglichkeit, die Einstellung des Verfahrens gerichtlich prüfen zu lassen, gibt es nicht.

Leicht gesagt. So ein Verfahren ist nicht ohne Risiko zu haben. Sollten sie scheitern, hat Scheffelmeier für die Kosten aufzukommen. Wiederholt erläutert Wüller seinem Mandanten das Für und Wider, bittet ihn, alles abzuwägen. Eigentlich kann sich der Anwalt seine Warnungen sparen. Sollte es auch nur den Hauch einer Chance geben – Scheffelmeier würde sie bedingungslos nutzen wollen. Alles andere wäre für ihn inakzeptabel. Also gehen beide ihre Vorgehensweise noch einmal durch. Sie sind sich einig. Jetzt muss Scheffelmeier alles mit seiner Frau besprechen. Ein Alleingang – und sei er noch so gut gemeint – verbietet sich. Denn nun geht es auch finanziell ans Eingemachte. Alles oder nichts – rund einhunderttausend Euro stehen auf dem Spiel, Haus, Hof und die Zukunft der Töchter Sarah und Salome. Entweder – oder. Gewinnen und Recht bekommen oder am Ende den Boden unter den Füßen verlieren. Nichts dazwischen.

Das Streben nach Gerechtigkeit für ihren toten Sohn kann sie teuer zu stehen kommen, weil der Rechtsstaat nicht daran denkt, seine Rechte gratis feil zu bieten. Er bittet zur Kasse. Eine Klageerzwingung ist juristische Bückware. Viele haben davon gehört und preisen diese Möglichkeiten in höchsten Tönen, aber nur wenige hatten das Glück, wirklich in den Genuss eines gewonnenen Verfahrens zu gelangen. Wolfgang und Ingrid Scheffelmeier schreckt das nicht ab, sie wollen es wissen. Sie leisten sich eine Hoffnung auf Gerechtigkeit. Und ihr Haus muss dafür als Sicherheit herhalten.

Der erste Schritt, die Gegenseite zu zwingen ist getan, als Scheffelmeier durch seinen Anwalt Beschwerde gegen die Einstellung des Verfahrens einlegt. Postwendend erteilt die Generalstaatsanwaltschaft ihm eine schallende Ohrfeige – da sei nichts zu beanstanden, die Beschwerde wird zurückgewiesen. Aber Scheffelmeier lässt sich nicht so einfach zurück-, geschweige denn zurechtweisen. Der trotzige zweite Schritt folgt im Dezember 2002 mit dem Antrag auf Klageerzwingung beim Oberlandesgericht Oldenburg.

Wieder passiert zunächst nichts. Nachfragen bei Anwalt Wüller sind so zwecklos wie Anrufe in Oldenburg. Das Warten macht Scheffelmeier mürbe, von Tag zu Tag brodelt es mehr in ihm.

Er hört sich bei Journalisten um, die wissen auch nichts. Wieder fühlt sich Scheffelmeier mies und reagiert sich dort ab, wo ihm das am besten gelingt – im Arbeitszimmer. Noch einmal

Sammys Freundin Rebecca

wird Marineinspekteur Hans Lüssow aufs Korn genommen. Scheffelmeier hat erfahren, dass der oberste Chef der Marine seinen Ruhestand antreten will und ist darüber sehr ergrimmt. Klammheimliches Verdrücken, eine Frechheit! Vor gut einem Jahr wusste der Zivilist Wolfgang Scheffelmeier nicht einmal, dass es Dienststellungen wie die eines Inspekteurs gibt. Jetzt sieht er in Militärs wie Lüssow seinen persönlichen Feind. Bei der Verabschiedung in den Ruhestand feuert er ihm herbe Vorwürfe hinterher. Er, der Vizeadmiral und andere Offiziere hätten nach dem Tod seines Sohnes nur gelogen und vertuscht.

»Dass Ihr meinem Jungen die Schuld zuschiebt – dazu muss man menschlich ganz schön verkommen sein.« Es ist kein Brief, den Wolfgang Scheffelmeier aufsetzt, er lässt Dampf ab. Er schimpft und flucht und tobt sich aus – er ist verzweifelt.

Eine Woche danach ist Scheffelmeier obenauf. Am 24. Februar 2003, fast ein Jahr nach Sammys Tod, wird ihm und seiner Frau erstmals Genugtuung zuteil, wenn auch nur ein Quäntchen. Das Oberlandesgericht Oldenburg beschließt,

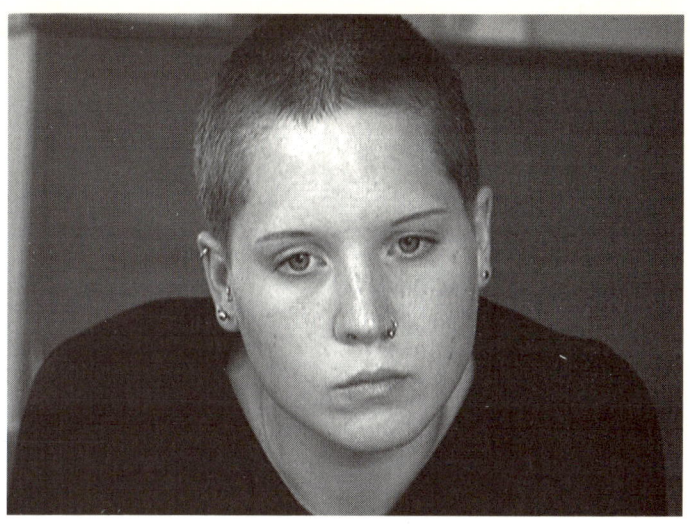

Salome Scheffelmeier, Sammys Schwester

weitere Ermittlungen aufzunehmen. Die Nachricht versetzt Scheffelmeier in einen Zustand lange entbehrter Zufriedenheit. Er hat für Sammy einen Etappensieg erkämpft. In die Sache sei Bewegung gekommen, meint er befriedigt.

Unerwartete Ermutigung empfängt Scheffelmeier auch noch aus einem anderen Grunde. Eine Abordnung der Marine ist nach Cappel gereist und vor dem Grab von Sammy angetreten. Fregattenkapitän Thorsten Kähler, der Kommandeur des 6. Fregattengeschwaders, der Erste Offizier der MECKLENBURG-VORPOMMERN, Korvettenkapitän André Dirks und eine Gruppe Soldaten wollen im Auftrag der Schiffsbesatzung einen Kranz am ersten Todestag niederlegen. Es ist ein schwerer Gang für sie, und Scheffelmeier verspürt auch nicht die geringste Lust, ihn zu erleichtern. Er lehnt es ab, zusammen mit der Marinedelegation am Grab zu trauern. Wozu Gemeinsamkeit demonstrieren, wenn es keine gibt?

Es regnet in Strömen, und die Männer stehen ein wenig verloren auf dem Friedhof. Ein kurzes Salutieren, danach legen

Dirks und Kähler den großen Kranz mit den vielen Blumen und der schwarz-rot-goldenen Schleife auf das Grab. Einige Fotoapparate klicken – Journalisten sind ebenfalls gekommen, um das Gedenken zu beobachten und um Fragen zu stellen.

Den beiden Offizieren ist anzusehen, dass ihnen der Tod zweier Marinesoldaten vor einem Jahr immer noch nahe geht. „Herr Scheffelmeier will Gerechtigkeit und das würde ich an seiner Stelle auch wollen. Aber Gerechtigkeit kann nicht die Marine geben – das können nur die Gerichte«, meint Kähler gegenüber einer Zeitung. Die Marine habe alle Unterlagen weitergegeben, sagt er weiter, damit es zu einer rückhaltlosen Aufklärung komme.

Weil Wolfgang Scheffelmeier Dirks und Kähler wegen ihrer Aufrichtigkeit und ihres geäußerten Mitgefühls schätzt, hat er sie zu einem kurzen Besuch eingeladen. Natürlich – er ist neugierig, und wer weiß, wann er das nächste Mal die

Schweigendes Gedenken ein Jahr nach dem Unglück

Gelegenheit hat, ehemalige Vorgesetzte seines Sohnes zu sprechen. Doch eigentlich will er nur eine einzige Frage loswerden: »Herr Kähler, sagen Sie mir bitte – was hat mein Sohn falsch gemacht?«

Die Antwort von Fregattenkapitän Thorsten Kähler ist ebenso klar und eindeutig: »Gar nichts, Herr Scheffelmeier. Ihr Sohn Samuel hat nichts falsch gemacht.«

»Warum haben Sie Herrn M., den Kommandanten, nicht von der Brücke gejagt und selbst das Rettungsmanöver in die Hand genommen?«

Korvettenkapitän Dirks stand ein Jahr zuvor gemeinsam mit M. auf der Brücke. Er muss nicht lange überlegen: »Das tut man nicht. Das wäre Meuterei gewesen.«

Die schweren Mühlen der Justiz drehen sich in diesem Fall nur zögerlich und mit ächzendem Widerwillen. Wolfgang Scheffelmeier muss sich weitere Monate in Geduld üben. Kleinere Scharmützel am Rande sorgen für Abwechslung, hier ein bisschen Kräftemessen der Anwälte, dort ein kleines Spiel auf der Klaviatur der Paragrafen. Wer hat's besser drauf? Wer kann den Kontrahenten vielleicht schon im Vorfeld zum Stolpern bringen? Carsten Grau, der Anwalt von Fregattenkommandant Frank M., läuft sich warm. Er stellt den Antrag, der Gegenseite jede weitere Akteneinsicht zu versagen.

Das Oberlandesgericht Oldenburg lehnt dieses Ansinnen prompt ab.

Anwalt Grau ficht das nicht an. Er stichelt unverdrossen weiter und fordert, bei der anstehenden Vernehmung seines Mandanten vor Gericht Scheffelmeiers Anwalt das Fragerecht zu verweigern.

Wieder abgelehnt, noch ein Dämpfer.

Aber man zeigt sich weder irritiert noch zieht man sich schmollend zurück. Von wegen – gegen Wolfgang Scheffelmeier wird Strafanzeige erstattet. Er soll sich mit verschiedenen Delikten gemäß Paragraf 185ff. schuldig gemacht haben.

Scheffelmeier muss erst nachlesen, was Fregattenkommandant M. und sein gewiefter Anwalt ihm da vorwerfen. Es geht um Beleidigung, üble Nachrede, Verleumdung.

Aha, da ist es endlich, das Echo auf seine monatelange offensive Öffentlichkeitsarbeit. Haben sie all seine Proteste, Erklärungen und wutentbrannten Anschuldigungen in den Zeitungsinterviews und Artikeln also doch gelesen.

Besonders auf seinen letzten Auftritt ist Scheffelmeier stolz. Günter Jauch hatte in seine Sendung *stern-TV* geladen, so weit schaffen es nur wenige. Gemeinsam mit zwei ehemaligen Marine-Kameraden von Sammy, mit Mark Milla und Alexander Zeglin, berichtete er bei *RTL* über die Pannenserie bei der Rettungsaktion und das Versagen des Kommandanten. Die Jungs beteuerten, dass sie zur Rettung der Gekenterten bereit waren. »Aber wir durften nicht, weil wir den Befehl nicht erhalten hatten«, sagte Mark Milla.

Scheffelmeier redete nicht um den heißen Brei herum, sondern nannte die Dinge beim Namen. »Wenn ich's genau nehme, eigentlich, die haben ihn einfach verrecken lassen ... Auch hier bei der Bundesmarine, denen ist das irgendwie scheißegal, wenn da einer über den Jordan geht. Das war kein Unglücksfall, kein Unglück, sondern durch die Entscheidung des Kapitäns, kein Boot auszusetzen, hat er gleichzeitig die Entscheidung getroffen: Sammy, du musst jetzt sterben.«

Das so zu sagen war nicht Meinungsfreiheit, sondern die simple Wahrheit. Genauso war es doch, oder etwa nicht? Günter Jauch hatte ihm vor Beginn der Sendung sogar den Rücken gestärkt und gesagt, wie sehr er von Sammys Schicksal berührt sei. Er und seine Redaktion würden an dem Fall weiter dranbleiben wollen. Dumm wäre er gewesen, saudumm und ein Versager, die einmalige Chance dieser Fernsehsendung nicht zu nutzen. Sechs kostbare Sendeminuten durften nicht mit seichtem Geschwafel verschenkt werden. Hinterher erfuhr er, dass fast zwei Millionen Zuschauer seinen Auftritt gesehen haben sollen. Und das 23.30 Uhr!

Fregattenkapitän Frank M. und sein Anwalt hatten ebenfalls zugeschaut. Günter Jauch hätte auch M. gern im Fernsehstudio gehabt. Ein »Konfliktgespräch« mit Scheffelmeier wäre nicht schlecht gewesen. Solches Ansinnen musste sein Mandant selbstverständlich ablehnen, erklärt Rechtsanwalt Carsten Grau später. Herr M. verhalte sich damit nur gemäß des Soldatengesetzes. Mit einem Fernsehauftritt hätte er gegen die Gehorsams- und Treuepflicht verstoßen und sich strafbar gemacht. Hätte er das wirklich?

In § 11 des Soldatengesetzes sind Einzelheiten zum »Gehorsam« geregelt. Kernsaussage: »Der Soldat muss seinen Vorgesetzten gehorchen. Er hat ihre Befehle nach besten Kräften vollständig, gewissenhaft und unverzüglich auszuführen. Ungehorsam liegt nicht vor, wenn ein Befehl nicht befolgt wird, der die Menschenwürde verletzt oder der nicht zu dienstlichen Zwecken erteilt worden ist.« Es ist demnach kaum anzunehmen, dass sich Frank M. mit einer Visite bei *stern-TV* strafbar gemacht hätte. Es sei denn, es hätte einen ausdrücklichen Befehl an ihn gegeben, sich dort auf keinen Fall blicken zu lassen.

Nach der Sendung erhält Scheffelmeier viele Briefe von Zuschauern. Ein Arzt aus Bad Salzuflen unweit von Cappel schrieb: »Der offensichtliche Vertuschungsversuch der Bundeswehr erfüllt uns mit Abscheu.« Diese Leute hatten ihn, meint Scheffelemeier, verstanden, die anderen würden ihn dafür gern bestrafen. Deshalb kann Scheffelmeier seine deftigen Sätze nun in der Strafanzeige nachlesen. Die korrekt wiedergegebenen Zitate und eine beigelegte Videokassette mit einer Kopie der Sendung sollen belegen, dass er Frank M. »in seiner Ehre als

Mehr als zwei Millionen Zuschauer verfolgten den Auftritt Scheffelmeiers. Ausriss aus der Lippischen Rundschau

Marineoffizier herabwürdigt« und seine »personale Menschenwürde« angegriffen habe.

Ein klarer Straftatbestand – was sonst? Irrtum.

Wiederum treffen Anwalt Grau und sein Mandant mit ihrem Ansinnen bei Justitia auf keine Gegenliebe.

Ehre und Menschenwürde. Neuerdings, wenn Scheffelmeier diese hehren Worte hört und liest, drängt es ihn, verächtlich auszuspeien. Ehre und Menschenwürde – warum werden sie seinem Sohn nicht zugestanden?

Immerhin, die bisherigen Entscheidungen des Oberlandesgerichts Oldenburg machen ihm und seinem Anwalt Wüller Mut, lassen sie sogar ein wenig frohlocken. Die Störmanöver von Frank M. und der Generalstaatsanwaltschaft wurden elegant abgewehrt. Die können rumtricksen wie sie wollen, er würde sich nie und nimmer mundtot machen lassen. Und insgeheim erweitert Wolfgang Scheffelmeier die Liste seiner Verbündeten um einen Namen – Rolf Otterbein, Vorsitzender Richter am Oberlandesgericht Oldenburg. Das ist doch mal ein Mann in der Robe, der sich nicht einschüchtern lässt.
Am 14. Juli 2003 beginnt die juristische Aufklärung des Unfalltodes der Marinesoldaten Paul und Scheffelmeier vor dem 2. Strafsenat des Oberlandesgerichts Oldenburg. Richter Otterbein hat zu einer nichtöffentlichen Sitzung geladen. Dem Kommandanten der Fregatte MECKLENBURG-VORPOMMERN und seinem Anwalt gefällt der Termin überhaupt nicht. Wer wird schon gern als Beschuldigter vernommen?

Vor Gericht schildert Fregattenkapitän Frank M. den Ablauf des Unfalls vom 6. März des Vorjahres. Er berichtet, wie ihm das Kentern des Beibootes gemeldet und auf der benachbarten CUMBERLAND durch acht Typhontöne das Mann-über-Bord-Manöver ausgelöst wurde. Diese Alarmklingel »konnte auch bei uns an Bord gehört werden«. Ob die deutschen Marinesoldaten das Notsignal des Nachbarschiffes bei Wind und Wetter und all dem Lärm an Bord tatsächlich wahrgenommen haben, darüber darf spekuliert werden.

Die Führung der Rettungsaktion, betont Fregattenkapitän M., habe die CUMBERLAND gehabt. Er und seine Besatzung hatten sich den Briten unterzuordnen

Ausführlich spricht er über das Motorrettungsboot. Aus seiner Sicht gab es für sein Schiff keine Position, »in der ich die Geschwindigkeit auf eine für das Aussetzen des Motorrettungsbootes erforderliche Geschwindigkeit reduzieren konnte«. Außerdem sei dieses Rettungsboot »nur mit erheblicher Gefährdung für die Bootsbesatzung« einsetzbar gewesen. Er selbst habe die Manövriereigenschaften einmal testen können. Aber schon bei Wellenhöhen von über einem Meter ließ sich das Boot nicht mehr richtig steuern. Andere Kommandanten hätten gleiche Erfahrungen gemacht. Deshalb habe er nie den Befehl erteilt, das Boot auszusetzen.

Die Fragen des Gerichts werden von Frank M. präzise beantwortet. Ungläubiges Erstaunen ruft sein Hinweis auf den Dauerausfall der bordeigenen Lautsprecheranlage hervor.

Richtig spannend wird es, als der Fregattenkapitän versucht, die ministerielle Ausnahmegenehmigung vom 7. November 2001 zu interpretieren, nach der das Kriegsschiff auch ohne intakte Aussetzvorrichtung für das Motorrettungsboot am Seeverkehr teilnehmen darf: »Diese Bestimmung haben sowohl ich als auch die übrigen Kommandanten und auch die Geschwaderführung so verstanden, dass das Boot technisch gewartet ist und wie in der Technischen Dienstvorschrift beschrieben einsetzbar ist.«

Sieben Stunden lang steht Fregattenkapitän Frank M. vor Gericht Rede und Antwort. Der Sache angemessen wird auch die Generalstaatsanwaltschaft eingeladen, um ihrerseits Fragen an den Beschuldigten zu richten. Sie zieht es jedoch vor, den Termin auf eigene Art zu würdigen, indem sie durch Abwesenheit glänzt.

Das Beispiel macht Schule.

Wenige Tage nach der ersten Vernehmung lässt Frank M. über seinen Anwalt mitteilen, »einstweilen keine weiteren Aussagen zur Sache machen« zu wollen. Man bevorzugt es, abzuwarten und aus sicherer Deckung heraus den Fortgang des Geschehens zu beobachten. Damit ist der zweite Termin, an dem die Vernehmung des Kommandanten fortgesetzt werden sollte, geplatzt.

Frank M. wird auch alle künftigen Gerichtstermine meiden. Aussitzen – dieses Kanzler-Kohl-Prinzip scheint auch hier Erfolg zu versprechen.

Als Wolfgang Scheffelmeier Tage später das Protokoll der Fragen und Antworten liest, gibt er seine Interpretation der Vorschriften, Bestimmungen und Genehmigungen der Marine zum Besten. Da hängt ein schnittiges Stück Rettungstechnik mit allem Pipapo am Schiff. Aber niemand komme dem Teil bitte zu nahe und schon gar nicht bei Wind, Wetter und im Notfall.

Scheffelmeiers Anwalt sieht sich genötigt, dem Oberlandesgericht sein Befremden mitzuteilen. Er habe den Eindruck, dass sich Frank M. und das Verteidigungsministerium »gegenseitig den Schwarzen Peter zuschieben wollen«.

Die Kernfrage bleibt: Was ist denn nun mit dem Motorrettungsboot? War es einsatzfähig oder nicht?

Was für eine Frage. Das Motorrettungsboot hätte unbedingt zu Wasser gelassen werden müssen. Darauf besteht der Erste Offizier der MECKLENBURG-VORPOMMERN, Korvettenkapitän André Dirks, 39 Jahre alt, in seiner Vernehmung. Er selbst kenne sich mit dem Boot seit Jahren aus, habe es selbst gefahren. Die angesprochenen Probleme mit der Steuerung bei höherem Wellengang könne er nicht bestätigen, die Einschätzung des Kommandanten teile er nicht.

Anhand einer Skizze versucht Dirks das Geschehen vom 6. März 2002 zu rekonstruieren. Er beschreibt wie die Fregatte sich einem der im Wasser treibenden Soldaten näherte. Als Erster Offizier stand er mit auf der Brücke, neben dem Kommandanten. Dirks konnte dessen Tatenlosigkeit nicht länger ertragen: »Herr Kapitän, ich empfehle jetzt dringend das Motorrettungsboot auszubringen!« Alle seien in dem Augenblick sehr erregt gewesen, erinnert sich Dirks. »Und ich meine, dass in dieser Situation meine dringende Botschaft auch so rüber gekommen ist. Herr M. schaute mich an. An seine genauen Worte erinnere ich mich heute nicht mehr. Er wollte jedoch auf den angekündigten Hubschrauber warten.« Der sei aber noch gar nicht zu hören gewesen.

Es verrinnt wertvolle Zeit. M. lässt das Rettungsboot ungenutzt an Deck hängen. Von der Brücke aus schauen die Offiziere zu wie sich die Besatzung des Hubschraubers müht, den gekenterten Soldaten aufzunehmen. Dirks schätzt, das habe »bis zu zwölf Minuten« gedauert. Der Mann im Wasser sei als Obergefreiter Scheffelmeier identifiziert worden. Aber als man das feststellte, war er fast schon tot.

Auch Korvettenkapitän Dirks gibt seine Aussagen ruhig und sachlich zu Protokoll. Dennoch lässt er durchblicken, dass der Ablauf des Rettungsmanövers ihm nach wie vor unbegreiflich ist. Warum gab es keinen richtigen Alarm an Bord?

»Beim Aufrufen der Rolle ›Mann-über-Bord!‹ wird ein Klingelzeichen ausgelöst, das im gesamten Schiff zuhören ist. Das bringt zusätzlich Adrenalin ins Blut. Bei so einem Manöver sind wir darauf gedrillt, dass sich nach ca. sieben Minuten der Mann nicht mehr im Wasser, sondern bei uns im Rettungsboot befindet. Auf der MECKLENBURG-VORPOMMERN waren wir ebenfalls in der Lage, diese Zeit einzuhalten.«

Alle an Bord warteten vergebens auf dieses Signal. Deshalb habe auch so ein Missmut unter den Soldaten geherrscht, weil jeder gewusst habe, wo er jetzt eigentlich zu sein hätte.

Die von Marineoffizier Dirks geschilderten Zustände auf dem Schiff führten zu einer dramatischen Orientierungslosigkeit. Im Motorrettungsboot sitzen Soldaten, bereit zum Einsatz. Sie werden zurück gepfiffen. Trainiert auf Rettungszeiten von sieben Minuten sind sie per Befehl zum Nichtstun verdammt und müssen hilflos mit ansehen, wie der Hubschrauber nach zwölf Minuten nur noch einen toten Kameraden bergen kann.

Andreas Krug, 33 Jahre alt und 2. Schiffseinsatzoffizier, lobt vor Gericht zunächst das Verhalten von Samuel Scheffelmeier auf dem Schiff. Er sei »eine sehr offene und stets fröhlich gestimmte Persönlichkeit« gewesen, Samuel habe »immer sehr gute Leistungen gezeigt. Er war einer meiner besten Soldaten. In dienstlichen Dingen war er immer sehr korrekt und bot keinerlei Anlass zu Beanstandungen.«

Dann kreisen die Fragen um das Motorrettungsboot. Kapitänleutnant Krug erinnert sich, dass die CUMBERLAND dieses Boot zur Hilfe angefordert habe, es sollte in »Stand by« bereit sein. Das habe er dem Kommandanten auch gemeldet.

Für Stabskapitänleutnant Frank Kluwe, den 49-jährigen Navigationsoffizier, sei die Situation völlig klar gewesen. Er habe selbstverständlich den Befehl zum Aussetzen des Rettungsbootes erwartet und habe dem Kommandanten auch mitgeteilt, dass »die Lee-Position günstig sei. Der Kommandant gab jedoch keinen Befehl zum Aussetzen.«

Frank Kluwe hatte bereits im Mai 2002 vor dem Havarieausschuss der Marine kein Blatt vor den Mund genommen. Er bat damals extra um eine zweite Anhörung, denn er wollte »nochmals zweifelsfrei feststellen, dass es seiner festen Überzeugung nach drei Situationen gab, wo das MRB hätte ausgesetzt werden können«. Exakt beschrieben und nachzulesen ist das in den Unterlagen des Havarieausschusses. Archiviert als Verschlusssache – Nur für den Dienstgebrauch! Zweimal habe er dem Kommandanten Frank M. die Empfehlung zum Aussetzen des Rettungsbootes gegeben. Vergeblich, sein oberster Vorgesetzter auf dem Schiff erteilte keinen Befehl dazu.

Jetzt, über ein Jahr nach der Aussage vor dem Havarieausschuss, wiederholt Kluwe vor Gericht den Ablauf der Ereignisse und berichtet über die äußerst angespannte Lage auf der Kommandobrücke. Unterstützung habe er, Kluwe, vom Ersten Offizier erhalten. Dirks habe sinngemäß gesagt: »Herr

Kapitän, bringen Sie das Boot aus! Diese Empfehlung hat er in einer relativ scharfen Form vorgetragen. Der 1. Offizier hat lauter gesprochen, er hat auch nicht gesagt, dass er dies empfehle, wie es sonst üblich ist, sondern es mehr in einer Art Forderung rüber gebracht. Er unterstrich dies noch durch eine eindeutige Geste. Er stand mit geballten Fäusten vor dem Kommandanten. Nach meiner Erinnerung hat der Kapitän wiederum keine Begründung gegeben, das Motorrettungsboot nicht auszusetzen.«

Richter Otterbein macht erkennbar Ernst mit seinen Ermittlungen. Die Aktenordner beginnen sich zu füllen. Experten-Gutachten sollen helfen, eine Antwort auf die Frage zu finden, wie es zum Unfalltod zweier Soldaten auf der Ostsee kommen konnte. Die zusammengetragenen Erkenntnisse fallen sowohl für die Marineführung und das Verteidigungsministerium als auch für den Kommandanten der MECKLENBURG-VORPOMMERN ernüchternd aus.

Ein weiteres Mal wird die Seetauglichkeit des Motorrettungsbootes untersucht. Zwar sei die Ostsee zum Zeitpunkt des Unfalls sehr bewegt gewesen, doch nach einer Kursänderung hätten die Wellen auf der Leeseite der Fregatte nicht mehr als einen halben Meter Höhe gehabt. Da hätte das Boot gemäß der Dienstvorschrift »sicher ausgebracht« werden können. Zu diesem Schluss kommt die bekannte Hamburgische Schiffbau-Versuchsanstalt. Aber: Außerhalb des Leebereichs, auf den höheren Wellen, hätte auch ein erfahrener Rudergänger den Kurs nur unter größten Anstrengungen halten können. Ebenfalls nicht ungefährlich wäre das Einholen des Rettungsbootes unter den herrschenden Bedingungen gewesen. Abschließend erlauben sich die Gutachter das Augenmerk auf ganz andere Mängel zu lenken: »Als größtes Manko bei diesem Unglück ist das wegen des nicht einsetzbaren Kranes nicht eingesetzte Speedboot anzusehen, wenn man von der hier nicht zur

Debatte stehenden unzureichenden Schutzausrüstung der Soldaten absieht.«

Sprachlich etwas holprig, doch in der Sache klar geht diese herbe Kritik an die Adresse der Marineführung. Es ist die indirekte Aufforderung, dass man den fragwürdigen Zustand anderer Rettungsmittel auf keinen Fall ignorieren sollte.

Als Nautischer Sachverständiger wird Kapitän Johannes Peter Ebel aus Leer um eine Stellungnahme zum Unfall gebeten. Heraus kommt eine kritische Bewertung des Verhaltens des Schiffskommandanten. Unverständlich ist auch diesem Gutachter, warum kein Mann-über-Bord-Alarm ausgelöst wurde.

Wenn die Wellen nicht höher als eineinhalb Meter hoch gewesen wären, hätte das Motorrettungsboot von den Soldaten in nur zwei Minuten ausgesetzt werden können und nur wenige Minuten später wären sie bei den Verunglückten gewesen, meint Ebel. Und wie die geschwächten Männer dann bei der schweren See an Bord der Fregatte hoch hieven? Mit Hilfe von Rettungsgalgen und Kletternetzen und falls nötig auch mit Rettungsschwimmern. Dafür sind Ausrüstung und Hilfskräfte schließlich da.

In der Bewertung von Wind und Seegang hält sich Gutachter Ebel mit einer endgültigen Einschätzung zurück. Zu ungenau und widersprüchlich sind die ihm vorliegenden Informationen. So bleibt unklar, ob die Wellen wirklich über der für das Motorrettungsboot problematischen Höhe von 1,50 Meter lagen. Bei solchem Seegang beginnt für den Kommandanten das hochgradig rutschige Feld des eigenen Entscheidungsspielraums.

Denn von nun an, erinnert der Gutachter, müsste er die Ausnahmeregelung konsequent befolgen: »Also bei leicht bewegter See das Fahrzeug bereits aus dem Seeverkehr ziehen und einen Hafen anlaufen. Die strikte Befolgung der Ausnahmeregelung bedeutet auch, dass die MECKLENBURG-VOR-

POMMERN die Häfen des Nord- und Ostseegebietes allenfalls dann verlassen darf, wenn nicht mehr als Windstärke 4 auf der bevorstehenden Seereise angetroffen werden.«

Was die günstigste nautische Position für ein Rettungsmanöver angehe – die habe klar die MECKLENBURG-VORPOMMERN gehabt. Das heißt, die CUMBERLAND hätte bei realistischer Einschätzung das Kommando in dieser Lage sofort an das deutsche Schiff übertragen müssen. Was sie nicht tat. Nach Einschätzung von Kapitän Ebel tragen also alle Beteiligten, deutsche und britische Offiziere, die Verantwortung für das Fiasko auf der Ostsee.

»Strong Resolve« – diese Bezeichnung hatten sich die NATO-Militärs für ihr Kriegsspiel ausgedacht. Als es drauf ankam, hatte sich die »Feste Entschlossenheit« in kürzester Zeit in ein hilfloses Versagen verwandelt.

Richter Rolf Otterbein ist ein Hüter des Gesetzes ganz nach Scheffelmeiers Geschmack. Er scheut sich auch nicht, die an der Aktion beteiligten britischen Offiziere vorzuladen. Die Herren aus dem Vereinigten Königreich seien zwar durchaus bereit, sich von einem deutschen Gericht zu dem unerfreulichen Geschehen befragen zu lassen. Doch andere als ihre schriftlich beigefügten Antworten könnten sie auch in Deutschland nicht geben. Die müssten also ausreichen. Und so kommt statt ihrer selbst Post vom königlichen Militärattaché aus Berlin. Immerhin.

Besonders eine Aussage dürfte die Beachtung von Richter Otterbein gefunden haben. Der ehemalige Schiffsoperationsoffizier der CUMBERLAND, Lieutenant Commander R. J. Harcourt, schreibt: »Nachdem ich den Anruf von der MECKLENBURG-VORPOMMERN über Kanal 16 erhalten hatte, ging ich zum Brückennock, um den Ersten Offizier über das Angebot zu informieren, ihr Rettungsboot zu benutzen. Soweit ich mich nach bestem Wissen und Gewissen erinnern kann, habe ich der MECKLENBURG-VORPOMMERN geantwortet und sie gebeten, ihr Rettungsboot zu Wasser zu lassen, sobald es einsatzbereit ist.« Warum das Boot dann doch nicht eingesetzt wurde, wisse er nicht. Er könne nur vermuten, dass es an Bord der deutschen Fregatte zu einer »Verzögerung oder Fehlfunktion beim Fertigmachen des Rettungsbootes kam«.

Punkt für Punkt arbeitet Richter Otterbein seine Rechercheliste ab. Auch seine Anfragen an das Verteidigungsministerium werden beantwortet. Mit einiger Verzögerung zwar, die man zu entschuldigen bittet. Die Vertreter der hohen Politik wollen nun mal nicht sofort mit der Sprache rausrücken. Aber Otterbein lässt sich weder abwimmeln noch hinhalten, er will dorthin, wo es richtig wehtut, in die Innereien der Marine. Sein höchstrichterlicher Wissensdurst wird denn auch gestillt. So antwortet das Referat Fü M III 2 des Bundesverteidigungsministeriums auf eine entsprechende Anfrage: »16.01 Uhr war das MRB vollständig besetzt und hätte ausgesetzt werden können.«

Das ist deutlich. Da scheint jemand die Hand von der Schreibtischplatte genommen zu haben, um mit ausgestrecktem Finger auf den wirklichen und einzigen Schuldigen zu zeigen, auf den Schiffskommandanten, Fregattenkapitän M. Der da hat versagt und wir wissen sogar, wann das war: um 16 Uhr und eine Minute. In einem anderen Schreiben bestätigt man in knappen Worten den peinlichen Zustand wichtiger Rettungsmittel an Bord. Noch einmal erfährt der Richter – diesmal aus erster Hand – dass sich die Motorrettungsboote für Boardingeinsätze als gänzlich ungeeignet erwiesen haben, eines vonzweien auf jeder Fregatte deshalb gegen ein schnelles Speedboot ausgetauscht wurde. Bei dem dann aber leider der Bootsaussetz- und Ladekran nichts taugt. Und genau wegen dieses störanfälligen Kranes sei die fragliche Ausnahmegenehmigung nötig gewesen. Der Fregatte sei eine Teilnahme am Seeverkehr aber nur mit einer ausdrücklichen Auflage erlaubt worden – das Motorrettungsboot müsse als »verbliebenes vollwertiges Rettungsboot uneingeschränkt einsatzbereit sein«.

Richter Otterbein müht sich, in die Gedankengänge von Ministeriumsoffizieren zu kriechen. Deren Logik begreife wer will. Da gibt es ein kleines Boot, das in spannungsreichen Seegebieten Marinesoldaten zu verdächtigen ausländischen Handelsschiffen bringen soll, damit die an Bord die Ladung kontrollieren können. Guter Plan, leider unrealistisch, weil das Boot für diesen Zweck nichts taugt. Aber keine Panik – vollkommen unnütz ist das schwimmende Kleinod nun auch wieder nicht. Als Rettungsboot ist es allemal geeignet. Und – wer hätte das gedacht – den Vorschriften entspricht es auch. Somit darf der Fregatte guten Gewissens der Freifahrtsschein für alle sieben Meere ausgestellt werden.

Die Herren von der Hardthöhe erinnern außerdem an die Rolle der britischen CUMBERLAND. Es sei ein Beiboot dieses Schiffes gewesen, das kenterte. Vor allem aber habe das britische Kriegsschiff das Kommando während der Rettungsaktion gehabt. Diese Kompetenz sei »aus heutiger Sicht nicht hinreichend umgesetzt« worden. Damit teilen die deutschen Militärs zum Schluss ihrer Stellungnahme noch einmal in eine andere Richtung kräftig aus – die da von der königlichen Marine sollten sich statt unserer vor Gericht verantworten!

Allmählich gelingt es Richter Otterbein, Schneisen durch das Gestrüpp von militärischer Kommandostruktur, technischen Dienstvorschriften und politischem Auftrag der Marine zu schlagen.

Sammy und das Surfen

gehörten zusammen. Das Surfen war Dir fast noch wichtiger als mit dem Motorrad herumzukutschen. Immer, wenn stürmisches, nasses Wetter herrscht, muss ich an Dich denken. Du gingst dann vor die Tür, schautest nach draußen und stelltest hocherfreut fest: »Es hakt.« Schon warst Du am Telefon, um Marco anzurufen. Ihr schnapptet euch die Bretter und nichts wie los, um schnellstens ans Wasser zu kommen.

»Es hakt« war ein Ausdruck, den ihr beide, Du und Marco, für Surfwetter erfunden hattet. Darin, im Neue-Worte-Erfinden, warst Du ganz groß. Erinnerst Du Dich noch an Namen, die Du Dir selbst gegeben hast? »Sturmenhard« – ach Du meine Güte. Für viele Situationen hattest Du Deine eigene Sprache. Das Wort »räudig« etwa, um Sachen und Verhaltensweisen zu beschreiben, die absolut Scheiße waren. Wenn Du »downig« warst, dann hattest Du schlechte Laune. Musstest Du Geld ausgeben – häufig ein Gräuel für Dich – bezeichnetest Du das als »Kohle ausscheißen«. Helge Schneider liebtest Du, auch so ein Wortakrobat. Oft hörte man seine Musik den ganzen Tag über im Haus. Und das Grinsen hattest Du beinahe genauso gut drauf wie der Helge selbst. Der Helge-Schneider-Virus hatte die gesamte Familie infiziert. Weißt Du noch – Heiligabend? Als wir nach dem festlichen Teil alle sangen: »Fitze, fitze, fatze …« Solche Sachen fielen nur Dir ein, Sammy. Und Dein Freund Marco immer dabei. Es war schön, diese Momente fehlen mir sehr.

Als die Aprillia nach bestimmt tausend Stunden fertig geschraubt war, schenktest Du sie Deiner Freundin Rebecca. Die Maschine lief auf Anhieb. Der nächste fahrbare Untersatz sollte ein VW Bully sein, groß genug, um Dein Crossmotorrad einzuladen

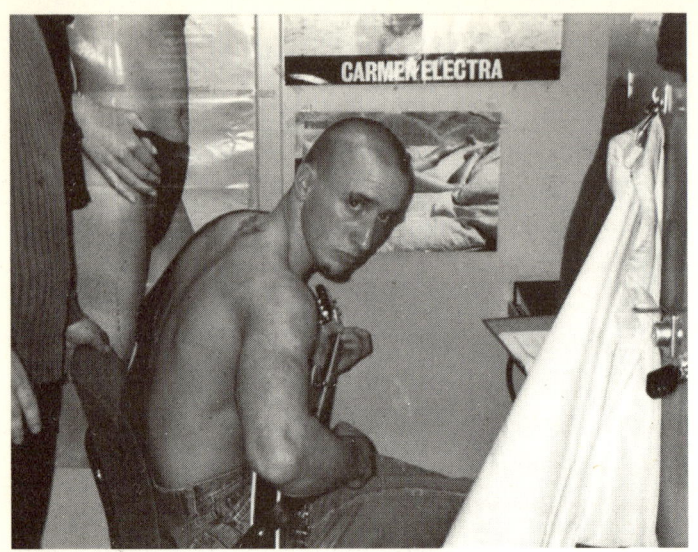

In der Kammer auf der MECKLENBURG-VORPOMMERN

und das Surfzeug zu verstauen. Kosten sollte das Auto natürlich möglichst wenig. Nach wochenlanger Suche im Internet hattest Du schließlich das richtige gefunden, einen LT-Kastenwagen, gut in Schuss. Also bist Du mit dem Motorrad zum Verkäufer nach Leipzig gefahren und hast die Kiste geholt. Für Dich ein ideales Auto. Das wolltest Du herrichten und ein Bett zum Schlafen einbauen, um auch für die Zeit beim Bund stets startklar zu sein, falls es mal »hakt«. Alles tiptop vorbereitet fürs Surfen.

Und so war wieder mal Schrauben angesagt. Im VW musste der Rost weg, der Boden wurde mit Speziallack versiegelt und anschließend mit PVC ausgelegt. Danach sollte ein Bett Marke Eigenbau reingestellt werden, ausreichend für zwei Personen. Du und Marco, Ihr musstet Euch beeilen, denn am nächsten Pfingstwochenende sollte alles fertig sein.

Die letzten Nächte davor hattet Ihr durchgearbeitet. Dann schnell noch billige Holzroste und Schaumstoff für die Liege geholt und losgefahren.

Total übermüdet machtet ihr euch auf den Weg, angetrieben von der Lust aufs Surfen.

Bloß so am Strand herumzuliegen, war nicht Deine Welt, das hattest Du gehasst. Auch ein Urlaub im Hotel kam für Dich nicht in Frage. Du warst es gewohnt, mit dem Wohnmobil zu verreisen. Ihr Kinder wart kaum geboren, da nahmen wir Euch schon mit auf Tour. Zwei, dreimal im Jahr machten wir als Familie Urlaub mit dem Campingauto. Im Frühling fuhren wir meist nach Frankreich, im Sommer nach Spanien, Griechenland oder Jugoslawien und im Herbst mussten es die Berge sein, zum Wandern und Klettern. Dieses freie Umherziehen ist Dir dann wohl auch in Fleisch und Blut übergegangen. Wochenlang an ein und demselben Platz zu hocken, war Dir zu öde. Und in einem wohl situierten Hotel aneinander gepfercht zu sein mit vielen Touristen – nichts schlimmer als das.

Als Dein Wohnwagen fertig war, machten Dein Vater und ich auch mal Urlaub in dem Auto. Für zwei Wochen durften wir den Wagen von Dir ausleihen. Und es hat uns Spaß gemacht, mal so primitiv auf Reisen zu gehen. Schlafen konnten wir Spitze. Nur die Lüftung haute nicht hin, es gab keine. Da tropfte morgens das Kondenswasser von den Wänden.

Die Queen übt vornehme Zurückhaltung

Adelheid und Bodo Paul in Langerwisch bewundern ihren Leidensgefährten Wolfgang Scheffelmeier. Woher nur nimmt der Mann die Kraft für seine vielen Briefe? Mit welcher Hartnäckigkeit er sich mit der Bundeswehr und den Politikern anlegt – alle Achtung! Und mit Paragrafen scheint der sich mittlerweile ebenso gut auszukennen wie ein richtiger Anwalt. Wie's aussieht, schert er sich dabei einen Dreck um irgendwelche Auflagen. Der Mann hält partout nicht seinen Mund. Wirklich bewundernswert.

Anfang Dezember 2002 haben es die Eltern von Stefan Paul satt, nur da zu sitzen und abzuwarten. Das unerträgliche Nichtstun muss ein Ende haben. Nach einiger Überlegung telefonieren Bodo und Adelheid Paul mit ihrem Anwalt und teilen ihm ihre Idee mit. Emsig haben die Eheleute die Ermittlungsakten kopiert und wollen die Papiere einem Institut übergeben. Dafür haben sie sich von der Arbeit extra frei genommen. Am Institut sollte die Akte fachkundig analysiert werden, vielleicht käme ja ein Gutachten zustande. Irgendwas Verwertbares, das sie weiter bringen würde, irgendeine Hilfe, wer weiß. Man musste es doch wenigstens versuchen.

Aber ihr Anwalt findet das alles überhaupt nicht toll. Schon seine Reaktion am Telefon hört sich nicht begeistert an. Am Tag danach meldet er sich sogar per Brief zu Wort. Die wenigen Zeilen enthalten eine deutliche Warnung – die vorzeitige Veröffentlichung von »amtlichen Schriftstücken eines Strafverfahrens« könne mit einer Freiheitsstrafe von bis zu einem Jahr geahndet werden. Die Weitergabe an ein Institut gelte als Veröffentlichung.

Ein ernsthafter Rat, der sich auch als vorbeugende Mandantenschelte interpretieren lässt.

Familie Paul ist erschrocken, das haben sie nicht erwartet. Riskieren sie wirklich, wegen eigenmächtigen Kopierens gleich ins Gefängnis zu wandern oder ist ihr Anwalt bloß einer von der übervorsichtigen Sorte? Wie macht das eigentlich der Scheffelmeier da unten in Cappel? Für den scheinen juristische Warnungen nicht zu existieren.

Adelheid und Bodo Paul blicken zu ihrer Tochter. Cindy, ihr geistig behindertes Sorgenkind, lebt in einer eigenen, unergründbaren Welt. Immer noch fragt sie nach Stefan, ihrem Bruder. Dass er schon so lange nicht mehr bei ihr zu Hause war und auch nie mehr kommen wird, kann sie nicht verstehen. Ihr Stefan war doch immer da. Warum ist er nicht in seinem Zimmer, wenn sie die Tür öffnet? Sie will, dass er wieder da ist. Sie will es so sehr und sie ruft im ganzen Haus nach ihm. Was ist das – der Tod? Dessen Endgültigkeit bleibt unbegreiflich. Nicht nur für sie.

Die Eltern nehmen ihre Tochter in die Arme – selbst außerstande, mit dem Verlust ihres Sohnes fertig zu werden. Wenn Cindy mit ihnen auf den Friedhof geht, hockt sie sich an die Grabstelle des Bruders und redet laut mit ihm, ebenso wie es andere Leute an den Gräbern ihrer Verstorbenen tun.

Stapel von Papier – was sind sie wert? Ist das, was auf hunderten Blättern aufgeschrieben steht, wirklich die Wahrheit? Adelheid und Bodo Paul plagen sich wie die Scheffelmeiers. Sie trauen den Akten nicht. Nachvollziehbare und verständliche Gründe für den Tod ihres Sohnes haben sie darin nicht gefunden. Aber es muss doch jemanden geben – auf dem großen Schiff, bei der Marine oder unter den Herren ganz oben im Verteidigungsministerium – einen, der genau weiß wie es zum

Tod von Stefan kommen konnte. Die Rettungsweste falsch angezogen – das soll's gewesen sein? Nein, das ist zu dürftig. Sie wollen Aufklärung über das Unglück. Offizielle Trostschreiber können ihnen gestohlen bleiben und auf Schmerzensgeld legen sie auch keinen Wert. Wie wäre es zur Abwechslung mal mit der Wahrheit?

In Wilhelmshaven, dem Standort der MECKLENBURG-VORPOMMERN hatten sie nach der Trauerfeier einen Fregattenkapitän gefragt, warum damals, am 6. März 2002, auf der Ostsee mit dem Übersetzen der Soldaten nicht auf besseres Wetter gewartet wurde. Die verantwortlichen Offiziere, egal ob deutsche oder britische, hätten doch gesehen wie stark der Wind blies und wie hoch die Wellen schlugen. Trotzdem sei das leichte Schlauchboot losgeschickt worden. Ungläubig hatten die Pauls die Antwort zur Kenntnis genommen – man hätte kalkuliert, alles würde wie immer funktionieren, einfach hin und zurück. Wie eine Taxifahrt.

Über diese katastrophal falsche Lageeinschätzung wurde schon lange nicht mehr geredet. Statt dessen umso intensiver über die angeblich unkorrekt angelegten Rettungswesten der Jungs.

Wer also trägt die Verantwortung für den Tod zweier Söhne? Um die Wahrheit vielleicht doch eines Tages zu erfahren, hatten sich Adelheid und Bodo Paul dann an einen Anwalt gewandt. Aber so eine Unterstützung kostet was. Richtig schlecht ist ihnen geworden, als die Preise besprochen wurden. 200 Euro die Stunde! Bodo Paul rechnete gleich hoch – da könnten innerhalb weniger Tage Tausende Euro zu zahlen sein. Mein Gott, woher sollen wir soviel Geld nehmen? Aber eine Alternative haben sie nicht. Hätte sie eine Rechtsschutzversicherung wie Wolfgang Scheffelmeier, würde es gewiss anders ausschauen. Welche Möglichkeiten existieren eigentlich jenseits der üblichen Wege zu Anwälten und Gerichten, um die Wahrheit zu finden? Adelheid Paul denkt praktisch. Sie sucht die Verständigung von Frau zu Frau. Sie schreibt an Königin Elizabeth, Buckingham Palace, London. Die mächtigste Frau Großbritanniens ist schließlich auch formales Oberhaupt der Flotte – und damit oberste Vorgesetzte der HMS CUMBERLAND. Es ist ihr Schiff: Her Majesty's Ship. Womöglich weiß sie gar nicht, in welches Unglück ihr Schiff verwickelt war?

Das Schreiben an Ihre Majestät in London ist nicht lang. In wenigen Sätzen schildert Frau Paul den Unfall auf der Ostsee und den schmerzhaften Verlust, den die Familie mit dem Tod ihres Sohnes erlitten hat. Hätte das nicht verhindert werden können? Warum ist das so geschehen? Mit diesen zwei Fragen endet der Brief. Geschrieben mit einem Füllfederhalter fein, sehr ordentlich und mit Bedacht. Wie eine Petition. Es ist ja auch eine.

Hochwohlgeboren lassen sich Zeit. Viereinhalb Monate, bis Anfang Juli 2003, dauert es mit einer königlichen Antwort. Die trägt dann zwar das königliche Wappen im Briefkopf, kommt aber nicht aus London, sondern aus Berlin. Es antwortet R. M. Wilkinson, Kapitän der Royal Navy und Marineattaché der britischen Botschaft. Im Namen der Königin dankt er für den Brief, »der im Buckingham-Palast eingegangen ist, aber dann an die britische Botschaft in Berlin weitergeleitet wurde«. Es folgen einige mitfühlende Zeilen und danach die knappe Mitteilung, dass der Fall zurzeit beim Oberlandesgericht Oldenburg liege. »Und solange er nicht abgeschlossen ist, können wir Ihre spezifischen Fragen auch nicht beantworten.« – Kein Bekenntnis zum eigenen Versagen, nicht mal ein Hinweis auf britische Untersuchungsergebnisse. Adelheid und Bodo Paul sind nicht enttäuscht, sie sind deprimiert. Aha, so fühlt sich das an, wenn die Queen »not amused« ist. Joachim Hahne aus Rostock hingegen ist entsetzt. Der Professor betreibt ein eigenes Ingenieurbüro für maritime Sicherheit und ist Chef eines Insti-

Marineattaché
BRITISCHE BOTSCHAFT
10117 Berlin

Tel: 030 20457 403 Fax: 030 20457 581
e-mail: Dickon.Wilkinson@fco.gov.uk

Frau A E Paul
Straße des Friedens 29
14557 Langerwisch

7. Juli 2003

Sehr geehrte Frau Paul,

Ihre Majestät Königin Elizabeth hat uns gebeten, Ihnen für Ihren Brief zu danken, der im Buckingham-Palast eingegangen ist, aber dann an die britische Botschaft in Berlin weitergeleitet wurde. Sie werden verstehen, dass wir einige Zeit brauchten, um den aktuellen Sachstand zu ermitteln. Dieser tragische Unfall auf See, der sich am 6. März während der Marineübung „Strong Resolve" ereignete, hat nicht nur großes Leid und Schmerz erzeugt, sondern unter anderem auch zu einem langwierigen Gerichtsverfahren geführt, das noch immer andauert. Zurzeit liegt der Fall beim Oberlandesgericht Oldenburg, und solange er nicht abgeschlossen ist, können wir Ihre spezifischen Fragen auch nicht beantworten.

Mit freundlichen Grüßen

R M Wilkinson
Kapitän, Royal Navy

Post von Her Majesty über die Botschaft in Berlin

tuts für Sicherheitstechnik und Schiffssicherheit. An der deutschen Ostseeküste dürfte es keinen zweiten Experten geben, der so viele theoretische und praktische Erfahrungen zu Schiffshavarien auf dem Wasser aufgearbeitet hat. Schiffbauer, Reedereien und auch die Marine legen größten Wert auf seinen Rat.

Dass Familie Paul sich in ihrer Not an die Queen gewandt hat, findet seine Zustimmung. Denn für ihn gibt es keinen Zweifel: »Das letztlich auslösende Ereignis für den Tod der beiden deutschen Soldaten bleibt der Kentervorgang. Dafür trägt die englische Marine alleine die Verantwortung! Hier fehlt eine klare Position der deutschen Marine! Die Vorgänge auf der CUMBERLAND sind eine Aneinanderreihung von elementaren seemännischen Fehlern. Schon ein Bootstransfer hätte unter den herrschenden Bedingungen gar nicht befohlen werden dürfen. Der amtierende Kapitän hat in allen Belangen versagt.«

Diesen Standpunkt teilt er den trauernden Familien schriftlich mit. Der Dilettantismus, mit dem waffenstarrende Kriegsschiffe über die Meere gesteuert werden, ist für Hahne beängstigend. Seinerzeit auf der Ostsee herrschten miserable Wetterbedingungen. Die müsse jeder Schiffsführer berücksichtigen. Und eigentlich müsse auch jedem Kapitän bekannt sein, dass die nasse Bordwand eines großen Schiffes auf ein an- oder ablegendes Schlauchboot wie ein Magnet wirke: »Der Gummi backt dann regelrecht fest an der feuchten Eisenwand. Das weiß man doch!«

Über das Unglück vom März 2002 ist er genau informiert – Analyse und Auswertung verschiedenster Seeunfälle gehören zu seiner Arbeit. Zudem hat sich Wolfgang Scheffelmeier persönlich an ihn gewandt und um Hilfe gebeten und ihn – wie könnte es anders sein, mit diversen Unterlagen versorgt.

Wer bei Professor Hahne zu diesem Thema das Gespräch sucht, muss nicht lange auf einen Termin warten. Es drängt den Fachmann, seine Meinung zu äußern. Mit ruhiger, sogar leiser Stimme und in klaren Sätzen legt er seine Auffassung dar. Das, was sich da im Rahmen des NATO-Manövers *Strong Resolve* ereignete, nennt er kopfschüttelnd »ein einziges Chaos«. Joachim Hahne, Prof. Dr.-Ing. habil. – mehr akademische Titel kann man sich in einem technischen Fachgebiet eigentlich nicht erarbeiten – wird bemerkenswert emotional und fragt: »Warum, um alles in der Welt, wird in diesem Fall dermaßen gedeckelt? Es scheint, als wollten sich die Deutschen mit den Briten nicht anlegen.« Da hat der kühl rechnende Techniker für einen kurzen Moment sein eigenes solides Terrain verlassen und sich auf das schlüpfrige der Politik vorgewagt.

Die Angehörigen der beiden toten Soldaten haben seine volle Sympathie. Bei einer Tragödie mit den Ausmaßen – immerhin sind zwei Menschenleben zu beklagen! – sei es nur selbstverständlich, sich an die Spitze der Britischen Marinehierarchie zu wenden. Und da kommandiert nun mal die Königin. Leider, so der Professor, habe er von dem Brief erst erfahren als die nichtssagende Antwort längst in Langerwisch eingetroffen war. Viel entschiedener hätte das Schreiben sein und unbedingt einen Verweis auf den Untersuchungsbericht der Royal Navy enthalten müssen. »Denn in dem Bericht vom März 2002 hatte die britische Marine ja bereits selbstkritisch ihre Fehler vor und während der Rettungsaktion aufgelistet. Nun aber tat der Marineattaché so als ob es diese eingestandenen Mängel nie gegeben hätte und sämtliche Pannen allein Sache der deutschen Marine seien.« Ähnlich hart geht Diethard Kersandt mit der britischen Marine ins Gericht. Auch der Mann lebt in Rostock, auch er ein Experte für maritime Sicherheit – jahrelang war er Kapitän auf Großer Fahrt bei der Deutschen Seereederei, ist Dr.-Ing. habil. und zählt zu den kenntnisreichsten Leuten bei Navigation und Schiffsmanagement. Kersandt sammelt jede verfügbare Information über Unfälle und Havarien auf See. Im Laufe der Jahre ist daraus ein fundiertes Archiv gewachsen. Berufsbedingte Neugier, zu deren Befriedigung Wolfgang Scheffelmeier mit Eifer beiträgt. Er schickt dicke Briefe nach Rostock – die Kopien von Akten und Dokumenten.

Im Gegenzug beginnt Kersandt zu schreiben, er verfasst Artikel für Fachzeitschriften und Stellungnahmen. In einer seiner Analysen – zurückhaltend als »Anmerkungen« tituliert – weist er auf eklatante Mängel im Rechtssystem hin, die internationale Manöver mit sich bringen. Seine Bedenken: Wenn Flotten verschiedener Staaten in internationalen Gewässern gemeinsam den Ernstfall proben, muss das nicht unbedingt reibungslos und in trauter Eintracht geschehen. Daraus können schon in Friedenszeiten ernsthafte juristische Problemfälle werden. Zum Beispiel sind Soldaten eines Landes plötzlich »der Befehlshoheit und der darin eingeschlossenen Sorgfaltspflicht eines anderen Landes unterworfen«. Sollte es zu Verstößen gegen Pflichten kommen und die Soldaten deshalb Schaden erleiden, »können sie offenkundig auf Probleme in der Rechtsprechung ihres eigenen Landes treffen, die darin bestehen, dass keine Rechtsmittel gegen den Verschulder eingelegt werden, noch derartige Verstöße vor dem nationalen Gericht verhandelbar sind«.

Es sieht demnach ganz so aus, dass die NATO in ihrem missionarischen Eifer, die Fackel der Demokratie von der Adria übers Schwarze Meer bis hoch in den Hindukusch zu tragen, eines glattweg vergessen hat – nämlich ein Minimum an Rechtssicherheit für diejenigen zu garantieren, die als Fackelträger den Befehlen von Generälen und Admirälen gehorchen müssen. Obwohl meist sie, die dienstgradarmen Chargen und das militärische Fußvolk, sich die Finger verbrennen. Wenn die großen Strategen die ganze Welt im Blick haben, werden die individuellen Kollateralschäden bedeutungslos, selbst die im eigenen Lager. Wer nicht weniger vorhat, als die Völker der ganzen Welt zu beglücken, der kann das Glück der eigenen kleinen Untertanen getrost für einen Moment aus den Augen verlieren. So hören sich in diesen Breiten sonst nur Geschichten aus längst gewendeten Zeiten an.

Die Schlussfolgerung von Kersandt: »Im Fall der MECKLENBURG-VORPOMMERN wäre wahrscheinlich nur eine Klage gegen britische Navy-Offiziere vor einem britischen Gericht möglich gewesen. Das aber übersteigt in der Regel die Möglichkeiten eines einfachen Bürgers.«

Großes Kino
im warmen Schwimmbad

Rebecca, Sammys Freundin, ist ungeduldig. Wolfgang Scheffelmeier hält sie zwar auf dem Laufenden und präsentiert ihr sofort sämtliche neuen Briefe und Informationen, die per Post, Fax und Telefon eintreffen. Aber dieses Warten auf ein Ergebnis des Klageerzwingungsverfahrens macht sie mürbe. Mehr als eineinhalb Jahre sind seit Sammys Tod vergangen – und nicht ein Befehlsgeber steht vor Gericht. Man weiß ja nicht mal rich-

Schwester Salome am Grab ihres Bruders

tig, wer überhaupt wofür bei der ganzen Katastrophe die Verantwortung trug.

Nur eines können die Chefs der Marine offenbar ganz fix – die eigene Verantwortung leugnen und sämtliche Schuld den beiden toten Jungs zuweisen. Die Soldaten hätten ihre Rettungswesten leider schlampig angelegt – diese Behauptung wurde gleich nach dem Unglück auf den offiziellen Pressekonferenzen ständig wiederholt. Verleumderisches Geschwätz. Rebecca kann es nicht mehr hören.

Sie erinnert sich an die letzte gemeinsame Surftour mit Sammy und zwei Kumpels. Das war etwa einen Monat vor seinem Tod. Nach Fehmarn sind sie damals gefahren. Das muss man sich mal vorstellen – Surfen im Februar! Aber die Jungs sind in ihre Surfklamotten gestiegen, rauf auf die Bretter und losgerast auf der Ostsee. Es musste Fehmarn sein, denn dort war es wirklich stürmisch, sehr schlechte Wetterbedingungen, ideal für hohe Wellen. Die Jungs meinten, an die drei Meter hoch seien die gewesen. Obergeil! Trotzdem, Sammy war nie leichtsinnig. Er hat sich immer gründlich auf das Surfen vorbereitet und mit ihr oft über die Kraft des Wassers gesprochen. Er hatte allergrößten Respekt vor Wind und Wellen. Nein, tollkühn war er nie, er achtete sehr genau auf sich und die anderen.

Rebecca konnte sich deshalb nicht vorstellen, dass Sammy sich auf dem Schiff und erst recht in dem kleinen Speedboot leichtsinnig verhalten hätte.

Wenige Tage vor seinem Tod hatte sie ihn auf dem Schiff in Wilhelmshaven besucht. Sammys Kameraden waren auf Ausgang in der Stadt und sie konnte sich zum ersten Mal ganz in Ruhe die Kabine anschauen. Da wohnte er also, ihr Freund, auf engem Raum zusammen mit sechs anderen Jungs.

Sammys Schwimmweste hing auch da. Oft erzählte Rebecca zu Hause bei Scheffelmeiers und auch gegenüber neugierigen Journalisten wie sehr sie davon beeindruckt war.

»Ein cooles Teil. Ich habe sie mir gleich angezogen und Sammy erklärte mir wie alles funktioniert – wo man warum ziehen muss und was dann passiert. Dann hat er aber auch gesagt, ich solle besser nicht an diesen und jenen Strippen ziehen. Es würde nämlich zwei Stunden dauern, bis er alles wieder ordnungsgemäß eingerollt hätte. Und darauf hätte er keine Lust. Aber Sammy hat mir alles sehr detailliert erklärt, was wofür notwendig ist und wie man das anziehen muss. Er hat mir alles genau gezeigt. Und dann behaupten einige Offiziere vor der Presse, er hätte seine Schwimmweste nicht ordentlich angezogen. Da konnte ich nur mit dem Kopf schütteln. Sammy konnte das nicht richtig anziehen? Er war doch nicht blöd!«

Der Junge kannte sich aus, der wusste sehr genau wie die Rettungstechnik an Bord funktioniert – das sagen auch Adelheid und Bodo Paul in Langerwisch über ihren Stefan. Wer weiß wie oft greifen die Eltern zu den Fotoalben und schauen sich die Bilder von ihrem Sohn an. Besonders während seiner Ausbildung bei der Reederei wurde wohl pausenlos geknipst. Keine praktische Übung, die die angehenden Matrosen nicht im Bild festhielten. Machte ja auch was her, auf Schiffen und vor moderner Technik für die Freunde und die Familie daheim zu posieren. Auffallend viele Fotos zeigen Stefan und seine jungen Kollegen in Rettungsanzügen oder in einer von den runden, aufblasbaren Rettungsinseln. Oft hatte Stefan berichtet, wie ernst in der Reederei solche Übungen für den Notfall genommen wurden.

Ihr Sohn fand das in Ordnung. Eine andere Einstellung hätte die Eltern auch sehr verwundert – Stefan konnte schließlich den Rettungsschwimmerpass vorweisen und hatte es bei der Freiwilligen Feuerwehr daheim bis zum Hauptfeuerwehrmann gebracht. Da soll ihnen doch niemand erzählen, Obermaat Paul hätte seine Rettungsweste lax angezogen!

In der Havarieakte und anderen Ermittlungsunterlagen widmen sich die Beauftragten der Marine und die anderen Gutachter lang und breit der Marinerettungsschwimmweste – kurz MRS – und dem dazugehörenden Kälteschutzanzug KSA. Tausende Soldaten und Offiziere auf deutschen Kriegsschiffen sind damit ausgerüstet. Da ist es aufschlussreich herauszufinden, ob sie eine »Feste Entschlossenheit« oder ein schnelles Eingreifen tatsächlich mit funktionierender Rettungskleidung demonstrieren können. Oder ob sie wegen mangelhafter Ausrüstung den Wind und die Wellen womöglich mehr zu fürchten haben als den internationalen Terrorismus.

Entsprechend der Vorschrift erhalten alle Marinesoldaten eine Ausbildung an der Schwimmweste – zwei Stunden Theorie samt Lehrfilm und zwei Stunden praktische Übung. Letztere findet statt an sehr geschützten Gestaden, umgeben von bunten Beckenfliesen, stabilen Leitern mit nützlichen Haltegriffen, ein wenig Plätscherwellen und bei übersichtlichen zwei Metern Wassertiefe – in einer Schwimmhalle.

Jeder Soldat wird auch in Handhabung, Anwendung und Wartung anderer Seenotrettungsmittel unterwiesen. Alle viertel Jahre soll eine Wiederholung stattfinden. Hauptgefreiter Scheffelmeier und Obermaat Paul haben die Übungen nachweislich absolviert.

Andere Soldaten berichten, dass das Training mit der Schwimmweste samt Kälteschutz nicht überall sonderlich genau genommen wurde. René Rönnbeck, der Sanitätsmaat der MECKLENBURG-VORPOMMERN teilte schon kurz nach dem Unglück in seiner schriftlichen Meldung mit, dass er diese Rettungsausrüstung »lediglich einmal in der Grundausbildung in einem warmen, wellenlosen Hallenbad ausprobiert« habe.

Als Rönnbeck, der Sanitätsmaat, diesen Umstand erwähnte, diente er bereits fast ein Jahr auf der Fregatte, entsprechend lange her war seine Grundausbildung. Und er notierte in seinem Bericht eine für die Analyse des Unfalls entscheidende Frage, ob es überhaupt möglich war, bei dieser Wassertemperatur und der gegebenen Wetterlage den Kälteschutz der Schwimmwesten anzulegen?

Die Frage zeugt von einiger persönlicher Verunsicherung. Sie heißt eigentlich: Sagt mal, mit was für Rettungsmitteln schickt ihr uns eigentlich los?

»Die Aktionen mit den Rettungsanzügen waren eine blanke Lachnummer«, winkt Sammys Kamerad Mark Milla ab. Er erzählt, dass auch er des Öfteren an den Übungen teilgenommen hatte. »Aber selbst im wohltemperierten Schwimmbad brauchte ich zehn bis fünfzehn Minuten, um die Klamotten richtig anzulegen. Viel zu umständlich, die ganze Ausrüstung. Im Notfall, auf hoher See, wäre es mir wahrscheinlich nie und nimmer geglückt, alles so zu machen wie wir es geübt hatten.«

Für Mark Milla gibt es nur einen Schluss: »Wir brauchen solche Rettungsanzüge wie die Engländer. Ganz einfach. Denn den Engländern ist nichts passiert, die haben überlebt.«

Wolfgang Thos, der Emslotse und Fregattenkapitän der Reserve, kann sich sogar ein leichtes Grinsen nicht verkneifen, als er über seine Erlebnisse berichtet: »Wenn wir versuchten, die Rettungsausrüstung im warmen Wasser anzuziehen – Junge, Junge, das war großes Kino. Schon das Aufmachen der Klettverschlüsse war ein Akt. Und dann das alles im Ernstfall mit klammen Fingern …« Auch er, der erfahrene Seemann, habe mindestens sechs bis acht Minuten gebraucht, um die Ausrüstung anzulegen. Und das im beheizten Wohlfühl-Schwimmbad und nicht in der eiskalten Ostsee.

»Diese Ausrüstung ist nicht mehr als ein Kompromiss. Aber eine Umrüstung wäre ein Politikum. Das würde ja bedeuten, dass die bisher genutzten Rettungswesten schlichtweg Schrott wären. Doch mal ernsthaft – auf einem Schiff sollte man alles, was gebraucht wird, auch wirklich bei sich haben. Bei Kampfhandlungen hat man überhaupt nicht die Zeit, erst lange zu den Überlebensanzügen zu rennen. Die müssen augenblicklich verfügbar und schnell zu handhaben sein. Leider ist die Ausrüstung an Bord nur ein Optimum und kein Maximum.«

Schnell handhabbar ist zumindest der Kälteschutzanzug nicht. Er scheint voller Tücken zu stecken, ihn anzulegen ist nach Lage der Dinge die pure Herausforderung für jeden noch so versierten Soldaten. Die Männer an Bord sind gut beraten, das Teil erst so spät wie möglich auszupacken, am besten – gar nicht. Auf eine Anfrage des Oberlandesgerichts Oldenburg wird das vom Verteidigungsministerium freimütig bestätigt: »Eine generelle Anordnung, den Kälteschutzanzug vor Durchführung eines Transfers anzulegen, besteht nicht; sie ist auch nicht üblich. Denn sie könnte die zusätzliche Gefahr erzeugen, beim Besteigen oder Verlassen eines Bootes abzurutschen, das Unfallrisiko also erhöhen.«

Haben die Soldaten Scheffelmeier und Paul leichtfertig ihr Leben aufs Spiel gesetzt, weil sie ihre Rettungswesten nicht vorschriftsmäßig anlegten? Die Marine-Oberen meinen es zu wissen: Weil junge Leute – und machen wir uns doch nichts vor, sind wir doch mal ehrlich – weil die eben so sind, einfach nicht korrekt und gründlich in solchen Dingen. Traurig, das auch in diesem Fall feststellen zu müssen. Und so weiter.

An Wolfgang Scheffelmeier prallen solche trüben Unterstellungen ab. Sich auf sein Gespür als Vater zu verlassen, reicht ihm aber auch nicht. Er will Fakten, Tatsachen, Nachweise. Scheffelmeier schreibt Gutachter an, denen der Fall bekannt ist. Sie antworten unumwunden und alles andere als marinekonform.

Winfried M. Beck aus Brunsbüttel, 43 Jahre Berufserfahrung als Seemann und Kapitän, Diplomingenieur und Fregattenkapitän der Reserve, vereidigter und öffentlich bestellter Sachverständiger für Schiffs- und Ladungsangelegenheiten, kommt im November 2003 zu dem Ergebnis: »Gegen die Anschuldigungen der deutschen Marineführung, die bei diesem Unglück umgekommenen zwei Seeleute der Fregatte MECKLENBURG-VORPOMMERN hätten ihre Schwimmwesten lax und nicht richtig angelegt und dadurch ihren Tod selbst verschuldet, muss hiermit in aller Schärfe protestiert und widersprochen werden.

Alle fünf Seeleute des Schlauchbootes wurden vor dem Verlassen der Fregatte CUMBERLAND vom diensthabenden Unteroffizier Heinemann einer Musterung unterzogen. Heinemann hätte dabei mit Sicherheit etwaige Mängel bemerkt. Das Verrutschen der Gurte und Rettungswesten erklärt sich hauptsächlich durch die mangelhafte Beschaffenheit und schlecht durchdachte, funktionelle Konstruktion dieser Rettungswesten.

Die Deutsche Marine hat als Konsequenz diese Schwimmwesten bereits aus dem Verkehr gezogen. Also ein eindeutiger Beweis des Versagens dieses Rettungsmittels. Die Wahrscheinlichkeit spricht dafür, dass die Gurte beim tragischen Überlebenskampf der Seeleute im Wasser oder beim Bergen verrutscht sind und somit als Rettungsmittel total versagt haben.«

Ähnlich rigoros in seiner Einschätzung ist Prof. Joachim Hahne aus Rostock. Er hat Dutzende Rettungsübungen protokolliert, auf offener See und in Schwimmhallen. »Die Gurte der Rettungswesten waren hinterher immer locker. Selbst in den Schwimmhallen mussten die Männer ihre Gurte nach den Übungen stets festzurren.«

Bei kaltem Wasser verstärkte sich dieser Effekt noch. Warum? »Sinken die Temperaturen, ziehen sich Kleidung und auch Gurte zusammen, sie schrumpfen.«

Beim Rettungsmanövers vom 6. März 2002 seien zudem eklatante Fehler gemacht worden, erläutert Hahne. »Die Hubschrauberbesatzung hatte den Soldaten Scheffelmeier äußerst unqualifiziert geborgen, senkrecht nach oben hatten sie ihn hochgezogen. Samuel Scheffelmeier hing also mit seinem ganzen Körpergewicht in den Gurten. Dabei dehnen die sich natürlich zusätzlich aus. Weil niemand sagen kann wie die Gurte vorher gesessen haben, entbehren all die Schuldzuweisungen nach dem Unfall jeglicher Begründung. Sie sind absolut willkürlich erfolgt.«

Das ist mehr als eine Feststellung – es ist die logisch begründete Entlastung von Samuel Scheffelmeier und Stefan Paul.

Die beiden jungen Männer sind nicht selbst Schuld an ihrem Tod, daran besteht für Professor Hahne kein Zweifel. Von eilfertigen Statements zu den Todesursachen hält er nichts. Auch für den vergleichsweise schnellen Tod von Stefan Paul könne es verschiedene Ursachen geben. Eine aufgepeitschte See mit nicht mehr als drei Grad Wassertemperatur. Manch einer gerät schon beim Gedanken daran in leichtes Bibbern. Aber in diese eisigen Fluten wurden die Soldaten hineingeschleudert, schlagartig. »Da ist ein Kälteschock nichts Ungewöhnliches, der kann unter solchen Umständen jeden treffen«, meint der Professor. »Automatisch stellen sich Atmungsprobleme ein. Und wenn Stefan Paul beim Hereinbrechen einer Welle auch nur einmal falsch Luft geholt hat – dann kann es schnell vorbei sein.«

Hahne hat zahllose Rettungsübungen begleitet. Treibt ein Schiffbrüchiger in Bauchlage auf dem Wasser, erläutert er, sorgt die angelegte und mit Luft gefüllte Schwimmweste automatisch für ein Drehmoment. Der Gekenterte wird auf den Rücken gewendet, sein Kopf ragt aus dem Wasser. Wenige Zentimeter nur, aber genug für rettende Atemzüge.

Was aber, wenn dieses Rückdrehmoment nicht erfolgt? Hahne kennt Fälle, bei denen schon schweres Schuhwerk eine rettende Drehung in die Rückenlage blockierte.

Die persönlichen Rettungsmittel deutscher Marinesoldaten haben ihre Tücken. Das ist den politisch und militärisch Kommandierenden sehr wohl bekannt. Sollte diese Tatsache in Vergessenheit geraten sein – spätestens die Lektüre der Havarieakte über den tödlichen Unfall ruft sie in Erinnerung. Ausführlich nimmt darin das Schifffahrtmedizinische Institut der Marine eine Bewertung der Ausrüstung vor. Im Blickpunkt – die Rettungsweste mit integriertem Kälteschutz.

Für die Stellungnahme verantwortlich zeichnet der Flottenarzt Dr. Ulrich van Laak.

Er interpretiert auch die Erlebnisse des ebenfalls gekenterten Obermaats Kai Nieschwitz. Der hatte berichtet, dass seine Schwimmweste normal funktionierte. Und was war mit dem Kälteschutz? – »Aus meiner Sicht gab es für mich bei dem vorhandenen Seegang keine Möglichkeit, den Kälteschutzanzug der Schwimmweste anzuziehen.« Weil der Überlebenskampf in den Wellen mit jeder Minute mehr an seinen schwindenden Kräften zehrte.

Für Dr. van Laak ist dieses Verhalten völlig normal. »Aufgrund der starken Auskühlung der Hände (Gefühllosigkeit in wenigen Minuten) und der Tatsache, dass die stark belastende Atmung sämtliche Aufmerksamkeit des Betroffenen auf sich zieht, zunächst einmal mit sich selbst klar zu kommen, ist dies keine überraschende Situation. Andererseits ist es nicht das primäre Ziel, den integrierten Kälteschutzanzug im eisigen Wasser anzulegen. Der dafür erforderliche Kraftaufwand wäre erheblich, der einwandfreie Erfolg dabei unwahrscheinlich und der Gewinn an isolierender Wirkung nach dieser Belastung tendiert gegen Null.«

In den folgenden Zeilen der Bewertung wandelt sich der verständnisvolle Mediziner zum die Ausrüstung rechtfertigenden Militär, der klarstellt, »dass die Marinerettungsweste nicht für dieses Szenario entwickelt worden ist. Hier hatte man vielmehr den relativ geordneten Seenotfall im Auge, bei dem vor dem Verlassen des Schiffes für die Besatzung die Chance besteht, den Anzug anzulegen ... Das Anlegen im Wasser, auf das in der Ausbildung viel Wert gelegt wird, ist bei sehr kalten Wasserbedingungen bekannt problematisch.«

Eine bekanntermaßen problematische Rettungsweste soll den Besatzungsmitgliedern deutscher Kriegsschiffe im Notfall das Leben retten. Nicht unwahrscheinlich, dass die dann in ihr hängen wie am berüchtigten seidenen Faden.

Noch einmal der Flottenarzt: »Die Bemerkung des Obermaats Nieschwitz, dass der Spritzschutz durch ihn bewusst nicht aktiviert worden sei, weil er zu leicht beschlage und ihm die Orientierung genommen hätte, muss man dahingestellt sein lassen. Logisch ist diese Aussage nicht. Möglicherweise hat die Ausbildung im warmen Wasser der Übungshalle in Neustadt diesen Eindruck des ständigen Beschlagens hinterlassen.«

Im Gegenteil, gerade deshalb ist die Aussage des knapp dem Tode entronnenen Obermaats logisch. Wegen des ausschließlichen Übens unter den Schönwetterbedingungen einer gemütlichen Halle hatte Nieschwitz gar nicht erfahren können wie seine Ausrüstung in der stürmischen Welt da draußen reagieren und funktionieren würde. Seinen Spritzschutz kannte er nur im beschlagenen Zustand. Woher sollte er wissen, ob und wann diese verdammte Plastikhaube tatsächlich mal durchsichtig sein würde?

Die Erprobung des von der Deutschen Marine benutzten Rettungsanzuges liegt lange zurück. Nachzulesen ist der gesamte Vorgang in der Havarieakte. Demzufolge testeten Ärzte der Abteilung für Schifffahrtsmedizin am Hamburger Bernhard-Nocht-Institut für Tropenmedizin, Medizinerkollegen des Stadtkrankenhauses Cuxhaven, des Schiffsmedizinischen Dienstes der Marine und Vertreter der Herstellerfirma im Jahr 1984 »einen neuen, mit aufblasbarer Rettungsweste kombinierten Nass-Kälteschutzanzug«. Die Marine hatte starkes Interesse an diesem Produkt der Bernhardt Apparatebau

GmbH & Co. aus Wedel angemeldet und wollte nun genauer wissen, in welchem Maße die Soldaten im kalten Wasser dadurch geschützt sind.

Der Versuch startete am Vormittag des 8. Oktober 1984 in der Hamburgischen Schiffsversuchsanstalt. Die sechs Probanden wurden zum Auftaubecken des Eiskanals begleitet – fünf junge Männer und eine Frau, zwischen 19 und 23 Jahre alt, allesamt Marineschüler. Angezogen waren sie mit normaler Bundeswehrbekleidung, die einen mit Parka, die anderen ohne. Darunter, auf verschiedenen Stellen der nackten Haut, hatten die Ärzte Messfühler angebracht, die mit wasserfestem Heftpflaster fixiert waren. Anschließend wurden ihnen von »mehreren Helfern«, die Anzüge angelegt, die danach »mit Reißverschlüssen, Klettenverschlüssen und Kordeln geschlossen wurden. Der Anzug umschloss Füße und Hände vollständig. Die Kapuze ließ nur das Gesicht frei.«

Die Erprobung konnte beginnen. Vorsichtig stiegen die Versuchspersonen »ins hüfttiefe Wasser von 7,4 Grad Celsius«, bei einer Lufttemperatur von 6,1 Grad.

Offenbar beseelt von dem Wunsch, die im tristen Becken treibenden Marineschüler abzulenken und sie vor allzu vorzeitigem Bibbern zu bewahren, hatten die Ärzte einen besonderen Service parat: »Von den Versuchspersonen zuvor selbst ausgesuchte Videofilme wurden ihnen zur ›Unterhaltung‹ bzw. ›Entspannung‹ gezeigt.«

Respekt für diesen Mut zur Wirklichkeitsferne. Eigentlich fehlten nur noch die gewaltigen Klänge eines Richard Wagner, die sich herabsenken auf die im Becken planschenden Leute. Erst ein dröhnendes Orchester und dann die vielstimmige Aufforderung der Seeleute an den Fliegenden Holländer: »Steuermann, lass' die Wacht, Steuermann geh' zur Ruh'!« Die gut gemeinte Versuchskreativität half nichts. Die vorgesehene Tauchzeit von drei Stunden wurde von niemandem durchgehalten. »Entweder zwangen Krämpfe und Schmerzen zur vorzeitigen Aufgabe bzw. der Abfall der Rektaltemperatur«. Der erste Proband stieg nach 27 Minuten aus dem Becken, der letzte nach 111 Minuten. Im Protokoll wurden ihre Empfindungen und Beschwerden festgehalten. Bereits nach 20 Minuten will eine Versuchsperson »am liebsten raus«, andere frieren, das Zittern beginnt. Danach verkrampfen sich die Beine und beginnen zu schmerzen, ein Proband wird von gleichmäßigem Zittern erfasst, bei einem anderen kommt das Zittern stoßweise. Nach einer Stunde ist ein Bein gefühllos geworden, Krämpfe peinigen die Körper. Derjenige, der am längsten durchgehalten hatte, klagt am Schluss nicht über Schmerzen und Krämpfe, aber insgesamt gehe es ihm immer schlechter und »die Beine sind eingeschlafen. Das Zittern ist wesentlich heftiger geworden«.

Selbst das tolle Unterhaltungsprogramm kam irgendwie nicht mehr an. »Unsere Beobachtung, dass die Versuchspersonen zwar die Videofilme, die sie im Wasser sehen wollten, sel-

Sammy Scheffelmeier (M.) mit Freunden vor der Brücke

ber ausgewählt hatten, dass sie aber recht bald das Interesse für das Geschehen auf dem Bildschirm verloren, ist in diesem Zusammenhang sicher erwähnenswert!« – Seltsam, da waren junge Menschen so sehr mit ihrer realen Zwangslage beschäftigt, dass sie nicht den kleinsten Nerv für die schöne, bunte Filmwelt hatten. Das wird nicht nur an der Auswahl der Streifen gelegen haben.

Nach Auswertung der Reaktionen und gemessenen Temperaturen wagen die Experten einen Vergleich zu Überlebenskurven aus Versuchen ohne Rettungskleidung und ziehen den Schluss, »dass die Probanden durch den Schutzanzug eine deutlich längere Überlebenszeit gehabt hätten als ohne diesen Schutz.«

Bitte sehr – Q.E.D. Quod erat demonstrandum. Was zu beweisen war.

Diese Erprobung von 1984 war für die Deutsche Marine maßgeblich, die Rettungsweste samt Kälteschutz regulär einzuführen. Nach Durchsicht der Aufzeichnungen hegt Prof. Joachim Hahne starke Zweifel an der Seriosität des Versuchs. Er bittet einen versierten Mediziner um Unterstützung. Dr. med. Eberhard Peter aus Rostock soll sich den damaligen Abschlußbericht ebenfalls durchlesen. Der kommt dieser Aufforderung gern nach. Ganze zwei Blatt Papier braucht er für seine Einschätzung. Es ist eine vernichtende Kritik.

Völlig unverständlich sei das Fehlen einer Vergleichsgruppe ohne Kälteschutzanzug. Ebenso gebe es keinerlei Angaben über Körpermaße und Körpermasse der Probanden. Dr. Peter vermisst Messwerttabellen zu Blutdruck, Puls, Atemfrequenz, Rektaltemperatur. Und sowieso verbieten würde sich wegen anatomischer und physiologischer Unterschiede das Einbeziehen einer Frau in eine männliche Probandengruppe. Und, und, und.

Zusammenfassend stellt der Rostocker Mediziner fest, dass bereits der Versuchsansatz »unzureichend und nicht nachvollziehbar« sei. »Der Kälteschutzanzug erfüllt nicht die gestellten Aufgaben hinsichtlich des Kälteschutzes im Wasser.«

Folgt man den Argumenten von Dr. Peter, hat 1984 keine seriöse Erprobung der Marinerettungsschwimmweste mit integriertem Kälteschutzanzug stattgefunden. Das bedeutet, unter diesen Voraussetzungen hätte diese persönliche Rettungsausrüstung für Soldaten und Offiziere von der Deutschen Marine nicht eingeführt werden dürfen.

Wolfgang Scheffelmeier dankt Prof. Hahne und Dr. Peter. Es sind Fachleute wie diese beiden, die ihn aufbauen und bestärken. Es ist nicht nur sein grummelndes Bauchgefühl, das ihn von Anfang an die offiziellen Erklärungen zum Tod seines Sohnes anzweifeln ließ. Es sind unleugbare Fakten, die ihm Recht geben.

Nein, der Sammy hat's nicht selbst versaut. Wenn es überhaupt jemanden gibt, der mit den Rettungswesten lax umgegangen ist, dann sind es diejenigen in der Marineführung, die flugs alle Genehmigungen erteilt und den Einkauf dieser unausgereiften Technik lässig durchgewunken haben.

Das Stehvermögen des Wolfgang Scheffelmeier spricht sich herum und erregt Bewunderung. Eine Regionalzeitung ernennt ihn zum Kandidaten für den Titel »Mensch des Jahres in Ostwestfalen-Lippe«.

Sammy, Deine Freundin Rebecca

gehörte schnell mit zur Familie. Wir hatten sie gleich ins Herz geschlossen, Deine große Liebe. Vorher waren Deine Freundinnen nie ein großes Gesprächsthema, darüber erzähltest Du kaum was. So sind die meisten Jungs eben. Vielleicht wolltest Du nichts sagen, so lange es nichts Festes mit einer Freundin war. Mitbekommen habe ich trotzdem einiges, ich bin ja schließlich Deine Mutter.

Ich erinnere mich an zwei Freundinnen, die Du nacheinander hattest. Das war noch am Gymnasium. Aber dann lerntest Du Rebecca kennen, beim Basketballspielen auf dem »Gummiplatz« – und von da an interessiertest Du Dich für keine andere mehr. Nach dem, was mir Rebecca erst vor wenigen Wochen, nach Deinem Tod, erzählte, muss es sehr romantisch mit euch angefangen haben. Rebecca war gerade erst 15 und sie fiel Dir auf, weil sie Deinem Typ entsprach. Natürliches, langes braunes Haar, die schönsten dunklen Augen, »zierlich wie ein Reh«, und wie sie sich bewegte ...

Als Du sie eines Tages wieder auf dem Gummiplatz sahst, stelltest Du Dich hinter sie und hast ihr ins Ohr geflüstert: »Ich hab' Dich lieb.« Von da an wart Ihr zusammen. Doch anfangs gestaltete sich das alles recht schwierig, weil sie noch so jung war und vieles nicht durfte. Ich habe das damals genau registriert – Du hattest Dich immer daran gehalten und sie immer pünktlich mit dem Motorrad zu Hause abgeliefert, ganz der Gentleman.

Ich weiß noch, gleich im ersten Jahr wollten wir alle gemeinsam in den Urlaub und Du versuchtest, ihre Eltern davon zu überzeugen. Sie lehnten ab. All Deine Überredungskünste hattest Du auf-

gebracht, um sie doch noch umzustimmen. Wolfgang, Dein Vater, redete auch mit ihnen. Es half nichts, Rebecca durfte nicht mit. Statt ihrer fuhren wir mit einem anderen Mädchen los. Melanie, eine gemeinsame Freundin Deiner Schwester Salome und von Dir. Und Melle, wie wir sie nannten, kuschelte sich gern mal an Dich. Ihr drei musstet euch ein Zelt teilen und dort auch gemeinsam schlafen. Aber, Respekt, Du hattest Dich überaus korrekt verhalten. Hinterher erfuhr ich allerdings, dass Rebecca doch eifersüchtig auf Melle war – wer mag ihr das verdenken?

Doch lange dauerte es nicht mehr und Rebecca wohnte mit bei Dir im Zimmer. Ihr Vater veranstaltete zunächst einen ziemlichen Aufstand, die Tochter war sein ein und alles, er hütete sie wie seinen Augapfel. Und mit Dir, mein Sohn, war er sowieso nicht einverstanden, weil Du es wagtest, ihm die Stirn zu bieten und ihm die Meinung zu sagen. Zwischen ihm und Dir waren die Fronten schnell geklärt – Du hieltest nichts von ihm und er nichts von Dir. Umso schöner, dass seine Tochter Rebecca sich ohne Umschweife zu Dir bekannte und dann auch bei uns wohnte.

Natürlich blieben Probleme nicht aus, Deine Freundin war damals noch sehr jung, gerade 16 Jahre alt. Oft lag sie nach der Schule den ganzen Nachmittag vor der Glotze, hatte keinen Bock, was zu tun. Es hat Dich immer aufgeregt, dass sie so viele Dinge einfach schlüren ließ. Es sah auch schlimm aus, bei Euch da oben. Mal kurz aufzuräumen, wäre nicht übel gewesen. Aber ich habe mich zurück gehalten und nichts gesagt. Ihr hattet viel Platz für Euch – ein geräumiges Zimmer, dazu ein großes Bad, das Salome mitbenutzte. Ihr hattet Euch abgesprochen, Bad und Treppenhaus abwechselnd zu putzen. Toller Plan – aber in der Realität flogen die Fetzen, weil die eine Partei eben nicht regelmäßig sauber machte. Ich hörte mir das Gemotze an, hielt mich aber raus. Salome hatte ihre ganz eigene Art, sich dazu zu äußern: »Da kannst Du mal sehen, Dein Sohn hat …«. Wie sie das betonte »Dein Sohn«. Das hat mich ganz fuchtig gemacht.

Meditieren an Oberdeck

Und gleich darauf kamst Du in die Küche geschlurft und setztest Dich neben die Spüle auf die Küchenplatte, um Dich frei zu schimpfen. Am liebsten gerade dann, wenn ich in der Küche am kochen war. Das war Dein Platz, wenn es was zu besprechen gab. Am Schluss dann stets der Satz: »Red' du doch mal mit ihr...«

Regelmäßigen Streit gab es beim Thema »Weggehen«. Ich konnte fast die Uhr danach stellen – die heißen Debatten begannen Freitagabend und zogen sich auch mal über den ganzen Samstag hin. Mit wem sollte man weggehen? Und wohin? Jeder von Euch hatte ja seinen eigenen Freundeskreis. Deine Klicke bestand überwiegend aus Kumpels vom Sport. Aber Rebeccas Freunde mochtest Du genauso gern. Also musste an jedem Wochenende aufs Neue entschieden werden. Nervig. Das eigentliche Problem bestand darin, dass Rebecca Dir vorwarf, Du hättest nicht genügend Zeit für sie, Du würdest immer viel zu lange mit dem Schrauben am Motorrad zubringen und mit Deinem Sport sowieso. Klar, sie wollte dich wenigstens am Wochenende für sich haben.

Außerdem ging Rebecca gern in die Disco oder sonst irgendwohin, wo man gut abhängen konnte. Aber das war dann mit Geld verbunden. Und Deine kategorische Einstellung war, dass man fürs nur Weggehen ja wohl kein »Geld ausscheißen« brauche. Du wolltest es nicht akzeptieren, erst hohen Eintritt zu zahlen und danach auch noch überteuerte Getränke. Schließlich spartest Du ja auf zwei Motorräder – eine Rennmaschine und ein Crossbike. Deine Devise war: zu hause kann man viel besser abfeiern. Das konntest Du wirklich, Deine Freunde schwärmen heute noch von Deinen Feten.

Wenn es aber wirklich mal sein musste, mit Rebecca zum »Geldausscheißen« zu gehen, musste auf jeden Fall »vorgeglüht« werden. Also vor der Disco daheim was trinken, damit es hinterher ja nicht zu teuer wird.

Deine Freunde waren Dir superwichtig, aber Rebecca war noch wichtiger. Du hattest sie unheimlich lieb und sie Dich, auch wenn die gemeinsame Zeit manchmal zu kurz kam. Für Dich war es schon ein überaus großes Liebesbekenntnis, wenn Du am Sonntagnachmittag ein Basketballspiel hast sausen lassen und dafür mit ihr unterwegs warst.

Ich erinnere mich noch wie Ihr einmal im Urlaub mit dem Motorrad an die Küste gefahren seid. Einfach so, ohne viel Gepäck und ohne großen Aufwand. Ihr hattet Euch und das war genug.

Ein Vater erzwingt die Anklage

Wenn Rechtsanwalt Peter Wüller die Auskünfte aus Oldenburg und die zirkulierenden Schriftsätze richtig deutet, müsste es bald soweit sein und das Klageerzwingungsverfahren kurz vor dem Abschluss stehen. Beide Parteien lassen deutliche Zeichen von Nervosität erkennen und setzen in Wort und Schrift zum Endspurt an.

Für Familie Scheffelmeier geht es um alles oder nichts. Weiter voran auf dem Weg zur Wahrheit oder Rückfall in den Morast von Unterstellungen und Vermutungen? Entweder – oder. Ein Weiterleben im eigenen Haus in Cappel oder obendrein der private Ruin?

Wolfgang Scheffelmeier legt nach Feierabend Sonderschichten am Computer ein und versucht unermüdlich mit Traktaten auf die Meinungsbildung von Journalisten und Juristen Einfluss zu nehmen. Einer seiner Lieblingsadressaten ist nach wie vor Oberstaatsanwalt Gerhard Kayser.

»Das hat nichts mehr mit Recht und Gerechtigkeit zu tun. Schauen Sie, jeder LKW-Fahrer und jeder Bus-Fahrer muss sich doch von euch verarscht fühlen, der seinen LKW oder Bus aus technischen Mängeln stehen lassen muss.« Wieder schreibt sich Scheffelmeier den Frust von der Seele. Er will, dass auch die britische Royal Navy zur Rechenschaft gezogen wird und verlangt, gegen den Kommandanten und den damals amtierenden Offizier der CUMBERLAND zu ermitteln. Das seien »die Unfallverursacher. Ein Offizier, der keinen Führerschein hatte und ein Kommandant, der ihn rangelassen hat. Wenn ich im

Ausland keinen Führerschein habe und Auto fahre, werde ich auch bestraft. Wenn ich im Ausland Verkehrsregeln missachte, treibt man die Strafe auch bei mir hier ein.«

Einige Tage später legt er nach, wie gewohnt nicht verlegen um klare Worte, aber auch schon leicht infiziert von dem in diesem Fall dominierenden militärischen Kommandoton: »Wie bereits Ihnen mitgeteilt, erhalten Sie von mir neue Instruktionen.«

Diesmal verlangt er die sofortige Stilllegung sämtlicher Fregatten der Baureihe 123, weil deren Einsatz gegen die Vorschriften verstoße. »Und hier muss ich den Kommandanten M. in Schutz nehmen. Anwalt Grau sagte, man treibe ein übles Spiel mit ihm. Jawohl. Natürlich ist das eine Sauerei, ihn mit diesem kaputten Zeug rauszuschicken.« Dann folgt die dringende Aufforderung, der Oberstaatsanwalt müsse »wegen Korruption ermitteln. Das kann doch nur mit Bestechung gegangen sein, dass solch ein Motorrettungsboot angeschafft wurde. Unverständlich ist auch, dass der Hersteller diesen Mist als Rettungsboot verkauft.«

Es sind zwei Seiten voll atemloser Empörung, ein einziger Hilferuf, die Staatsanwaltschaft möge fast zwei Jahre nach dem tragischen Ereignis endlich was zu tun.

Ob dieser Aktionismus etwas bringt? Die werden nicht mal zucken, vermutet Anwalt Wüller. Aber er zollt seinem Mandanten wegen dessen Ausdauer Respekt. So einen wie den hat er noch nie zu vertreten.

Scheffelmeiers Anzeigen-Vorstöße enden im Nichts. Die Staatsanwälte ziehen einen kurzen Standardschriftsatz aus dem Computer – Anhaltspunkte hinsichtlich einer Vorteilsnahme oder gar einer Bestechlichkeit sind nicht erkennbar, Verfahren eingestellt. Dieses »Verfahren« hat keine zehn Tage gedauert, so viel Zeit ist verstrichen zwischen Scheffelmeiers Anzeige und der Reaktion darauf.

Die andere Seite ist nicht minder aktiv und verrät auch nicht das kleinste Anzeichen von Ermüdung. In seiner abschließenden Stellungnahme zur Klageerzwingung fackelt der Anwalt von Fregattenkapitän M. nicht lange und macht Front gegen das Bundesverteidigungsministerium. Deren abgegebene Aussagen zu den Unfallursachen wirkten »wie eine Verteidigungsschrift in eigener Sache. Offensichtlich befürchtet man auf der Hardthöhe durch die [...] attestierten Sicherheits- und Ausrüstungsmängel auf den Fregatten weiteres öffentliches Ungemach durch negative Medienberichterstattung«.

Sollte der Vorwurf einer fahrlässigen Tötung gegen M. erhoben werden, entbehre der jeglicher Grundlage – denn da »mangelt es sowohl an der objektiven als auch an der subjektiven Sorgfaltspflichtverletzung«. Schließlich habe sich der Beschuldigte »in der konkreten Unfallsituation in jeder Hinsicht an die geltende und für ihn maßgebliche Vorschriften- und Befehlslage gehalten«. M. hat das getan, was er tun konnte. Mehr Hilfe war nicht möglich – es sei denn »unter Inkaufnahme erheblicher eigener Gefahr oder Gefährdung Dritter«. Aber, so setzt Rechtsanwalt Carsten Grau feinsinnig nach, ein Nichtschwimmer müsse ja auch nicht in tiefes Wasser springen, um einen Ertrinkenden zu retten. Kurz und gut, auch ein Belangen wegen unterlassener Hilfeleistung komme nicht in Betracht.

Am 6. Februar 2004 trifft bei Anwalt Peter Wüller die ungeduldig erwartete Post aus Oldenburg ein. Ja, ja, ja! Geschafft! Wüller ist hochzufrieden, er hält die 47 Seiten starke Anklageschrift der Staatsanwaltschaft in den Händen. Verfasst wurde sie bereits am 20. Januar. Darin wird Frank M., Kommandant der Fregatte MECKLENBURG-VORPOMMERN, angeklagt, »durch Fahrlässigkeit den Tod eines Menschen verursacht zu haben«.

Endlich ein Erfolg! Nein, es ist der Erfolg schlechthin. Wolfgang und Ingrid Scheffelmeier sitzen im Wohnzimmer und atmen tief durch. Die Anspannung der vergangenen

Erfolg für Scheffelmeiers Anwalt Peter Wüller nach zwei Jahren: ein Klageerzwingungsverfahren

Wochen löst sich, sie sind erleichtert. So fühlt man sich also, wenn einem Gerechtigkeit widerfährt – eine angenehme Erfahrung. Und ihr Häusle zieht ihnen auch keiner unterm Hintern weg. Das tut gut.

Seite für Seite studieren sie die Anklage. Schon nach wenigen Minuten beginnt Wolfgang Scheffelmeier zu schnaufen. Sieh einer an, die Staatsanwaltschaft meint, bei der Schilderung des Sachverhalts auf angebliche Mängel beim Umgang mit den Rettungswesten hinweisen zu müssen: »Nieschwitz und Scheffelmeier hatten ihre Schwimmwesten im wesentlichen ordnungsgemäß angelegt, wobei Scheffelmeier jedoch die Schrittgurte nicht fest genug angezogen, während Paul bei seiner Weste die Gurte offensichtlich nur locker umgelegt hatte.«

Wenige Seiten weiter beruhigt sich Scheffelmeiers in Wallung geratene Blut wieder. Diese Feststellung ändere nichts daran, so liest er mit Befriedigung laut vor, dass der Angeschul-

Rheinische Post, *20. Februar 2004*

digte zwischen 16.01 und 16.03 Uhr, »wie es geboten und auch zumutbar war«, das Motorrettungsboot hätte aussetzen lassen müssen. »Mit an Sicherheit grenzender Wahrscheinlichkeit« hätte Soldat Scheffelmeier dann den Unfall überlebt.

Da hat sich nach langem und zähem Ringen der Staat doch als Rechtsstaat zu erkennen gegeben. Fast hätten er und seine Frau den Glauben daran verloren.

»Sammys Tod – Ein Vater erzwingt die Anklage gegen einen Fregatten-Kapitän – auch die Ausrüstung der Armee wird vor Gericht eine Rolle spielen« titelt die *Süddeutsche Zeitung*. »Ein

Vater klagt die Marine an« schreibt die *Rheinische Post*. In der regionalen Presse prangt fett die Überschrift »Anklage wegen fahrlässiger Tötung«.

Das sind Zeilen nach Scheffelmeiers Geschmack, die liest er gern, das kostet er aus.

In den Artikeln, scheint es, schwingt eine Portion Verwunderung mit. Als ob sich die Journalisten ihre Augen reiben, weil sie es kaum glauben können, dass da ein David dem Goliath wirklich und wahrhaftig eine verpasst hat.

Wieder kommen Presseleute zu ihm nach Hause und stellen ihre Fragen:

Reporter: »Herr Scheffelmeier, benennt die Anklageschrift den richtigen Schuldigen?«

Scheffelmeier: »Was heißt das – der richtige Schuldige? Herr M. war der Kommandant. In seiner Verantwortung liegt was er hätte tun können und was er nicht getan hat. Dafür ist er verantwortlich. Aber dass die Marineführung diese Fregatten immerzu mit unzureichenden Rettungsmitteln auf die See geschickt hat, dafür ist er nicht verantwortlich. Dafür tragen Marineführung und Verteidigungsministerium die Schuld. Die haben über Jahre Ausnahmegenehmigungen für Dinge erstellt, die einfach kaputt waren und nicht repariert wurden.«

Reporter: »Also ist der Kommandant gar nicht der Hauptverantwortliche?«

Scheffelmeier: »Was die Rettungsaktion betrifft, trägt er für seinen Teil Verantwortung. Denn er hätte meinen Sohn rausholen können. Aber dass man ihm befiehlt, mit dem kaputten Zeug raus zufahren – dafür ist nicht der Kommandant verantwortlich.«

Euphorie empfindet Scheffelmeier nicht. Er ist nachdenklich wie immer und bleibt Realist. Zu seiner Frau sagt er: »Du wirst sehen, jetzt kommen noch mehr Hürden und womöglich noch mehr Termine beim Anwalt und vor Gericht. Uns steht reichlich Arbeit bevor. Gott steh' uns bei. Denn die werden nicht klein beigeben, die nicht.«

Scheffelmeier muss nur die Schriftsätze von M.'s Anwalt Grau lesen. Dass er die Anklageschrift förmlich zerpflückt – bitte sehr, das ist sein gutes Recht. Aber dieser Mitleid erheischende Tonfall: »Angesichts der Vielzahl von Zeugen und Sachverständigen müsste eine Beweisaufnahme von erheblicher Dauer durchgeführt werden. Diese Hauptverhandlung wäre für Herrn M. im Hinblick auf das zu erwartende Medieninteresse äußerst belastend. Vor dem Hintergrund der bislang erfolgten Berichterstattung müsste er befürchten, dass ihm stellvertretend für die Bundesmarine die von den Medien – zu Recht – kritisierten Sicherheits- und Ausrüstungsmängel angelastet würden.«

Scheffelmeier hat dafür wenig Verständnis. Er hat seinen Sohn verloren. Ist das nichts? »Der arme Kommandant wird einer grausamen Medienmeute zum Fraß vorgeworfen. Als ob solche Auftritte für meine Familie das blanke Vergnügen wären. Wer fragt denn, wie es uns dabei geht?«

Er ist froh, dass seine Frau Ingrid zu Kräften gekommen ist. Manchmal kann sie sogar schon wieder lachen. Sie arbeitet auch wieder, braucht aber immer noch ihre Medizin. Ablenkung findet sie bei den Hunden, die seit einiger Zeit mit im Haus leben. Diese Tiere um sich zu haben, war ihr Wunsch. Wolfgang Scheffelmeier spürt, dass sie beginnt, den Tod ihres Sohnes zu verarbeiten. Sie hat sich sogar aufgerafft, das Zimmer von Sammy in der oberen Etage umzuräumen.

Zwei Jahre lang blieb es unverändert. Der Surfanzug, die Dienstmütze, die Plakette mit der Fregatte drauf, die vielen Fotos – alles erinnerte an den Jungen. Wie oft war Ingrid Scheffelmeier die Treppe hinauf gestiegen, hatte sich in den Türrahmen gestellt, sich umgeschaut und ein bisschen Sammy-Duft eingeatmet.

Anwalt Wüller richtet sich auf zwei Szenarien ein. Er würde die Sache am liebsten von der Strafkammer eines Landgerichts verhandelt sehen, schon weil es nicht nur mit einem Verhandlungstermin abgetan ist. Er rechnet vor: »Dem Beschluss des Senats vom Oberlandesgericht entnehme ich, dass dort schätzungsweise dreißig, vierzig oder noch mehr Zeugen auflaufen werden. Allein wir haben mindestens drei oder vier Sachverständige. All das sprengt den Rahmen einer normalen Strafverhandlung vor einem Amtsgericht. Vor einem Landgericht ist dieser Fall besser aufgehoben.«

Aber gleich holt ihn seine Skepsis wieder runter und stutzt ihn zurecht. Die Angelegenheit könnte ein paar Nummern zu groß sein. Die hohen Herren lassen sich nicht von einem verzweifelten Vater und seinem Anwalt da in der Provinz aus der Fasson bringen. Wüller, mach' dich besser auf einiges gefasst!

Eine seiner Befürchtungen: Heimlich basteln Marine, Politik und Staatsanwaltschaft an einem Deal. Nur allzu gut erinnert er sich an Merkwürdigkeiten in Zusammenhang mit den ersten Ermittlungen. Damals, im Sommer 2002, gab es mehrere Telefonate zwischen dem Rechtsberater der Flotte und der ermittelnden Dezernentin der Staatsanwaltschaft.

»Sogar Treffen haben stattgefunden«, empört sich der Anwalt. »Normalerweise müssen solche Gespräche aktenkundig gemacht werden, zumindest deren Inhalt. Aber nichts – in den Akten taucht darüber nichts auf. Nach außen erweckt das den Anschein, dass da gekungelt wurde. Ich sag's mal plakativ: da haben sich Staatsanwaltschaft und Marine an einen Tisch gesetzt, über dieses und jenes gesprochen, aber niemals etwas schriftlich festgehalten. Und anschließend wurde der Öffentlichkeit das Ergebnis präsentiert, welches damals lautete: wir müssen das Ermittlungsverfahren einstellen.«

Scheffelmeiers Anwalt hatte protestiert. Vergeblich, man hatte ihn nicht mal einer Reaktion gewürdigt.

Ist Fregattenkapitän M. zum Abschuss freigegeben oder nicht?

Unerwartet meldet sich der neue Inspekteur der Marine, Vizeadmiral Lutz Feldt, zu Wort. In einem Brief wendet er sich an seine »Herren Kommandeure, Kommandanten und Einheitsführer«. Er drängt auf Richtigstellung. Die im Rahmen der Berichterstattung über den Unfall geäußerte Kritik an den Rettungsmitteln der MECKLENBURG-VORPOMMERN sei nicht gerechtfertigt. Allen Zweiflern in den eigenen Reihen schreibt er ins Stammbuch: »Das Motorrettungsboot kann auch in Schlechtwetter-Situationen in der Lee-Position sicher bemannt werden.« Und die Rettungsweste stelle »zusammen mit der anzulegenden Spritzhaube ein wirksames Rettungsmittel dar« – natürlich nur, wenn alles ordnungsgemäß angelegt ist. Nicht nur die Rettungsmittel an Bord der Fregatte, nein, die der gesamten Marine seien bestens. Nachdem Vizeadmiral Feldt die schöne, heile Welt der Deutschen Marine kundgetan hat, bittet er die Offiziere, diese »Information« überall bekannt zu geben. Sicherheit per Tagesbefehl verordnet?

Verrat! Anwalt Grau sieht Rot. Ein Heckenschütze in den eigenen Reihen und noch dazu einer in sicherer Position ganz oben. Sofort erstattet er Anzeige gegen den Inspekteur. Was der oberste Marineoffizier da veranstaltet, riecht verdammt nach Zeugenbeeinflussung. Eine Zeitung zitiert Grau mit den Worten: »Das Ermittlungsverfahren hat gezeigt, dass die Rettungsmittel der Marine teilweise völlig ungeeignet sind. Es gibt Bootsaussetzkräne, die noch nie richtig funktioniert haben!«

Fregattenkapitän M. und sein Anwalt vermuten, dass Vizeadmiral Feldt mit seinem Brief die Offiziere vor dem möglichen Prozess »disziplinieren und auf Linie bringen« wolle. Dem *NDR-Radio* sagt Grau: »Hätte die Kammer beim Landgericht das Verfahren eröffnet, wären wenigstens 13 Marineangehörige, wahrscheinlich noch mehr, als Zeugen zu vernehmen gewesen. Und die hätten sich möglicherweise gebunden gefühlt an diesen Tagesbefehl ihres höchsten Marineoffiziers und wären da rein gegangen und hätten gesagt: Nein, nein. Es gibt keine Mängel.«

Grau legt Beschwerde beim Bundesverwaltungsgericht in Leipzig gegen den Tagesbefehl ein. Die Beschwerde wird dort zwar als zulässig, aber unbegründet zurückgewiesen. Daraufhin geht der Anwalt mit einer Verfassungsbeschwerde nach Karlsruhe zum Bundesverfassungsgericht, um für seinen Mandanten ein faires Verfahren durchzusetzen. Er will, dass Fregattenkapitän Frank M. rehabilitiert wird. Doch die Richter in Karlsruhe brauchen Zeit. Bis zu ihrer Entscheidung beunruhigt ihn die Frage: Lassen die Militärs ihren Kameraden Frank M. fallen oder nicht?

Ein Showdown in aller Öffentlichkeit findet nicht statt, er hat sich erübrigt. Das Landgericht Oldenburg zieht Fregattenkapitän M. aus der Schusslinie. Am 19. März 2004 teilt es mit, dass es die vorläufige Einstellung des Verfahrens erwägt – gegen die Zahlung einer Geldbuße in Höhe von 2.400 Euro. Rechtsanwalt Wüller wird eine Woche Zeit gegeben für eine Stellungnahme.

Der tobt – natürlich nur inoffiziell, unter vier Augen in der Kanzlei oder zwischen zwei Ohren am Telefon. Da nennt er die Verfahrensweise eine »absolute Sauerei«, und die Titulierung »Arschlöcher« rutscht auch schon mal raus. Ihm schwant, dass er »prozessual« keine Möglichkeiten hat, dagegen erfolgreich vorzugehen.

Er und Scheffelmeier haben die Ankündigung ihrer entscheidenden Niederlage erhalten.

Das Landgericht Oldenburg bezieht sich auf § 153 a der Strafprozessordnung. Der – und davon lässt sich Wüller nicht abbringen – gelte eigentlich für Fälle der leichten bis mittleren Kriminalität. Bei Tötungsverfahren mit zwei Toten – also im

Fall Scheffelmeier und Paul – dürfe man diesen Paragraphen nur anwenden, wenn zuvor eine Hauptverhandlung stattgefunden habe. Die sei zwingend geboten, solle aber offenbar verhindert werden.

Ganz nebenbei scheint man am Landgericht Oldenburg wachsendes Vergnügen am trickreichen Spiel mit Formalien gefunden zu haben. Zwar wurde die Mitteilung über die geplante Verfahrenseinstellung am 19. März 2004 geschrieben, aber erst fünf Tage später abgeschickt – abzulesen am hauseigenen Poststempel. Am 25. März erhielt Anwalt Wüller das Schreiben, einen Tag vor Verstreichen der einwöchigen Widerspruchsfrist. Glücklicherweise – und entgegen allen Kalküls? – hielt sich die Post an ihre Beförderungsnormen und hatte Wüller in seiner heimischen Kanzlei zu tun. Er konnte also unverzüglich reagieren.

Gleiches tut mit zornesrotem Gesicht Scheffelmeier. Er liest dem Landgericht Oldenburg die Leviten: »Dies, meine Herren, stinkt so gewaltig, dass ich von demokratischen Spielregeln nicht reden kann. Anscheinend will man um jeden Preis eine Verhandlung verhindern.«

Gerade noch rechtzeitig legt Anwalt Peter Wüller Widerspruch ein, Wolfgang Scheffelmeier und seine Frau sind am Boden. Das Leben ihres Sohnes soll ganze 2.400 Euro wert gewesen sein. Sie sind erschüttert.

In weitem Bogen will das Landgericht einen Prozess umgehen. Der einzige Unsicherheitsfaktor ist die Entscheidung der Oldenburger Staatsanwaltschaft. Aber von dort droht keine Störung, man kennt schließlich die Staatsanwälte. Es sind dieselben, die vor eineinhalb Jahren in der gleichen Sache schon einmal Ermittlungen wegen angeblicher Aussichtslosigkeit eingestellt hatten. Nun mussten sie sich vom Oberlandesgericht zur Jagd tragen lassen, regelrecht gezwungen zur neuerlichen Anklage. Kann man ernsthaft annehmen, dass ausgerechnet diese Damen und Herren Staatsanwälte sich deswegen zu einer anderen Sicht auf die Dinge bemüßigt fühlen?

Welch unpassende Frage. Selbstverständlich bekennt sich die Oldenburger Staatsanwaltschaft zur Kontinuität. Am 28. April 2004 gibt das Landgericht den Beschluss über die vorläufige Einstellung des Verfahrens nach § 153a der Strafprozessordnung bekannt, wie es sich gehört mit Zustimmung der Staatsanwaltschaft.

Ein klein wenig Buße darf aber sein. Der Angeschuldigten soll binnen eines Monats einen Betrag von 2.400 Euro zahlen.

Erläuterungen dürfen die erstaunten Journalisten einer Pressemitteilung entnehmen. § 153a der Strafprozessordnung könne bei Vergehen angewendet werden, nicht bei Verbrechen. Danach könne ein Verfahren eingestellt werden, wenn Auflagen »geeignet sind, das öffentliche Interesse an der Strafverfolgung zu beseitigen« und wenn »die Schwere der Schuld nicht entgegensteht«. Der Logik dieser Erklärung folgend handelt es sich bei dem Bootsunglück mit zwei Toten um einen der leichteren Fälle.

Abgewiesen wird der Vorwurf, eine der Seiten habe versucht, Einfluss auf die Entscheidung der Staatsanwaltschaft zu nehmen. Das stimme nicht – »abgesehen von einigen Schreiben des Nebenklägers«. Gemeint ist Scheffelmeier. Zwar erkenne die Staatsanwaltschaft an, dass die Ausrüstung der Marine »zahlreiche Mängel aufwies«. Aber erstens würden die in einem Hauptverfahren letztlich zu Gunsten des Angeklagten zu berücksichtigen sein. Zweitens könne »es nicht richtig sein, dieses sehr aufwendige Hauptverfahren vollständig durchzuführen, nur um Mängel festzustellen, für die der Angeklagte nicht verantwortlich ist«.

Was nur heißen kann: wenn der dafür sowieso keine Verantwortung trägt, kann man den Pfusch auch gleich Pfusch sein lassen. Anstatt das kranke Innenleben der Marine durch öffentliche Behandlung einer Radikalkur zu unterziehen, widmet sich die Staatsanwaltschaft abschließend besorgt dem finanziellen Wohlergehen des so sehr ins Rampenlicht gezerrten Schiffskommandanten.

»Die Höhe der Auflage hat das Landgericht nach dem Monatseinkommen des Angeschuldigten bemessen. Dem hat die Staatsanwaltschaft im Ergebnis auch zugestimmt, weil der Angeschuldigte zudem seine nicht unerheblichen Anwaltskosten selbst tragen muss und weil dieser Beitrag ohnehin eher symbolischen Charakter hat. Eine Geldauflage kann – egal wie hoch sie bemessen ist – natürlich nicht den Verlust eines Menschenlebens ausgleichen (wie in der Presse teilweise dargestellt wurde).« Das mögen sie alle gefälligst zur Kenntnis nehmen, die werte Familie Scheffelmeier und die sehr geehrten Damen und Herren Journalisten.

Monatelang wurde das Klageerzwingungsverfahren vorbereitet, für die erzwungene Verhandlung genügt dem Gericht ein einziger Tag. Die Entscheidung ist recht und billig.

Am 10. Mai 2004 wird das Verfahren gegen Fregattenkapitän Frank M. wegen Verdachts der fahrlässigen Tötung endgültig eingestellt.

Seine Schuld am Tod zweier Soldaten auf der Ostsee sei eben nur gering.

Erfreut über diesen Ausgang dürfte außer ihm der Schatzmeister der Deutschen Gesellschaft zur Rettung Schiffbrüchiger in Bremen gewesen sein – der Verein erhält die 2.400 Euro Bußgeld.

Eine Fregatte ohne Sicherheitsregeln

Die Richter haben entschieden, jetzt melden sich die an der Seite Scheffelmeiers stehenden Gutachter zu Wort. Wenn sie die Welt der Justitia in diesem Fall schon nicht verändern können, so wollen sie sie wenigstens verschieden interpretieren.

Kapitän Winfried M. Beck aus Brunsbüttel stellt abermals die seemännische Kompetenz von Fregattenkapitän M. in Frage. Anders als von ihm und seinem Verteidiger behauptet, hätte sich die MECKLENBURG-VORPOMMERN sehr leicht manövrieren können. Die Fregatte habe sich zum Zeitpunkt des Unfalls nämlich auf Manöverfahrt befunden. Das bedeute eine reduzierte Umdrehungszahl der Hauptmaschinen. Unter diesen Bedingungen lasse sie sich »praktisch wie ein Auto manövrieren. Das Schiff kann also jederzeit durch entsprechende Manöver sofort gestoppt und gewendet werden, um eine für die Rettung erforderliche Lee-Position zu erreichen, in der die Seegangshöhe im Nahbereich des Schiffes praktisch null ist.«

Für Beck ist unbegreiflich, warum das Durcheinander auf der CUMBERLAND und der chaotische Ablauf der Rettungsaktion vom Gericht nicht thematisiert wurden. Er erinnert an Grundregeln, die in der zivilen Schifffahrt üblich sind: »Die absolute Notwendigkeit fordert in solchen Situationen das Überbordwerfen aller zur Verfügung stehenden, schwimmenden Gegenstände wie Rettungsringe, eventuell sogar Matratzen oder ähnliches. Dieses sollte eigentlich selbstverständlich sein, aber von den über 200 Mann der Besatzung ist traurigerweise keiner auf diese Idee gekommen.« Einzig ein Seil wurde vom britischen Schiff zu den im eiskalten Wasser um ihr Leben Schwimmenden herabgelassen. Aber das konnten die mit ihren von der Kälte klammen und fast unbeweglichen Fingern schon nicht mehr greifen. Und Beck fragt, was die Führung der MECKLENBURG-VORPOMMERN während der Aktion tat?

Seine Antwort: »Nichts, gar nichts!«

Auch der Rostocker Professor Joachim Hahne kommt nicht los von den Ermittlungsunterlagen. Und auch seine Schlussfolgerungen sind ganz andere als die des Gerichts. Aus seiner Sicht ist und bleibt Schiffskommandant Frank M. der Hauptverantwortliche für das Desaster vom 6. März 2002.

Hahnes Beurteilung der Führungsqualitäten des Fregattenkapitäns fällt eindeutig aus – ein typischer Fall von »decision leak« sei das gewesen, ein Entscheidungsleck. Die einzige Entscheidung, die M. getroffen hatte sei, keine Entscheidung zu treffen. Mit anderen Worten: Frank M. sei in der Situation des Rettungsmanövers komplett überfordert gewesen. Eine andere vernünftige Erklärung für dieses Nicht-Verhalten könne es nicht geben. Professor Hahne versucht, die Situation auf der Schiffsbrücke zu interpretieren. Er skizziert Momente menschlichen Versagens. Nach allem, was er an Aussagen über die dramatischen Momente und die Reaktion der beteiligten Offiziere und Soldaten gelesen habe, muss Frank M. in »eine Art Schreckstarre« verfallen sein und jegliches normale Vermögen für klare Anweisungen verloren haben.

»Der Kapitän war nur noch als – ich muss es so bezeichnen – biologische Masse an Bord, aber nicht mehr als oberster Entscheidungsträger. Er wusste überhaupt nicht wie er sich in dieser zugespitzten, kritischen Lage verhalten sollte. Der stand bloß noch neben sich.« Solche emotionalen und psychischen Schockzustände hat Hahne während seiner Tests und Forschungen zu Havariesituationen auf Schiffen bei verschiedenen Personen immer wieder erlebt. »Alle gaffen, keiner tut was. Genau deshalb kann und muss das richtige Verhalten trainiert werden. Rettungsmittel allein sind schon lange kein Synonym mehr für ausreichende Sicherheit in der Schifffahrt. Wir brauchen eine bessere Ausbildung für die Offiziere und alle, denen die Führung des Schiffes anvertraut ist. Das ist viel wichtiger als diese ständige Technik-Gläubigkeit! Hinten, im Gehirn, muss alles für den Ernstfall gerüstet sein, sauber abgelegt und vorprogrammiert. Mit dem Kopf wird über Leben und Tod entschieden.«

Ein Unglück wie dieses mit zwei Toten hätte für die Marine Anlass sein müssen, grundsätzliche Fragen der Ausbildung und der Auswahl von Führungspersonal neu zu durchdenken. War ein Mann wie Frank M. überhaupt geeignet für den Posten eines Kommandanten? Reichte sein Werdegang aus, um den Anforderungen gerecht zu werden?

Nein, denn Frank M. habe nicht die richtigen Befehle zur Rettung von Menschenleben gegeben, wiederholt Prof. Hahne. Und das bei dem damals herrschenden schlechten Wetter! Da hätte ein kluger Kapitän eine permanente und weitsichtige Risikoberechnung vorgenommen. Fregattenkapitän M. war kein kluger Kapitän.

Im gleichen Maß, in dem sich das Zaudern auf der Kommandobrücke Minute um Minute verlängerte, verkürzte sich für die Soldaten Stefan Paul und Samuel Scheffelmeier draußen im Wasser die Überlebenszeit.

Und Hahne erzählt von Übungen mit Ausbildungsschiffen für angehende Seeleute und von wirklichen Unfällen auf Handelsschiffen. Auch er sei immer wieder erstaunt, wie schnell die Kräfte bei Menschen schwinden, die ins Wasser gefallen und in bedrohliche Seenot geraten sind. Innerhalb weniger Minuten könne sich die Leistungsfähigkeit auf zehn Prozent und weniger reduzieren.

Wolfgang Scheffelmeier

Je kälter das Wasser, desto rasanter der Erschöpfungsprozess. Wer urplötzlich durch Wind, Wellen oder eine Unachtsamkeit von Bord gerissen wird, so die Erfahrung, hat ohne Rettungsweste nur geringe Überlebungschancen. Die Statistik von Seeunfällen offenbart eine brutale Wahrheit – von einhundert über Bord gefallenen Menschen können nur fünf lebend geborgen werden. Nicht einmal in wärmeren Mittelmeergewässern sieht die Todesrate sehr viel anders aus. Zu groß und zu lähmend sind bei den Gekenterten das Erschrecken und die Panik nach dem Sturz in die Fluten, zu lange brauchen die Schiffe, um ihren Kurs zu ändern und den Verunglückten zu suchen und aufzunehmen. Selbst für einen guten Schwimmer kann es schon zu viel sein, zehn Minuten in den Wellen zu treiben. Der Mensch, der unvorhergesehen Hals über Kopf von einem Schiff ins Wasser stürzt, erleidet zumeist einen Schock. Er befindet sich in einer nie gekannten Extremsituation, die all seine Kräfte und Sinne bis aufs äußerste beansprucht und nicht in einem launigen Freizeitbad.

In der Deutschen Marine kursiert ein Lehrfilm, der über die Gefahren eines plötzlichen Eintauchens in kaltes Wasser ohne angelegten Kälteschutz informiert. Darin wird auch der Zeitdruck veranschaulicht, dem sich alle an der Rettung Beteiligten stellen müssen. Ohne Schutzanzug verfällt der Verunglückte im kalten Wasser unwillkürlich in eine nicht zu unterdrückende Zwangsatmung mit rascher Frequenz. Je einschneidender die Kälte, desto stärker und den ganzen Körper erfassend ist diese Hyperventilation. Für einen untrainierten, ins Wasser gefallenen Menschen gilt die Faustregel: »Gradzahl des Wassers gleich Minutenzahl, nach deren Ablauf ein Bewusstseinsverlust eintreten kann.« Dementsprechend sollen auf der Brücke laut die Minuten vom Fall ins Wasser bis zum Herausholen mitgezählt werden. Damit sich alle den Notfall und die Bedrängnis ihres Kameraden vergegenwärtigen.

Zur Erinnerung: Als die Soldaten Scheffelmeier, Paul und die anderen in die Ostseefluten stürzten war das Wasser dreieinhalb Grad kalt. Spätestens nach dreieinhalb Minuten hätten also auf der Kommandobrücke der MECKLENBURG-VORPOMMERN auch die inneren Alarmglocken der Offiziere schrillen müssen. Tatsächlich geborgen wurde Stefan Paul nach 23 Minuten, zu spät. Der junge Soldat war bereits tot. Sein Leidensgefährte Sammy Scheffelmeier wurde gar nach 36 Minuten herausgefischt. Es ist ein Wunder, dass er zu dem Zeitpunkt noch ein letztes Lebenszeichen von sich gab. Wie lange die Offiziere auf der Brücke den Mut hatten, die Minuten mitzuzählen, ist nicht bekannt.

Die Rettung von Verunglückten auf hoher See ist ein Wettlauf um Leben und Tod. Das habe auch der Kommandant eines Kriegsschiffes zu berücksichtigen, sagt Hahne. Ohne Wenn und Aber. Eine Gegenüberstellung oder eine Gewichtung von »Boot oder Scheffelmeier« verbiete sich. Das sei einfach nur zynisch. Wenn Fregattenkapitän M. kein Boot zu Wasser lassen konnte oder wollte, hätte er andere Maßnahmen ergreifen müssen. Jawohl – müssen!

Was konnte Frank M., der Kommandant der MECKLENBURG-VORPOMMERN ausrichten? Wie groß war sein eigener Handlungsspielraum wirklich? Hatte er nicht nur den Schlamassel auszubaden, der ihm und den anderen Fregattenkommandanten von realitätsfernen Vorgesetzten angerichtet worden war? Diese Fragen interessieren Diethard Kersandt, den Fachmann für maritime Sicherheitsfragen aus Rostock. Mit Ausdauer legt er die Schwachstellen in der Kommandostruktur der Deutschen Marine offen. Die Leute über Fregattenkapitän M., die hohen Entscheidungsträger aus Politik und Marine, sollen sich nicht einfach aus ihrer Verantwortung stehlen dürfen.

Kersandt erinnert an die peinlichen Pannen rund um den Bootsaussetz- und Ladekran bis hin zu dessen Stilllegung. In der Folge wurde von Marine-Sachverständigen eine »ministerielle Grundsatzentscheidung« zur Einsatzfähigkeit der 123er Fregatten angemahnt. Was aber kam, sei das verheerende »Prinzip Ausnahmegenehmigung« gewesen. Die vier Kommandanten hatten für jedes ihrer Schiffe gesondert eine solche »Ausnahmegenehmigung auf Zulassung zur Teilnahme am Seeverkehr« zu beantragen. »Und das«, erklärt Kersandt erbost, »ist die Falle, in die die Kommandanten gehen mussten. Eine Abschiebung der Verantwortung auf den einzelnen Kommandanten – das war die Realität!«

Letztlich seien der MECKLENBURG-VORPOMMERN die Ausnahmegenehmigungen ohne besondere Bedingungen erteilt worden. Auch Frank M. habe genau geahnt, was auf ihn zukommen könnte. Mit Blick auf den vermaledeiten Bordladekran und den trotzdem nach bestem Wissen und Gewissen durchzuführenden so genannten Maßnahmen der Planmäßigen Materialerhaltung, sei der Kommandant sogar ungewohnt deutlich geworden. Er habe schriftlich, »um weiterhin am Seeverkehr sicher teilnehmen zu können, um eine klare Weisung« gebeten.

Diethard Kersandt bewertet das als »einen sehr korrekten und wohl durchdachten Hinweis des Kommandanten der Fregatte, der deutlich erkannte, dass er gegen nationale und internationale Gesetze verstoßen musste, um seinen Dienstauftrag zu erfüllen«. Für Kersandt steht fest, dass Frank M. auf keinen Fall der Schuldige am Tod der beiden Soldaten ist. Denn »verstößt […] die Ausnahmegenehmigung gegen die Erfüllung der mit dem Einsatzbefehl verbundenen Aufgaben des Kommandanten, dann ist sie mit einem derartig ernsthaften Mangel behaftet, der der Zulassung zum Seeverkehr widerspricht und die sofortige Stilllegung der militärischen

Der Sachverständige Dieter Becker, Wilhelmshaven

Einheit nach sich ziehen muss. Dem Kommandanten kann aus der Erfüllung gesetzlicher Vorschriften kein Fehlverhalten angelastet werden.«

Dann treibt Kersandt das absurde Marine-Theater um Dienstanweisungen und marode Technik auf die Spitze und entwirft ein kleines Was-wäre-wenn-Szenario für das großartige Manöver »Strong Resolve«: »Nehmen wir also einmal an, der Kommandant der MECKLENBURG-VORPOMMERN hat es versäumt, seine übergeordnete Kommandoebene bei Beobachtung einer Wellenhöhe von eins Komma fünf Metern und höher darüber zu informieren, dass sein Schiff bei diesen Wetterbedingungen seeuntüchtig wurde und nicht mehr in der Lage war, seine Einsatzaufgabe ohne Verstoß gegen gültige Ausnahmegenehmigungen zu erfüllen. Diese Meldung wäre gleichbedeutend mit der Tatsache, dass die deutsche Fregatte als Bestandteil der NATO-Flotte schon bei Wellenhöhen ab eins Komma fünf Metern für den Einsatz auf See ungeeignet war. Eine solche Meldung aber hätte wahrscheinlich das Ende der Laufbahn des Kommandanten bedeutet.«

Vor welchem Gericht haben sich die erfindungsreichen Marinebürokraten zu verantworten?

Seit Sommer 2002 beschäftigt sich auch Dieter Becker mit dem tödlichen Unfall auf der Ostsee. Der Rechtsanwalt von Adelheid und Bodo Paul hatte sich an ihn gewandt und um fachliche Unterstützung bei der Aufklärung des Todes ihres Sohnes Stefan gebeten. Wenige Wochen danach meldete sich ebenfalls Wolfgang Scheffelmeier. Becker, ein öffentlich bestellter und vereidigter Sachverständiger für Schiffbau, betreibt in Wilhelmshaven ein eigenes Ingenieurbüro. Natürlich hatte auch er, wie wahrscheinlich alle Experten für maritime Sicherheit zwischen Ems und Kap Arkona, sämtliche Informationen über das Unglück gesammelt und ausgewertet. Er analysierte einige der unbegreiflichen Pannen, die das gesamte Rettungsmanöver zu einer Farce werden ließen. Frühzeitig meldete Dieter Becker andere, grundsätzliche Bedenken an und schrieb an Scheffelmeier, dass er Fehler und Mängel „auch allgemein im System der Marineführung sehe, welches traditionell eigene Wege geht. Nur so ist zu erklären, dass z.B. bewährte internationale Vorschriften wie SOLAS (*International Concention For The Safety Of Life At Sea – Internationales Übereinkommen zum Schutz menschlichen Lebens auf See*) nicht angewendet bzw. eingehalten werden können.

Eine staatsanwaltschaftliche Untersuchung wird zur Farce, wenn es doch für Rettungsmittel bei der Bundesmarine keine gesetzliche Grundlage gibt, denn nach Regel 3 von SOLAS gelten die internationalen Vorschriften nicht für Kriegsschiffe und Truppentransportschiffe."

Damit legt Becker den Finger auf einen wunden Punkt. SOLAS regelt die Sicherheitsnormen zu Bau, Ausrüstung und Betrieb von Schiffen. 1988 wurde dieses Paket von der Bundesrepublik Deutschland ratifiziert. In Kapitel 3 von SOLAS sind die Mindestanforderungen an Rettungsmittel genannt. Anforderungen, die auch die Fregatte MECKLENBURG-VORPOMMERN zu erfüllen hat.

Gutachter-Kollege Diethard Kersandt erinnert in diesem Zusammenhang an eine Mitteilung des Bundesministeriums der Verteidigung vom 23. August 1996. Darin wird sich ausdrücklich zu den Vorschriften der zivilen Schifffahrt und zu SOLAS bekannt. Sie seien »Maßstab für den Sicherheitsstandard auf Schiffen der Bundeswehr und spiegeln sich in den Bauvorschriften für Schiffe der Bundeswehr wider«.

Am 1. Juli 1998 gibt der *Bundesanzeiger* vom Justizministerium den Internationalen Rettungsmittel-Code bekannt. – Eine ausführliche Auflistung von Anforderungen rund um maritime Rettungsmittel, alles gründlich und exakt, ein Regelwerk für die Sicherheit von Mensch und Material auf See. Es gibt nur einen Haken, die im ersten Kapitel festgelegte Regel 3. Die nennt Ausnahmen für all die guten Standards: »Soweit nicht ausdrücklich etwas anderes bestimmt ist, gelten diese Regeln nicht für [...] Kriegsschiffe und Truppentransportschiffe.«

Diese Ausnahmen sind es, die Becker und die anderen Sachverständigen in Unruhe versetzen. Ein permanenter Mangel wird zu geltendem Recht erklärt. Sicherheitsparagraphen, Standards, Regeln – gut und schön. Aber bitte nicht für die Marine. Die kann machen was sie will, ist schließlich in höherem Auftrag unterwegs. Deshalb haben die Zustände auf Kriegsschiffen niemanden etwas anzugehen, schon gar keine Zivilisten. Handelsschiffe, die mit kaputter oder ungeeigneter Rettungstechnik auslaufen wollen, dürfen sich nicht erwischen lassen. Sie werden sonst in allen geordneten Häfen der Welt an die Kette gelegt. Ganz abgesehen davon, dass jeder klar denkende Seemann schon nach den ersten Schritten auf den Planken so eines Seelenverkäufers alles tun würde, um schnellstens wieder Land zu gewinnen.

Was schert das die Marine? Auf deutschen Kriegsschiffen dienen ja nur knapp 19.000 Frauen und Männer.

In einem Gespräch mit dem *Norddeutschen Rundfunk* beklagt Dieter Becker das Ausbleiben jeglicher Konsequenzen für die höheren Befehlsgeber. Auch das Klageerzwingungsverfahren habe sich leider nur gegen den Kommandanten und nicht gegen das Bundesministerium der Verteidigung gerichtet.

Er vermisse »ein Verfahren wegen der Mängel der Rettungsmittel auf der MECKLENBURG-VORPOMMERN, die das Verteidigungsministerium zu vertreten hat und über die viel geredet wird. Das gibt es bislang noch nicht.«

Sammy, die Musik und der Basketball

Dieses Thema hätte ich fast vergessen. Dabei war Dir Musik doch so wichtig. Einige Wochen lang liebtest Du ganz harte Sachen und danach plötzlich das genaue Gegenteil davon. Deine letzte musikalische Liebe war »Heather Nova«, eine Independent-Rockerin von den Bermudas, die sogar Gedichtbände veröffentlichte.

Zu den letzten Weihnachten vor Deinem Tod hattest Du Dir eine CD von ihr gewünscht. Deine Schwester Salome konnte die Platte nicht auftreiben und schenkte Dir statt dessen eine Dose voller Knackwurst, mit dem Etikett »Nova« vorn drauf – ein Scherz, über den wir ganz schön lachen mussten. I

n Deiner CD-Sammlung waren Gruppen aus alten Zeiten zu finden wie Nirvana, Guns'n'Roses, Metallica und Die toten Hosen oder Rammstein. Dazwischen Grönemeier und natürlich Helge Schneider.

Und dann fingst Du an, selbst Gitarre zu spielen. Jede Woche bist Du zu einem Freund gelaufen, der Dir alles beibrachte. Als nächstes wurden zwei E-Gitarren gekauft. Nein, das war kein Spleen, Du machtest Dich ernsthaft und mit Eifer ans Üben. Ganz gewissenhaft hast Du gelernt, auf der Gitarre zu spielen. Alle Griffe, nicht nur die Ritsch-Ratsch-Technik.

Das Instrument musste natürlich mit aufs Schiff, weil Du ja jeden Tag weiter üben wolltest. Zu unserem allergrößten Erstaunen machtest Du dann sogar mit bei der Bordmusik-Band. Und als Du erzähltest, dass Du als Sänger nicht mal vor den alten Seemannsliedern zurückgeschreckt bist, konnte ich das gar nicht glauben. »Mama, weißt Du, wenn ich mal richtig downig bin und wir Musik machen, geht es mir hinterher wieder gut. Weil es Bock bringt.« So hattest Du mir das damals erklärt.

Genauso leidenschaftlich machtest Du Dein Training. Basketball, jeden Tag. Weil es Dir irgendwann mit Fünfzehn nicht mehr gefiel, so einen schmalen Körperbau zu haben. In Deinem Zimmer hing auch gleich ein großes Poster von diesem amerikanischen Basketballer Dennis Rodman – dieser Typ, der sich selbst das »lebende Spektakel« nannte. So einen Körper wie der, den wolltest Du gern haben.

Es gibt da ein phantastisches Foto, Jahre danach aufgenommen. Du stehst vor dem Rodman-Plakat, mit dem Rücken zur Kamera, in der gleichen Position wie er und Dein Körper sah dank des intensiven Trainings auch schon fast wie seiner aus. Unter das Foto hattest Du geschrieben: »The King And The Duck«. Das gleiche Tatoo wie Rodman hattest Du Dir verpassen lassen, auf dem Rücken, zwischen den Schulterblättern. Sah irgendwie genial aus. Wie bei allem hattest Du auch beim Training eine Disziplin und Ausdauer, die ich bei keinem anderen Menschen so erlebt habe. Nur Wolfgang, Dein Vater, hat noch solche Züge.

Die Holy Devils, Deine Basketballmannschaft, haben einen Nachruf geschrieben, aus dem ich Dir vorlesen möchte, weil er so schön ist: »Hat uns der Tod von Uti (der vor kurzem Selbstmord begangen hat) schon knallhart zu Boden geworfen, lässt uns Sammys Abschied jetzt nicht mehr aufstehen. Am 6. März 2002 erreichte uns die Nachricht, dass Sammy bei einem NATO-Manöver ums Leben gekommen ist. Wie das geschehen konnte, warum er nicht eher aus dem Wasser gezogen wurde, sind Fragen, deren Antworten uns Sammy leider nicht wiederbringen. Und wenn der Bericht über das Unglück noch tausendmal im TV analysiert oder in den Zeitungen aufgegriffen wird, begreifen wird man das Geschehene nie wirklich. Sammy hatte vor knapp einem Jahr seinen Grundwehrdienst bei der Marine begonnen und fehlte

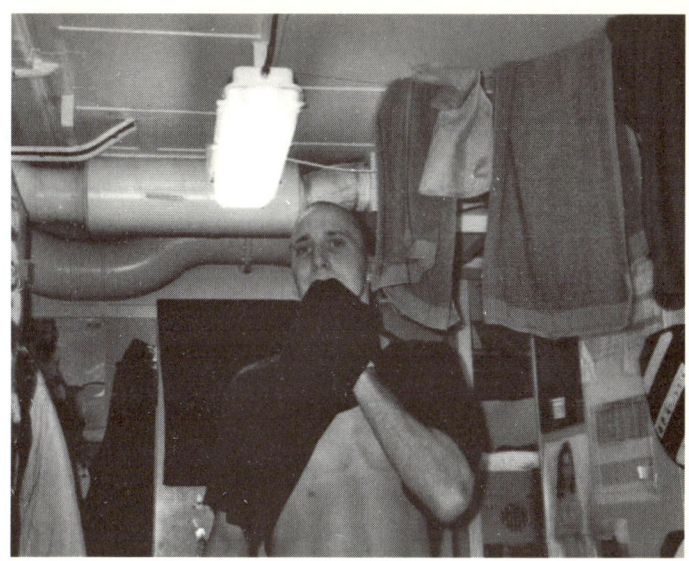

Sammy Scheffelbein unter Deck

uns in der laufenden Saison bei vielen Spielen an allen Ecken und Enden.

Sammy war ein Basketball-Verrückter. Egal, ob in der Halle, auf dem Gummiplatz, im Freibad oder in Wilhelmshaven – wenn Sammy mal zwei Stunden Zeit hatte und im Lande war, konnte man sicher sein, dass eine Stunde für Basketball draufging. Sammy kam mit allen gut aus und war innerhalb der Mannschaft sehr beliebt und respektiert.

Ob Freund oder Feind, wenn Sammy was nicht passte, sagte er es auch ungeschönt. Seine ehrliche, offene und manchmal auch verrückte Art, machte aus ihm einen echten Kumpel. Bei ihm wusste man immer, woran man war. Er spielte niemandem etwas vor. Sammy war, obwohl diese Saison nicht oft im Einsatz, unbestritten das Herz der Holy Devils. Er war jemand, der Spiele entscheiden konnte, selbst wenn er mal nicht viele Punkte machte.

Friedrich II. wird entdeckt und ein Anwalt gefeuert

»Hinter den Kulissen wurde dreist geschoben und gekungelt. Und das Oberlandesgericht Oldenburg hat sich dem willig angeschlossen. Die hielten es nicht für nötig, überhaupt zu verhandeln, geschweige denn Zeugen zu laden. Selbst im Falle einer Hauptverhandlung hätte man das Verfahren immer noch einstellen können. Nein, nicht mal diesen Schein wollten sie wahren. – Und jetzt?«

Rechtsanwalt Wüller ist am Ende seines Lateins. Sein ungutes Gefühl, das ihn von Anfang an bei diesem Fall begleitete, hatte ihn nicht getäuscht. Leider keine Neuauflage vom sagenhaften Ende des Kampfes David gegen Goliath.

Weitere juristische Instanzen sieht er nicht. Auch von zivilrechtlichen Verfahren verspricht sich Wüller kaum Erfolgschancen. Sein Mandant Scheffelmeier könnte höchstens Schadenersatzansprüche außergerichtlich geltend machen.

Vielleicht, könnte, würde. Scheffelmeier ist unruhig. Er will keinen Stillstand, will weiter Druck ausüben auf Justiz, Marine und Politik. Dranbleiben, immer dranbleiben.

Für den Anwalt ist das ist zuviel des Guten. Er fühlt sich von seinem nimmermüden Mandanten bedrängt, nahezu genötigt.

Noch Jahre später stöhnt Peter Wüller: »Herr Scheffelmeier machte nur Druck, jeden Tag. Dass ich noch zig andere Verfahren am Hals hatte, interessierte ihn herzlich wenig. Er wollte, dass ich ausschließlich für ihn und für seinen Fall da bin. Beim besten Willen, das ging gar nicht.«

Wüller fällt es zunehmend schwerer, genügend Verständnis für Wolfgang Scheffelmeier aufzubringen. Dessen rastloses Dagegenhalten bewundert er, das aufbrausende Temperament kann er verstehen. Aber dieses ununterbrochene Einfordern eines ausschließlichen Bekenntnisses zu ihm und seiner Position ging ihm entschieden zu weit.

Scheffelmeier hat wieder nachgeladen. Die Staatsanwaltschaft Oldenburg hat von ihm kein Pardon zu erwarten. Schriftlich gibt er zu verstehen, was er von ihnen hält: »Dass soviel Müll von studierten Staatsanwälten abgegeben wird – unglaublich.« Und weil das Gericht stets auf die »schwierige Entscheidung« hingewiesen habe, die der Kommandant der Fregatte zu treffen hatte, empfiehlt Scheffelmeier, alle Kapitäne zu einem Idiotentest antreten zu lassen. Vielleicht würde dann ja endlich geklärt, wer zum Führen eines Kriegsschiffes tauglich ist und wer nicht.

Wolfgang Scheffelmeier tut, was die Gutachter ihm raten. Er erstattet Strafanzeige gegen Jürgen W. vom Verteidigungsministerium, Abteilung Wehrverwaltung. Der Beamte W. hatte am 7. November 2001 die Ausnahmegenehmigung unterschrieben, dank der die Fregatte MECKLENBURG-VORPOMMERN trotz mangelhafter Rettungsmittel in See stechen durfte. Viereinhalb Monate bearbeitet die Staatsanwaltschaft Oldenburg die Anzeige. Dann teilt sie Scheffelmeier die Einstellung des Verfahrens mit. Der Beschuldigte W. habe »in mehrfacher Hinsicht seine Entscheidung, eine Ausnahmegenehmigung für die Teilnahme der Fregatte am Seeverkehr zu erstatten, abgewogen«.

Genauso verpuffen Scheffelmeiers Anzeigen gegen deutsche und britische Marineoffiziere.

Höhepunkt des über Monate hinweg zwischen Cappel in Westfalen und Oldenburg in Niedersachsen geführten Schlagabtausches ist die Strafanzeige gegen den mittlerweile seinen

Ruhestand genießenden Ex-Marineinspekteur Hans Lüssow. Den hat Scheffelmeier ins Visier genommen wegen dessen Zuständigkeit auch für die Ausbildung an der Marineschule. Praxisnah und realitätsbezogen sollten die jungen Soldaten eigentlich trainieren. Statt dessen, so attackiert Scheffelmeier den Inspekteur a. D., finde dort die »größte Soldatenverdummung aller Zeiten« statt.

Nach fünf Monaten trudelt die wenig überraschende Antwort ein. Für den Verdacht der fahrlässigen Tötung gebe es keinerlei Anhaltspunkte – Ermittlungsverfahren eingestellt.

So wie die Deutsche Marine das Unglück mit den zwei toten Marinesoldaten sieht, so ist es gewesen und nur so. Dank der gerichtlichen Entscheidungen hat die Admiralität wieder Oberwasser. Höchste Zeit, die frisch zurück eroberte Deutungshoheit über das folgenreiche Geschehen auf See allerorten zu demonstrieren. Flottenbefehlshaber Vizeadmiral Wolfgang Nolting unternimmt so einen Vorstoß bei einem Hintergrundgespräch mit Hauptstadtjournalisten in Berlin. Er sei »der Überzeugung, dass es keinen Anlass gebe, die grundsätzliche Eignung der Rettungsmittel der MECKLENBURG-VORPOMMERN am 6. März 2002 oder irgendeines Schiffes der Flotte heute in Frage zu stellen.« Egal, ob Handels- oder Kriegsschiffe – die Sicherheitsstandards seien die Gleichen, wird den Presseleuten eingeredet. Mehr noch: »Der militärische Auftrag erfordert unter Umständen sogar eine darüber hinaus gehende Sicherheitsausstattung und -ausbildung der Einheiten und des Personals. Dieses gewährleisten wir!«

Um etwaigen Nachfragen zu den Rettungsanzügen von Scheffelmeier und Paul vorzubeugen, fügt der Vizeadmiral hinzu, dass die Marine bereits vor dem Unfall begonnen habe, »Sicherheitsaspekte und Truppenverwendbarkeit handelsüblicher Kälteschutzkleidung zu untersuchen. Die Einführung erfolgt erst jetzt. Warum so spät? Die Zeit war einfach notwendig, um wirkliche Sicherheit durch eine für die Marine akzeptable und für die Verwendung an Bord geeignete Kombination von Weste und Kälteschutz zu gewährleisten.«

Das kann nur bedeuten, eine »wirkliche Sicherheit« hat die bis dahin gebräuchliche Ausrüstung weder den Marinesoldaten Scheffelmeier und Paul noch deren Kameraden garantiert. Dass damit ihre Überlebenschance unter den herrschenden Umständen von vornherein nicht sehr hoch war, diese Schlussfolgerung zieht Nolting nicht. Wenigstens gesteht der Flottenchef ungewollt ein, dass der Zustand von Rettungsmitteln an Bord deutscher Kriegsschiffe sehr wohl zu wünschen übrig lässt.

Auch Scheffelmeier sucht den öffentlichen Auftritt. Die Gelegenheit dafür ergibt sich in der nahen Residenzstadt Detmold. Das dortige Landgericht feiert am 9. Oktober 2004 mit einem Tag der offenen Tür sein 125-jähriges Jubiläum. »Vom Fürstlich Lippischen Landgericht zur Justizmodellregion Ostwestfalen-Lippe« – dieses Motto reizt Wolfgang Scheffelmeier. Besonders zum hehren Anspruch einer Justizmodellregion würde er gern einiges beisteuern. Gesagt, getan. Scheffelmeier fährt nach Detmold und möchte die Feierlaune der Herrschaften anreichern mit Berichten über seine Erlebnisse vor einem deutschen Gericht. Es kommt zum Eklat.

Scheffelmeier: »Wenn schon der Löwe nicht zu dir kommt, dachte ich, gehe ich in seine Höhle, zu Nordrhein-Westfalens Justizminister Gerhards, um Fragen zu stellen. Ein paar hundert Leute waren da im Landgericht versammelt. Ein Staatssekretär, die Bundeswehr, Kirche, Oberlandesgericht, Richter aus Paderborn, Politiker, Rechtsanwälte, die Presse – und ich kleiner Wurm. Als nun der Herr Justizminister einen schönen Vortrag darüber hielt, dass es in Russland keinen Rechtsstaat gebe und wir dagegen einen Rechtsstaat hätten, musste ich mich schwer zurückhalten. Nun ja, ich wollte dieses festliche Gerede und die Selbstbeweihräucherung nicht stören. Gegen 12 Uhr waren die Reden beendet und ich erhob mich, um dem Herrn Justizminister ein oder zwei demokratische Fragen zu stellen. Also stand ich auf vor der versammelten Obrigkeit und sagte: Mein Name ist Scheffelmeier, ich kämpfe seit zweieinhalb Jahren gegen Staatsanwälte, gegen die Bundesmarine, gegen das Verteidigungsministerium und gegen das Justizministerium. Herr Justizminister Gerhards von der SPD, ich hätte da zwei Fragen an Sie.

Weiter kam ich nicht, mehr zu sagen wurde wir verwehrt. Ein Justizbeamter bat mich mit energischem Ton, das ehrenwerte Haus zu verlassen. Für mich gab es keinen Tag der offenen Tür.«

Die Lokalzeitung berichtet über den Vorfall unter der Überschrift »Scheffelmeier aus dem Gericht gewiesen«. Mit seinen Versuchen, juristische Aufklärung über den Tod seines Sohnes vor Gericht zu erstreiten, ist er bisher gescheitert. Stattdessen hat er sich bei Richtern und Staatsanwälten den Ruf einer persona non grata, einer unerwünschten Person, erarbeitet.

Scheffelmeiers Briefe an Gerichte und Staatsanwälte haben die Güteklasse von Auslassungen eines Freizeit-Rechtsgelehrten längst überschritten. Von der Sprache und vom Stil her lesen sie sich allemal wie juristische Schriftsätze. Wolfgang Scheffelmeier korrespondiert seitenlang über die Auslegung von Paragraphen und Absätzen. Hin und wieder aufgepeppt mit verbalen Wutattacken gegen das Oberlandesgericht Oldenburg im Besonderen und die deutschen Richter im Allgemeinen. Gern streut er auch sein erworbenes Wissen ins weite Rund und arbeitet Zitate berühmter Vordenker ein. Einer seiner Lieblingssprüche stammt vom Preußenkönig Friedrich II: »Ein Justizkollegium, das Ungerechtigkeiten ausübt, ist gefährlicher und schlimmer als eine Diebesbande. Vor der kann man sich schützen! Aber vor Schelmen, die den Mantel der Justiz gebrauchen, um ihre üblen Pressionen auszuführen, vor denen kann sich kein

Mensch hüten, sie sind ärger wie die größten Spitzbuben der Welt und meritieren doppelte Bestrafung.«

Das tut gut. Scheffelmeier hat das weite Feld Justitias als seinen Acker entdeckt, den es umzupflügen und neu zu bestellen gilt.

Aber er reißt auch ein. Die Beziehung zu seinem Rechtsanwalt bröckelt. Scheffelmeier murrt, wenn er auf Peter Wüller zu sprechen kommt. Ist der Kerl überarbeitet? Oder hat er keine Lust mehr auf den Fall? Am Telefon erwischt er ihn nur selten, auf Einschreiben und Faxe kommt kaum eine Antwort. Aber Wüller soll für ihn da sein, wenn er ihn braucht. Und jetzt braucht er ihn, weil er wieder mit neuer Kraft loslegen will. Wolfgang Scheffelmeier wird niemals aufgeben, die Ehre seines toten Sohnes wieder herzustellen. Das hat er seiner Frau und seiner Tochter versprochen, das hat er an Sammys Grab geschworen. Da muss auch ein Rechtsanwalt Wüller mitziehen.

Der glaubt zwar nicht mehr an die Erfolgsaussichten eines Zivilverfahrens, akzeptiert den Auftrag seines Mandanten aber und macht Ende Dezember 2004 Schadensersatzansprüche gegen Fregattenkapitän Frank M. geltend.

Als Antwort von Rechtsanwalt Grau erntet Wüller dessen kollegialen Hohn. Zum einen gestattet er sich den süffisanten Hinweis, dass Frank M. als Kommandant der Fregatte »in Ausübung eines öffentlichen Amtes« handelte. Deshalb könne »allenfalls der Dienstherr Adressat von Ersatzansprüchen« sein. Und dann hält er es für dringend angebracht, dem Herrn Kollegen eine Warnung mit auf den Weg zu geben: »Insgesamt gehen wir davon aus, dass Sie ihrem Mandanten unter Kostenaspekten im Rahmen Ihrer anwaltlichen Fürsorgepflicht von weiteren gerichtlichen Schritten abraten werden. Wie der Tagespresse – namentlich der *Lippischen Landeszeitung* (Lokalteil Blomberg) – zu entnehmen war, haben die Prozessaktivitäten Ihres Mandanten ihn bereits an den Rand des wirtschaftlichen Ruins getrieben. Diese Entwicklung sollte nicht durch einen offensichtlich aussichtslosen Zivilprozess fortgesetzt werden.«

Dass ausgerechnet die Kontrahenten in sorgenvolles Mitleid um das Wohlergehen seiner Familie ausgebrochen sein sollen, ist für Scheffelmeier der Gipfel der Heuchelei. Nachdenklich stimmt ihn allerdings die Zögerlichkeit seines Anwalts. Wüller bezweifelt den Nutzen weiterer juristischer Schritte. Doch davon mag Scheffelmeier nichts hören. Mehr als drei Jahre haben sie sie sich als Partner gemeinsam wacker durch die juristischen Instanzen geschlagen, sich eine Beule nach der anderen eingehandelt und allen Unkenrufen zum Trotz sogar einen kleinen Sieg erfochten – das erfolgreiche Klageerzwingungsverfahren. Für Wüller indes steht fest: mehr ist nicht drin, auch wenn's weh tut. Jetzt reden sie nicht mehr miteinander, verkehren nur noch schriftlich. Eingeschnappt, aber hochoffiziell. Scheffelmeier spürt, dass sein Anwalt die Zivilklage nur halbherzig auf den Weg bringt.

Am 22. April 2005 entzieht er ihm das Mandat: »Sie werden nicht mehr für mich tätig sein. Mir ist es leid, Sie auf Ihre Pflichten hinweisen zu müssen. Hat man Sie jetzt auch mundtot gemacht?!«, ruft Scheffelmeier seinem einstigen Weggefährten enttäuscht hinterher.

Starker Tobak. So will sich Wüller nicht anblaffen lassen und er tut sich in seiner Antwort keinen Zwang an – natürlich auch schwarz auf weiß: »Man hat mich weder mundtot gemacht noch erpresst oder eingeschüchtert. Ich habe schlicht und einfach keine Lust, ewig Ihrem Druck und Ihrem Drängen ausgesetzt zu sein. Meine persönlichen Interessen spielen für Sie überhaupt keine Rolle. Sie haben nicht berücksichtigt, dass ich im Januar ein erhebliches Personalproblem in meinem Büro hatte. Unberücksichtigt gelassen haben Sie auch die Tatsache, dass ich mit meinem Büro umgezogen bin und selbst auch unvorhergesehen erkrankte. All diese Dinge spielen für Sie, sehr geehrter Herr Scheffelmeier, offensichtlich keine Rolle, weil Sie nur Ihre eigenen Interessen gewahrt sehen wollen.«

Wüller bedauert, trotz aller Intensität und aller Mühen Scheffelmeiers Erwartungen nicht gerecht geworden zu sein. Dennoch habe er gern für ihn und seinen Sohn gekämpft.

Wüller kann nicht mehr mit ihm, die Luft ist raus. Das war's. Da muss auch Wolfgang Scheffelmeier schlucken. Aber er mag nicht über Vergangenes sinnieren, er will sich möglichst bald wieder mit Richtern und Staatsanwälten fetzen. Seine Ruhe wird er erst finden, wenn er seine Gerechtigkeit bekommen hat.

Die Zeit mit Scheffelmeier kann Wüller nicht einfach abhaken. Noch Jahre danach bedauert er, dass sie in einem Zerwürfnis endete. Es tue ihm Leid um Herrn Scheffelmeier. Wünschenswert wäre es gewesen, wenn man den Tod seines Sohnes angemessen aufgeklärt hätte. »Denn das«, betont Wüller, »war schließlich das eigentliche Ziel des Vaters. Und das hat er mit dem erfolgreichen Klageerzwingungsverfahren auch bekommen.« In dem seien die Ungereimtheiten an Bord der Fregatte, die Pannen und die Mängel bei der Rettungsausrüstung aufgeführt worden. Das habe Scheffelmeier doch wissen wollen.

Mit Befremden beobachte Wüller, dass sein ehemaliger Mandant vom einstigen Ziel, Aufklärung zu erhalten, abgerückt sei. »Herr Scheffelmeier hat einen Rachefeldzug eröffnet. Besser wäre, er würde endlich seinen Seelenfrieden finden. Ich wünsche ihm, dass er die Kraft findet, abschließen zu können.«

Für Wolfgang Scheffelmeier wäre das nur ein Zurückweichen vor den Mächtigen, ein Zeichen von Schwäche. Was soll er mit dem Hinweis auf das Klageerzwingungsverfahren anfangen? Ja, es war ein Erfolg. Aber die Gerichtsverhandlung danach – die blanke Farce. Der Kommandant der Fregatte –

unschuldig, die Marineführung – keine Verantwortung, das Verteidigungsministerium – nichts damit zu tun. Wieder blieb alles an Sammy hängen, selber Schuld an seinem Tod, der Depp. Damit wird sich Wolfgang Scheffelmeier nicht abfinden. Ihn beschäftigen auch die letzten Telefonate mit Adelheid und Bodo Paul aus Langewisch. Sie hätten keine Kraft mehr, gestanden sie ihm. Und sie fragten wie sie den Kampf mit den Gerichten durchstehen sollten, wenn sogar ein Mutmacher wie er, Scheffelmeier, letztlich vor dem Oberlandesgericht Oldenburg scheiterte? Aber sie bewunderten ihn dafür, dass er sich immer wieder aufrappelte und weitermachte.

Das Gespräch mit den Eltern des toten Stefan hat ihn erschüttert. Steht er mittlerweile wirklich allein auf weiter Flur? Das kann und das will er nicht glauben. Jetzt erst recht, versucht er sich selbst zu ermutigen. Zum wievielten Mal eigentlich?

Widerständiger Held oder hilfloses Opfer? Notorischer Querulant oder kompromisslose Kämpfernatur? Auch nach mehr als drei Jahren sieht sich Wolfgang Scheffelmeier in keiner dieser Rollen. Er ist der unglückliche Vater geblieben, zu dem er seit dem Eintreffen der Todesnachricht wurde. Mit einer Veränderung – Scheffelmeier weiß jetzt so viel mehr als damals, über Paragraphen, Marine-Dienstvorschriften und die Ausrüstung deutscher Kriegsschiffe. Da kann ihm niemand mehr was vormachen. Schleierhaft bleibt ihm allerdings, wie es der Gegenseite gelingt, sich immer neue Spielräume in dieser nach außen hin scheinbar fest gefügten Faktenwelt zu schaffen. Je tiefer er einsteigt, desto mehr gerät er in ein Labyrinth mit schallschluckenden, biegsamen Wänden. Irrwege, auf denen er sich verrennt. Und ihm ist, als spüre er ihren abschätzigen Blick von draußen und ganz oben. Wie sie zu ihm hinunterschauen und sein aufgeregtes Gekrabbel mit hämischem Grinsen begleiten.

Wolfgang Scheffelmeier hat sich verändert in den vergangenen Jahren. Auch Wohlgesonnene erkennen kaum noch, *gegen*

Rechtsanwalt Claus Plantiko, Bonn, übernimmt das Mandat von Wolfgang Scheffelmeier, als dieser seinem Rechtsvertreter Peter Wüller das Vertrauen entzog

wen er da dauernd anrennt. Will er Gerechtigkeit für seinen toten Sohn, oder will er am liebsten und sofort das ganze bundesdeutsche Rechtssystem kippen? Ist Scheffelmeier eine Art moderner Michael Kohlhaas, über den Heinrich von Kleist einst schrieb, er sei »in die Hölle unbefriedigter Rache zurückgeschleudert«?

Scheffelmeier schreckt hoch. Sollen die anderen über ihn denken, was sie wollen – er wird nicht zu Kreuze kriechen. Er nicht.

Mehr denn je hat er einen Vers aus dem Buch Jesaja verinnerlicht, den ihm in seiner Zeit als Laienprediger ein Glaubensbruder mit auf den Weg gab: »Aber Gott der Herr hilft mir, darum werde ich nicht zuschanden.« Wolfgang Scheffelmeier und seine Frau suchen Kraft im Glauben und im Gebet. Sie sind sich gewiss, dass es Gott war, der sie stets aus ihrem Elend herausgeholt hat. Gott – und ein kleines bisschen die eigene Beharrlichkeit. Andere mögen es Elternliebe nennen.

Wolfgang Scheffelmeier hat einen neuen Rechtsbeistand gefunden, Claus Plantiko aus Bonn. Der Name war ihm genannt worden von anderen Justiz-Geschädigten. Leute, die seit Jahren mit Gerichten im Clinch liegen und sich ungerecht behandelt und abgewiesen fühlen, hatten ihm den Anwalt empfohlen. Dieser Plantiko würde sich von Richtern und Staatsanwälten nicht gleich kirre machen lassen und bringe einen nicht zu unterschätzenden Vorteil mit – er sei ein Oberstleutnant a. D., kenne demzufolge die Schliche der Militärs aus dem Effeff.

Am 25. Mai 2005 reicht Claus Plantiko Zivilklage beim Landgericht Bonn ein. Scheffelmeier fordert Schadensersatz vom Bundesministerium der Verteidigung, von Fregattenkapitän Frank M. und von den Kommandanten der CUMBERLAND.

Damit ist der Startschuss für neuerliches Hauen und Stechen gegeben.

Kurz danach erhält das Landgericht Bonn Post von der anderen Seite. Anwalt Carsten Grau will den Erlass einer einstweiligen Verfügung gegen Plantiko und die Eheleute Scheffelmeier. Sie sollen nicht mehr behaupten dürfen, Frank M. habe Samuel Scheffelmeier getötet oder vorsätzlich seinen Tod zu verantworten. Grau fühlt sich bemüßigt darauf hinzuweisen, dass »die ehrverletzende Wirkung« solcher erhobener Behauptungen »evident« sei. Man könne »einen Marinekommandanten kaum empfindlicher in seiner Ehre verletzen«. Um solche offenkundigen Verleumdungen zu unterbinden, wird bei Zuwiderhandlung ein Ordnungsgeld von bis zu 250.000 Euro beantragt.

Es folgt tatsächlich ein Gerichtstermin, nach kurzem Geplänkel der Anwälte wird der Streit als erledigt zu den im Fall »Fregatte MECKLENBURG-VORPOMMERN« nach und nach auf Meterdicke angewachsenen Akten gelegt – das war's. Scheffelmeier notiert für sich: Anwälte und Richter haben in dieser Republik absolut krisenfeste Jobs, für die Männer und Frauen in schwarzer Robe sprudeln üppige Steuergelder. Und noch etwas hat er gelernt – eine Offiziersehre kann höher im Kurs stehen als ein Soldatenleben.

Scheffelmeiers Klage wandert derweil von einem richterlichen Schreibtisch auf den nächsten, wird weiter gereicht von Bonn nach Celle und landet schließlich in Hannover. Das Landgericht dort sei zuständig. Der nächste öffentliche Kampfplatz ist somit bestimmt.

Für die Fregatte MECKLENBURG-VORPOMMERN wird ebenfalls ein neues Einsatzgebiet gefunden. Im November 2005 nimmt sie Kurs auf das Mittelmeer. Dort soll sie, wie die Deutsche Marine mitteilt, an der NATO-Operation »Active Endeavour« – »Aktives Bemühen« – teilnehmen »und einen Beitrag im Kampf gegen den internationalen Terrorismus leisten«. Diesmal schippert sie nicht nur mit, sondern hat die Führung im NATO-Einsatzverband übernommen.

Wie man einen Anwalt für verrückt erklärt

Hamburg, Jungfernstieg. Es ist eine der ersten Adressen in der Hansestadt und in einem vornehmen Eckhaus unterhalten auch die Damen und Herren von DLA Piper eine Niederlassung.

DLA Piper weist sich selbst bescheiden als simple Rechtsanwaltskanzlei aus, entpuppt sich bei genauer Betrachtung aber als juristischer Großkonzern, als Global Player auf dem Gebiet von Recht und Gesetz, mit entsprechend hohem Umsatz. Man kann schwergewichtiges Paragrafen-Know-How in Justitias Waagschale werfen – mehr als 3700 Juristen in 65 Büros, stationiert in 25 Ländern arbeiten für die weltweit zweitgrößte Anwaltskanzlei.

Einer aus dem Hamburger DLA Piper-Team ist Rechtsanwalt Carsten Grau. Den Journalisten, der mit ihm über seinen Mandanten, Fregattenkapitän M. und die beiden toten Soldaten der MECKLENBURG-VORPOMMERN sprechen will, empfängt er freundlich und zuvorkommend in einem Besprechungsraum. Dessen hohe Fenster gestatten einen exklusiven Blick auf die Binnenalster. Grau kommt ohne Umschweife zur Sache, seine Zeit ist knapp bemessen.

Für das Vorgehen von Wolfgang Scheffelmeier fehlt Anwalt Grau jegliches Verständnis. Warum er nicht die Möglichkeiten des Soldatenversorgungsgesetzes genutzt habe, sei nicht zu begreifen. Dort hätte er doch seine Ansprüche stellen können, dort wäre er richtig aufgehoben gewesen. Grau verweist auf den Paragraphen 91a des Soldatenversorgungsgesetzes. Der regelt im Übrigen auch, dass weitergehende Leistungen gegen den

Bund oder in dessen Dienst stehende Personen nur dann geltend gemacht werden dürfen, wenn »die Wehrdienstbeschädigung oder die gesundheitliche Schädigung [...] durch eine vorsätzliche unerlaubte Handlung einer solchen Person verursacht worden ist«.

Konkret also – Frank M. trifft nach Auffassung der Gerichte keinerlei Schuld am Tod von Samuel Scheffelmeier und Stefan Paul, ergo kann Scheffelmeier senior auch nicht auf besondere Entschädigungen hoffen.

Carsten Grau, selbst ein ausgebildeter Kapitän, will die Gelegenheit nicht verstreichen lassen, ohne eine Lanze für seinen Mandanten zu brechen: »Sie dürfen nicht vergessen, dass Herr M. Marineoffizier aus Überzeugung war und jetzt muss er einen Bürojob bei der Marine verrichten. Er selbst war es doch, der seinerzeit darum gebeten hat, ihn vom Kommando der Fregatte zu entbinden. Er selbst hat seinen Lebenstraum aufgegeben.« Es ist der eindringliche Versuch, Sympathie-Punkte zu machen. Die Nachfrage des Journalisten, ob es nicht langsam Zeit wäre, dass der Herr Fregattenkapitän über seine Zwänge rede, kann Rechtsanwalt Grau verstehen. Aber Herr M. verspüre keine Lust, seinen Namen in der Zeitung zu lesen, das könne man leider nicht ändern.

Nicht verkneifen kann sich Rechtsanwalt Grau Bemerkungen zur frisch in die Auseinandersetzung eingetretenen Konkurrenz. – Na ja, der Herr Kollege Plantiko. Auch der wolle nicht einsehen, dass ein Sozialgericht für den Fall zuständig sei. Zuletzt habe das Gericht in Celle darauf hingewiesen. Aber der gute Rat sei schlichtweg nicht angenommen worden. Eine andere anwaltliche Vertretung wäre für Scheffelmeier wahrlich besser, das meinte Grau auch in Celle heraus gehört zu haben.

»Haben Sie sich schon mal die Schriftsätze dieses Kollegen angesehen? Sehr merkwürdig«, erwähnt Grau und kann sich ein leichtes Grinsen nicht verkneifen. Bei der Rechtsanwaltskammer in Köln würden jede Menge Beschwerden gegen Anwalt Plantiko vorliegen. Sogar schon mal verhaftet worden sei er vor Gericht. Und nun habe er auch noch eine Auflage zu befolgen, ein psychiatrisches Gutachten zu seiner Person erstellen zu lassen, ansonsten sei er seine Zulassung als Rechtsanwalt los.

Eine Einschätzung über den weiteren Verlauf der Dinge ist für Carsten Grau kein Problem. Zweifellos werde Scheffelmeier Ansprüche jedweder Art nur über ein Sozialgericht durchsetzen können. Da er keinerlei Anstalten in diese Richtung unternehme, sei er zum Scheitern verurteilt. »Sie können mir glauben, die Sache wird einen tragischen Verlauf nehmen«, fügt Grau hinzu. Keine halbe Stunde ist vergangen. Er blickt kurz auf seine Armbanduhr und bittet freundlich um Verständnis – mehr Zeit habe er leider nicht. Der nächste Termin stehe an.

Claus Plantiko und seine anwaltlichen Schreiben. Jedes seiner Papiere lädt ein zur Exkursion in die Frühgeschichte demokratischer Rechtsauffassungen. Wer einen echten Plantiko von Anfang an und – wie es sich gehört – beginnend oben im Briefkopf liest, der ahnt sogleich, wes Geistes Kind der Autor ist: »Im Kampfe sollst du dein Recht finden.« – Das empfahl der bedeutende deutsche Jurist und Rechtsgelehrte Rudolf von Ihring, der in der zweiten Hälfte des 19. Jahrhunderts wirkte. Und mit diesem Spruch versieht Claus Plantiko jeden seiner Briefe. Den weiteren Text seiner Korrespondenz mit Anwälten und Gerichten bereichert Plantiko mit Kostproben aus der unerschöpflichen Zitatenwelt der Antike.

Um die Ursachenkette eines Unglücks zu betrachten, präsentiert er Anfangsverse aus der Tragödie »Medea« von Euripides – »Wenn nicht das Argoschiff gefahren wäre ...« Natürlich erst zitiert in makellos gedrucktem Griechisch und danach in deutscher Übersetzung. Oder er greift auf Homer und dessen sagenhaftes Epos Ilias zurück, um für den öffentlichen Dialog

Rechtsanwalt Carsten Grau, Hamburg, vertritt den Kommandanten der Fregatte, Frank M.

zwischen Richtern und Rechtsuchenden aus dem Volke zu werben: »Herolde hielten indessen das Volk in der Ordnung. Die Greise saßen im heiligen Kreisrund rings auf geglätteten Steinen ...«

Ganz schön mutig von einem Anwalt, seine schnöde Dienstpost mit solchen Botschaften zu verfeinern. Oder doch nur übermütig?

Der wegen derlei Marotte von Kollegen gern Angegiftete gleitet darüber mit einem Lächeln hinweg.

»Das gehört sehr wohl in einen Schriftsatz, selbstverständlich. Aber für so was sind die Banausen nicht empfänglich, die ärgern sich nur darüber«, sagt Plantiko. All die Rechtsfragen, über die heutzutage gestritten werde, hätten die Altvorderen schon vor zweieinhalb tausend Jahren diskutiert. Da sei nichts Neues hinzugekommen. Auch im Fall Scheffelmeier habe es keine schicksalhafte Verkettung der Umstände gegeben wie das Oberlandesgericht Oldenburg nur zu gern weismachen wolle. Nein, es gehe um individuelle Verantwortung.

Jahrtausende alte Zitate als aktuelle Aufreger – dieser Gedanke scheint ihm sichtlich zu behagen. Wieder setzt er sein hintersinniges Lächeln auf. Das Lateinische und das Altgriechische seien Quellen für die zivilisatorische und geistige Entwicklung bis in die Gegenwart, fährt er mit ruhiger Stimme fort. Deshalb mache er seit einiger Zeit in einem Klub von Alt-Lateinern mit, eine höchst vergnügliche und ersprießliche Möglichkeit, den Erfahrungsschatz der Antike zu studieren.

Mit wem hat sich Wolfgang Scheffelmeier da eingelassen?

Zunächst einmal mit einem Anwalt, der seiner kämpferischen Linie voll entspricht. Claus Plantiko ist lang gedienter Bundeswehroffizier, ein ausgebildeter Heeresflieger und saß zuletzt im Streitkräfte-Bundesamt. Anfang der 1990er Jahre wurde ihm und anderen Bundeswehrangehörigen ein elementares Problem bewusst – der alte Feind war unverhofft abhanden gekommen. Der Osten wollte nicht mehr böser Osten bleiben, sondern geliebter Westen werden. Da saßen er und einige seiner Kameraden also plötzlich untätig herum, schauten einander fragend an und orakelten, wie es denn jetzt mit ihren Offizierskarrieren weiter gehen sollte. Die persönliche Schlussfolgerung von Oberstleutnant Plantiko: Er begann nebenbei ein Jura-Studium, welches er 1999 abschloss. Ein Interesse für Recht und Gesetz hatte er ohnehin, denn sein Vater war Richter gewesen. Warum nicht noch einmal durchstarten, mit Anfang Fünfzig?

Claus Plantiko wohnt am Rande von Bonn, in einem gut situierten und mit viel gepflegtem Grün versehenen Stadtteil, der sich an einem Hügel ausbreitet, der Hardtberg heißt. Der Panoramablick auf die ehemalige Bundeshauptstadt ist so beneidenswert, dass nicht einmal die nahe Nachbarschaft des

Verteidigungsministerium auf der Höhe dieses kleinen Berges ihn, den längst außer Dienst befindlichen, aus der Ruhe bringen kann. Dennoch sollte er in seinem neuen Beruf in ungeahnte Turbulenzen geraten.

Plantiko erlangte in Justizkreisen wegen seiner Auftritte vor Gerichten einen gewissen Bekanntheitsgrad, es gibt Anwälte, die in ihm ein enfant terrible in schwarzer Robe sehen. In der Tat scheut Plantiko vor polemischen Auseinandersetzungen, vorgetragen in drastischer Sprache, nicht zurück.

Ein besonders bizarrer Fall ist nachzulesen in der Online-Ausgabe des *Bonner Generalanzeigers* vom 17. März 2005. In einer Hauptverhandlung hatte er von »ungesetzlichen Richtern« gesprochen und das Gericht mit dem »Ausnahmegerichtspersonal« unter Hitler und Stalin verglichen. Ein Kollege habe zwar zu schlichten versucht und gemeint, Plantiko sei nicht kriminell, sondern nur »jemand, der versucht, dem Rechtsstaat zu dienen und sich dabei Mitteln bedient, mit denen er anstößt«. Aber dem Richter Alexander Fühling »platzte der Kragen«, wie die Zeitung schrieb.

Und weiter: »Fühling ließ die entsprechenden Stellen aus Plantikos Vortrag protokollieren. Dann zog sich der Richter mit den Worten *Herr Plantiko, Sie bleiben hier sitzen!* in das Beratungszimmer zurück, um nach einer halben Minute – immer noch sichtlich verärgert – die Wachtmeister zu rufen, die den Angeklagten abführten. Es sei das erste Mal in seinem Leben, sagte Fühling, dass er Ordnungshaft gegen jemanden verhängen müsse. *Ich habe eine ganz große Langmut bewiesen*, sagte Fühling, aber: *Ein deutsches Gericht muss sich nicht mit Stalin und Hitler vergleichen lassen.* Wie Fühling erläuterte, kann Plantiko vor dem Oberlandesgericht Beschwerde gegen die Ordnungshaft einlegen. Dann wurde der 66-jährige in Handschellen abgeführt, fragte noch freundlich, ob *eine Hand reiche,* und verließ mit einem Lächeln den Saal.«

In Erwiderung auf diese und andere Karambolagen erzählt Claus Plantiko über die andauernden Versuche, ihn als Rechtsanwalt kalt zu stellen.

Die für ihn wichtigste Geschichte begann im niedersächsischen Aurich. Dort wohnte die Lehrerin Barbara Fischer. Sie führte ein ganz normales Leben, bis sie unvorhergesehen von einer Krankheit heimgesucht wurde. Was mit leichtem Unwohlsein und Schwindelanfällen begann, steigerte sich zur Ohnmacht und zu körperlichen Zusammenbrüchen. Von Anfang an machte Frau Fischer gegenüber Ärzten kein Hehl aus ihrer Vermutung, wo der Grund für den Verfall ihrer Gesundheit zu suchen wäre – in den Schadstoffen, die von einer in der Nähe liegenden Verbrennungsanlage für Motorenöle und Kunststoffe ausgestoßen wurden. Gegen diese stinkende Anlage hatte Frau Fischer auch aktiv in einer Bürgerinitiative mobil gemacht. Die medizinischen Untersuchungen führten jedoch für sie zu keinem befriedigenden Ergebnis. Letztlich landete Barbara Fischer in der Psychiatrie, wurde für geisteskrank erklärt und man entzog ihr das Sorgerecht für ihre Tochter. Die umweltschädliche Verbrennungsanlage wurde inzwischen geschlossen, aber Frau Fischer kämpfte immer noch gegen die Behörden und um das Recht, wieder mit ihrer Tochter zusammen sein zu können. Sie klagte gegen Ämter und den Landkreis, verlor jedoch alle Prozesse. Vor Gericht wurden Gutachten vorgelegt, die ihre eine schwere psychiatrische Krankheit attestierten.

Im Herbst 2001 nahm sich Anwalt Plantiko des Falles an. Sein Vorwurf: es sei von den Ärzten unterlassen worden, bei Frau Fischer auch nach anderen als ausschließlich psychiatrischen Ursachen für ihre Krankheit zu suchen. In der Konsequenz verklagte Plantiko vier Ärzte, das Land Niedersachsen und den Landtag in Hannover auf Schadensersatz.

Die Richter urteilten dagegen, deshalb legte Plantiko noch eins drauf und stellte deren Legitimation in Frage. Er vertrat die Argumentation, dass die Richter gar nicht gegen das Land und sein Parlament entscheiden konnten, weil sie ja von denen für ihr Amt bestellt waren. Und wer schlägt schon die Hand, die ihn füttert?

Das ist der Kern von Plantikos Kritik am Zustand der deutschen Justiz – es gibt keine wirkliche Gewaltentrennung in Deutschland. So werden Berufsrichter an den Bundesgerichten von nicht-ständigen Richterwahlausschüssen ausgewählt, die wiederum der Bund bestimmt. So ein Richterwahlausschuss besteht aus den Justizministern der Länder und einer gleichen Anzahl von Mitgliedern, die vom Bundestag gewählt werden. Ein analoges Verfahren findet für die Gerichte in den Bundesländern statt.

Norbert Schlepp, Richter am Finanzgericht Niedersachsen, erläuterte diese Verfahrensweise in seinem Artikel »Die Abhängigkeit unserer Justiz«: »Feste Kriterien, wer ernannt wird und wer nicht, gibt es nicht. Manchmal richtet man sich nach der Examensnote, manchmal spielen offensichtlich andere Kriterien eine Rolle. Nicht selten werden Richter ernannt, die sich bislang in einer politischen Laufbahn in der Exekutive befunden haben und diese Laufbahn mehr oder weniger freiwillig beenden. Vielfach handelt es sich dabei gleich um Ernennungen in Beförderungsämter. Ob diese Richter den Abstand haben, nach ihrem Wechsel in das Richteramt unvoreingenommen über die Akte eben jener Exekutive zu entscheiden, der sie soeben noch angehört haben, erscheint fraglich. Für den Bereich des öffentlichen Rechts ist die Tatsache, dass die vollziehende Gewalt die Richter aussucht und ernennt, geradezu skurril.«

Das alles ist nach Meinung von Plantiko eine Verhöhnung von Recht und Gesetz, das ist sein Dauer-Thema, dazu verschickt er Botschaften an Anwaltskollegen, Politiker, Mandanten und Journalisten. Besonders gern führt er den großen französischen Rechts- und Geschichtsphilosophen

Montesquieu ins Feld: »Wenn in der selben Person oder im selben Beamtenkorps die gesetzgebende mit der vollziehenden Staatsgewalt vereint ist, gibt es überhaupt keine Freiheit, denn man kann befürchten, dass der selbe Alleinherrscher oder Staatsrat tyrannische Gesetze macht, um sie tyrannisch zu vollstrecken.«

Plantiko setzt den Gedanken fort, indem er sagt: »Häufig wird bei der Gewaltentrennung beanstandet, dass sie staatliche Wirksamkeit hemme. Das ist richtig und auch beabsichtigt. Die größte staatliche Wirksamkeit hat immer eine totalitäre Gewalteneinheitstyrannis. Diesen Zustand wünscht sich aber kein verantwortungsvoller Mensch für sich und seine Familie herbei.« Gewalten-Einheits-Tyrannis – dieses Wortungetüm gebraucht Plantiko gern und häufig, weil es für ihn das erschreckende Bild der deutschen Justiz bestens darstellt. Manchmal bittet er dieses Reizwort zu entschuldigen, es sei gar nicht von ihm, sondern unmittelbar aus Montesquieus Werk »Vom Geist der Gesetze« abgeleitet.

Mit Genugtuung sammelt Rechtsanwalt Plantiko sämtliche Aussagen und Artikel, die seine Überzeugung teilen. Zum Beispiel schrieb der Journalist Heribert Prantl in der *Süddeutschen Zeitung* vom 6. April 2006: »In der Empfehlung des Europarates über die Rolle der Richter und in den Kriterien der Europäischen Union über die Aufnahme neuer Mitgliedsländer heißt es: ›Die für die Auswahl und Laufbahn der Richter zuständige Behörde sollte von der Exekutive unabhängig sein.‹ Das ist so in Frankreich, Spanien, Italien, Norwegen, Dänemark und in den Niederlanden – in Deutschland nicht. Deutschland wäre also, wäre es nicht schon Kernland der EU, ein problematischer Beitrittskandidat.« – Das muss Anwalt Plantiko einfach kopieren, verteilen und wegschicken. Was für Wolfgang Scheffelmeier seine wütenden Traktate an Richter und Staatsanwälte, ist für ihn solch ein Text.

Die MECKLENBURG-VORPOMMERN *unterwegs*

Zurück zum Fall Barbara Fischer. Plantikos Rufe vor Gericht: »Ihr seid befangen! Ihr seid nicht vom Volk legitimiert! Das ist der Fehler des Systems!« wurden als klare Beleidigung aufgefasst. Das Gericht reagierte vergnatzt und reichte eine Eingabe an die Anwaltskammer Köln ein. Anwalt Plantiko würde die Rechtspflege stören. »Ungesetzliche Richter«, eine unerhörte Frechheit! Dieser so genannte Kollege ist schlimmer als ein Nestbeschmutzer, er kratzt mit stoischer Inbrunst an den Grundfesten des deutschen Justizgebäudes. Das muss bestraft werden.

Die Anwaltskammer kam zu dem Schluss, dass Plantiko offenbar an »Querulantenwahn« leide – warum sonst würde er pausenlos von Gewaltentrennung reden? Um die Vorgänge hinter seiner Stirn genauer einordnen zu können, forderte man ihn auf, einen Professor für Neuropsychiatrie zu konsultieren. Sollte Plantiko dies verweigern, drohe der Entzug seiner anwaltlichen Zulassung. Es wurde also ernst, doch Plantiko blieb stur. Er bezeichnete die Anordnung als rechtswidrig. Wenn er tatsächlich krank wäre, dürfte er ja wohl einen Arzt seiner Wahl aufsuchen. Etwas anderes kam für ihn nicht in Frage, zu dem von der Anwaltskammer bestimmten Arzt ging er nicht.

Im nächsten Akt dieses richterlichen Dramas wollte die Anwaltskammer Köln Plantiko die Zulassung entziehen.

Dagegen legte der immer noch uneinsichtige Kollege Beschwerde ein. Aber das Amtsgericht Hamm stellte klar: der Zulassungsentzug ist rechtmäßig.

Plantiko hatte keine andere Wahl, er wehrte sich mit einer weiteren Beschwerde. Mit der kletterte er bis ganz nach oben, zum Bundesgerichtshof. Seit mehr als fünf Jahre währt der Streit um seine Zurechnungsfähigkeit und seine Zulassung. Der etablierte deutsche Richterstand kann mit einer Fundamentalkritik wie der von Plantiko nicht umgehen. Der Mann ist nicht geheuer. Für den Bonner Anwalt hingegen ist die Bewertung seiner Person durch ärztliche Gutachten nicht hinnehmbar. Als die Anwaltskammer ihn drängte, sich von einem Professor ihrer Wahl untersuchen zu lassen, konterte Plantiko

»Macht's gut, ihr schmantigen Boxer.« Die letzte Nachricht von Samuel »Sammy« Scheffelmeier

mit vier Stellungnahmen anderer Ärzte. Der eine bescheinigte ihm, dass er anhand der Plantiko'schen Schriftsätze nicht sagen könne, ob er krank oder gesund sei. Der andere kam zu dem Schluss, dass es keine Anhaltspunkte für eine Geisteskrankheit gebe. Diese Gutachten wurden vom Gericht geflissentlich ignoriert. Man wollte nur einen Experten zu Rate ziehen – und zwar denjenigen, den man selbst beauftragt und gut bezahlt hatte.

Plantiko bewertet das als Missbrauch der Psychiatrie für politische Zwecke. Es ist wie eine Geschichte aus den vergangenen Zeiten eines längst untergegangenen Imperiums. Die Politbürokratie in der Sowjetunion steckte Menschen, die den real existierenden Staatssozialismus kritisierten oder gar ablehnten, gern für einige Jahre in psychiatrische Anstalten. Wohin auch sonst mit diesen Dissidenten? Wer die beste und schönste aller menschlichen Gesellschaften diffamiert, kann schließlich nur eines sein – schwer geisteskrank.

Claus Plantiko wartet auf die Entscheidung des Bundesgerichtshofes in Karlsruhe. Für den Fortgang im Fall des toten Sammy Scheffelmeier könnte das Folgen haben. Denn der anhaltende persönliche Rechtsstreit von Plantiko geht nicht unbemerkt über die Bühne. Der Gegenseite um Fregattenkapitän Frank M. käme das sehr entgegen. Sollte Plantiko seine Zulassung als Rechtsanwalt verlieren, würde sich das Verfahren noch länger hinziehen. Und mit jedem Monat Wartezeit würde noch mehr Gras über die Sache wachsen, bis irgendwann auch eine interessierte Öffentlichkeit die Lust verliert, noch etwas über ein Gerichtsverfahren zu sehen und zu hören, von dem niemand mehr genau weiß, um was es da eigentlich geht.

Und Barbara Fischer?

Die ehemalige Lehrerin lebt als Sozialhilfeempfängerin in Bayern. Jeglicher Kontakt zur Tochter bleibt ihr verwehrt.

Sammy, mach's gut

Während ich diese Zeilen zu Papier bringe überlege ich, ob ich als Mutter nicht zu einseitig bin und nur das Gute in Dir sehe. Ja, ich glaube, ich kann mich nicht frei davon machen. Aber wer will mir das verdenken?

Eine Geschichte fällt mir dazu ein. Du warst ungefähr 16 oder 17 Jahre alt, als wir gemeinsam mit unseren Eltern Urlaub machten. Während eines Spazierganges, den meine Mutter und ich allein unternahmen, kamen wir auf die Kinder zu sprechen.

Ich weiß noch, dass ich zu meiner Mutter sagte: »Es ist schon ungewöhnlich, aber Sammy hat mir noch nie Kummer bereitet. Nicht mal während seiner Pubertät. Manchmal ist mir das schon fast unheimlich. Hoffentlich holt er später nicht alles nach, was er jetzt nicht angestellt hat. Anders als er pubertieren meine beiden Mädchen sehr heftig. Ihr Bruder aber ist immer ausgeglichen und fröhlich.«

Ich erinnere mich gut an die Zeit, als ich für das Examen lernte, die Hausarbeit kaum schaffte und nur am rotieren war und Dein Vater und ich uns zwischendurch auch mal stritten, weil so viel unerledigt liegen blieb. Da kamst Du zur Tür herein, hattest die Situation gleich erfasst und meintest: »Kein Problem, Leute, ich mach' das schon. Ist gleich erledigt.« Und tatsächlich war nach kurzer Zeit alles okay. Du konntest es überhaupt nicht leiden, wenn Wolfgang und ich uns nicht verstanden. Hast auch versucht, zwischen uns zu vermitteln und zu schlichten – »Ach, das meint Dad nicht so. Da habt ihr euch missverstanden, das war ganz anders gemeint.« Herbert Grönemeier brachte nach dem Tod seiner Frau das Lied »Der Weg« heraus. Mich hat der Song tief bewegt, denn fast jede Zeile des Textes traf auch auf Dich zu. Oft, wenn ich im Auto saß, hörte ich mir die Musik immer und immer wieder an und musste heulen wie ein Schlosshund.

»Es war ein Stück vom Himmel, dass es Dich gibt – Du hast den Raum mit Sonne geflutet, hast jeden Verdruss ins Gegenteil verkehrt – hast nie verraten Deinen Traum vom Glück – halte Dich sicher in meiner Seele, trag Dich bei mir, bis der Vorhang fällt ...« Es wurde mein Lied.

Deine Fotoalben gehören zu den wenigen Dingen, die mir von Dir geblieben sind. Du hast sie gehegt und gepflegt, alles mit Texten versehen. Nun lese ich darin wie in einem Buch. Wenn ich allein bin und meine Ruhe habe, nehme ich oft die Alben zur Hand und vergesse alles um mich herum. Dann gehört diese Zeit ganz Dir und mir. Drei Alben sind fertig geworden, das vierte hattest Du angefangen. Beim Durchblättern des dritten Albums stocke ich immer. Hinten, auf der letzten Seite, hast Du geschrieben: »Hoffentlich wird das nächste auch so toll.« Was soll das bedeuten? Hattest Du was geahnt?

Ein paar Briefe von Dir konnte ich mir vom Computer ausdrucken können. Du hattest ja viel gemailt auf dem Schiff. Einen Deiner letzten Briefe lese ich mir wieder und wieder durch. Du weißt, welchen ich meine. Du hast Deine innere Not beschrieben, weil Du nicht wusstest, was Du machen solltest. Die Zeit bei der Marine verlängern oder lieber nicht? Du wolltest länger auf dem Schiff bleiben, doch damit würdest Du auch Rebecca wehtun. Es nicht zu machen, würdest wiederum Du später bereuen, wegen der Chancen zu reisen und Dich fortzubilden. Eine Zwickmühle. Wie also solltest Du Dich entscheiden?

Dein Brief endet mit einem Satz, der mich verfolgt und mir keine Ruhe lässt: »Ich weiß nicht, was ich tun soll, kann nicht gut schlafen deswegen. Ich bete zu Gott, dass er mir hilft. Aber es wird nicht gut ausgehen.«

Beleidigte Richter mobilisieren die Kripo

Die Anwälte rüsten zum bevorstehenden Gefecht vor dem Landgericht Hannover und produzieren abermals Stapel von bedrucktem Papier. Auf denen begründen die einfallsreichen Juristen rund um den Kommandanten der MECKLENBURG-VORPOMMERN, dass die Klage nur eines verdient hat – abgewiesen zu werden.

Wie in allen Schriftsätzen zuvor werden der Verlauf des Unglücks, der Nichteinsatz von Rettungsmitteln und die Umstände des Todes der zwei Soldaten aufgeführt, aus Sicht des Fregattenkapitäns M. versteht sich. Aber Anwalt Grau und Kollegen scheinen sich auch um die intellektuellen Fähigkeiten von Wolfgang Scheffelmeier und der Seinen zu sorgen. Denn leider werde »die technische Komplexität des Unglücksfalles […] von den Klägern […] nicht ansatzweise erkannt«. Und mit deren Glaubwürdigkeit kann es auch nicht weit her sein, wenn man den folgenden Hinweisen Glauben schenken darf: »Ebenfalls muss anschließend bestritten werden, dass der Tod des Sohnes bei den Klägern eine existentielle Erschütterung bewirkt hat, die sich (post-) traumatisch immer noch fortsetzt. Zu diesen Behauptungen haben die Kläger keinerlei aussagekräftige Nachweise vorgelegt.«

Anwalt Grau vermutet gar bisher nicht erwähnte Ursachen, warum es Frau Scheffelmeier all die Jahre gesundheitlich so schlecht geht: »Im Hinblick auf die nervliche Belastung der Klägerin dürfte zudem nicht ausgeschlossen sein, das derartige psychisch bedingte Zustände der Klägerin durch die ›Pressearbeit« des Klägers hervorgerufen worden sind, der durch seine diversen Auftritte u. a. bei *stern-TV*, im *NDR* und andernorts etwaige seelische Wunden seiner Gattin kontinuierlich wieder aufgerissen haben dürfte.«

Als Scheffelmeier das liest, rastet er aus. Das ist ein Ding, die trauen sich was – nicht der fürchterliche Tod des Sohnes habe dazu geführt, dass ihm seine Frau psychisch beinahe entglitten wäre. Nein, er selbst, der eigene Ehemann, trägt dafür die Verantwortung, weil er sich nicht im Zaume halten kann und die Medienmeute aufhetzt. Weil er nicht zulassen will, dass sich ein Schleier der Grabesstille über Sammys Tod und den Unfall auf der Ostsee senkt.

Und dann – Scheffelmeier mag nicht glauben, was sie ihm da vorsetzen – verpassen Grau und Co. ihm einen besonders schmerzvollen Stich. Selbst wenn ihm Ersatzansprüche zustehen würden, schreiben sie, müssten die wahrscheinlich gänzlich aufgehoben werden »angesichts erheblichen Überwiegens der Mitverschuldungsanteile des Samuel Scheffelmeier«.

Wieder soll sein Junge selbst Schuld gewesen sein an seinem Verrecken. Als ob all die Gutachten, die er vorlegen konnte, nichts wert sind. »Offenkundige Voreingenommenheit« ist alles, was deren Verfasser von den Anwälten des Frank M. bescheinigt wird. Die Behauptung, die Fregatte sei zum Zeitpunkt des Unglücks seeuntauglich gewesen, sei »eine durch nichts belegte Ungeheuerlichkeit«.

Ein von Rachegelüsten fehlgeleiteter und sich selbst überschätzender Sturkopf – dieses Bild sieht Scheffelmeier über sich gezeichnet. Einer, der sich verrannt hat und der wohlmeinende Hilfe trotzig ablehnt. Sogar dem Sozialdienst der Bundeswehr hätte er seinerzeit die Tür gewiesen, obwohl der ihm Hilfe beim Ausfüllen der Antragsformulare für Unterstützungsgelder gemäß Soldatenversorgungsgesetz angeboten habe. »Verflucht, die wissen doch, dass sie kompletten Blödsinn zu Papier bringen«, entrüstet sich Scheffelmeier. Gemeinsam mit seiner Frau kramt er in den Unterlagen und fördert die Bestätigung zutage. Von Ende April bis Anfang Mai 2002 füllten Scheffelmeiers Anträge aus und stimmten sich außerdem mit Geschwaderkommandeur Kähler über Einzelheiten ab. Sie nahmen sehr wohl finanzielle Unterstützung in Anspruch.

Dass die trauernde Familie im westfälischen Cappel eigentlich weniger das Geld wollte als vielmehr Aufklärung und Wahrheit, scheint für den Anwalt des Fregattenkapitäns kaum vorstellbar.

15. März 2006 vormittags, Landgericht Hannover. Im Foyer des Gerichtsgebäudes treffen Wolfgang und Ingrid Scheffelmeier auf eine beachtliche Schar von Journalisten. Sammys Vater registriert mit Genugtuung, dass sein unermüdliches Trommeln nicht verkehrt war. Es gibt noch ein öffentliches Interesse an dem Fall, obwohl vier lange Jahre seit dem tödlichen Unfall auf der Ostsee vergangen sind. Gekommen sind auch Diethard Kersandt, der Rostocker Experte für Schiffssicherheit und alte Bekannte, die Leidensgefährten aus Langerwisch in Brandenburg. Adelheid und Bodo Paul wollen, wie sie sagen, endlich demjenigen in die Augen sehen, der an jenem Märztag 2002 das Kommando über die Fregatte und seine Besatzung hatte. Sie hoffen, Fregattenkapitän Frank M. zu begegnen. Aber der taucht nicht auf. Nur sein Rechtsanwalt Carsten Grau kommt an dem kleinen Menschenauflauf vorbei und schaut sich kurz um. »Steht da wie ein Reiseleiter, der Herr Scheffelmeier, wie ein Animateur«, stellt er für sich fest und geht forschen Schrittes die Treppe zum Gerichtssaal hoch. Es bleibt noch genug Zeit für eine kurze Abstimmung mit seinem Kollegen, der den anderen von Scheffelmeier Beklagten, die Bundesrepublik Deutschland also, vertritt.

Wolfgang Scheffelmeier spricht unterdessen den Journalisten seine Erwartung an die bevorstehende Verhandlung in die

Mikrofone. Er wolle natürlich in erster Linie die Rehabilitierung seines Sohnes: »Denn weder die Bundeswehr noch der Kommandant haben sich ja bisher zu einer Schuld bekannt. Jetzt fordern wir natürlich – die sollen richtig bezahlen!«

»Geht es Ihnen nur ums Geld?«

Antwort Scheffelmeier: »Nein, ums Geld ging's mir von Anfang an nicht. Sonst hätte ich ja nie ein Klageerzwingungsverfahren in Oldenburg angestrebt. Das Oldenburger OLG hatte mir damals mitgeteilt, dass ich alles selbst bezahlen müsste, wenn ich die Klage durchziehe und sie verlieren würde. Es ist mir also nie ums Geld gegangen. Es geht mir um Gerechtigkeit – die will ich für meinen Sohn erreichen.«

Wolfgang Scheffelmeier gegen Bundesrepublik Deutschland und gegen Fregattenkapitän Frank M. Die Verhandlung ist eröffnet. Die vorsitzende Richterin hält sich nicht lange mit der Schilderung des damaligen tödlichen Unglücks auf, nennt kaum Details, geschweige denn Hintergründe. Sie verweist sogleich auf das vom Oberlandesgericht Oldenburg eingestellte Strafverfahren. Für die Prüfung weiterer Ansprüche der Hinterbliebenen seien Sozialgerichte zuständig, es sei denn, es würden vorsätzlich verursachte Schäden vorliegen. Ihre Anregung an beide Parteien – von Seiten der Bundesrepublik sollte ein »gewisser Betrag« zu zahlen sein, als »Genugtuung« für die Kläger und zur »Abgeltung der erlittenen Qualen«.

Wolfgang Scheffelmeier reicht es schon wieder. Sein Widerwille gegen das, was er gerade zu hören bekommt, ist unübersehbar.

Neben ihm sitzt unbeweglich seine Frau, mit traurigen Augen und aufeinander gepressten Lippen verfolgt sie das Geschehen. Sie ahnt, dass sie wieder nicht durchkommen werden.

Den Anwälten wird das Wort erteilt. Plantiko erklärt, er wolle dem Kommandanten der Fregatte natürlich nicht unterstellen, seinen Untergebenen mit Absicht getötet zu haben. Aber ein bedingt vorsätzliches Unterlassen und eine bedingt vorsätzliche Tötung würden vorliegen. Frank M. habe »bewusst blindlings in unvertretbarem Kadavergehorsam gehandelt«.

Kontrahent Grau hingegen kann keinen zivilrechtlichen Anspruch gegen seinen Mandanten erkennen. Fregattenkapitän M. habe im Übrigen unter schwerem Druck gestanden, an Bord hätte ein »meutereiähnlicher Zustand« geherrscht. Grau empfiehlt die Rücknahme der Klage. Sein Kollege wird noch deutlicher – die Kläger würden mit ihren Forderungen »eindeutig zu weit« gehen.

Allein Gott weiß, wie oft er diese Litanei schon hat über sich ergehen lassen müssen. Immer dieselben Erklärungen, immer dieselben Ausflüchte, immer dieselben Rechtfertigungen. Alles schon tausendmal aufgeschrieben und vorgetragen. Scheffelmeier ist angewidert.

Die Standpunkte sind klar, nun appelliert die Richterin an die Vergleichsbereitschaft der Parteien. Sie hat auch einen Vorschlag im Angebot – die Bundesrepublik könnte doch zehntausend Euro zahlen. Also, was halten die Anwälte davon?

Wolfgang Scheffelmeier hält es kaum noch auf seinem Stuhl. Er kostet ihn Überwindung, die Richterin nicht sofort an Ort und Stelle lauthals zu beschimpfen. Wieder will man ihn abservieren, wieder ein fauler Kompromiss.

Bereits gegen Mittag ist die Veranstaltung vorbei. Rechtsanwalt Grau verlässt den Saal guter Dinge, Kollege Plantiko gibt gegenüber den Journalisten eine erste Stellungnahme ab. Der bisherige Verlauf des Verfahrens sei normal, bei kontroversen Sachverhalten werde immer viel hin und her diskutiert. Jetzt müsse das Gericht entscheiden, ob es sich im Fall des toten Soldaten Scheffelmeier um Vorsätzlichkeit oder bloße Fahrlässigkeit handele. Und was die angebotenen zehntausend Euro angehe, darauf werde sich sein Mandant nicht einlassen.

Auf keinen Fall werde er das tun, poltert Wolfgang Scheffelmeier. »Diese 10.000 Euro sind genauso lächerlich wie das Bußgeld gegen den Kommandanten von 2.400 Euro. Es geht um die Soldaten, es geht um Gerechtigkeit für meinen Sohn. Und das ist mit 10.000 Euro nicht abgetan. Wir wissen bis jetzt nicht genau, was an dem Tag passiert ist. Aber eines wissen wir – die, die was tun wollten, die hat Fregattenkapitän M. nicht gelassen. Er selbst hat aktiv nichts zur Rettung unternommen.«

Auch ein nachdenklicher Diethard Kersandt tritt die Heimreise nach Rostock an. »Die wahren Ursachen für den Unfall sind nicht behandelt worden«, sagt er. »Es ist nur an der Oberfläche gearbeitet worden. Die tatsächlich Verantwortlichen für den Tod der beiden Marinesoldaten waren hier nicht anwesend.«

Wer die eigentlich Verantwortlichen sind, steht für Kersandt außer Frage: »Das ist das Marinerüstungsamt und das sind diejenigen, die für die technische Zulassung der Fregatte zuständig sind. Aber nun sitzt der Kommandant im Dreck und muss sich verteidigen. Er hat auch einen Teil der Schuld zu tragen oder Fehlverhalten gezeigt. Aber der Fall ist sehr komplex und hier wurde nur ein ganz kleiner Teil verhandelt. Den getöteten Marinesoldaten wurde keine Genugtuung gegeben.«

Und Kersandt fügt hinzu, dass an diesem Tag offenbar Imagepflege für die Marine betrieben wurde: »Die Marine scheint vor Gericht unantastbar zu sein. Und die Rechtsanwälte der Marine machten auf mich einen sehr, sehr überheblichen Eindruck, der dem Fall ganz und gar nicht angemessen war.«

Drei Wochen später wird das Urteil verkündet. Die 13. Zivilkammer des Landgerichts Hannover »hat für Recht erkannt: Die Klage wird abgewiesen. Die Kosten des Rechtsstreits tragen die Kläger.« – 7. April 2006, im Namen des Volkes.

Ein weiteres Mal bekommen Scheffelmeiers juristisch blank geschliffene Begründungen vorgesetzt, die sie so satt haben. Eine

Formulierung in der Urteilsbegründung allerdings ist auch für sie neu: »Dass es der Beklagte auch angesichts des massiven Protests der restlichen Mannschaft unterließ, das Boot auszusetzen oder einen eigenen Notruf abzusetzen, um einen Such- und Rettungshubschrauber zu alarmieren, kann ebenfalls nicht als Indiz für ein billigendes Inkaufnehmen gewertet werden, sondern dies berührt allein die Pflichtwidrigkeit bei der Frage der gebotenen und möglichen Alternativhandlung. Die den Beklagten vorgeworfenen weiteren Pflichtverletzungen sind nicht für den Eintritt des konkreten Todes relevant geworden.«

Scheffelmeiers legen Berufung ein.

Wie in allen anderen Etappen des bisherigen Rechtsstreits wird es Wolfgang Scheffelmeier nicht langweilig. Ende August 2006 ruft ihn ein alter Bekannter an, sein Versicherungsvertreter. Der meldet sich jedoch nicht in dieser Nebenerwerbsfunktion, sondern in seiner hauptamtlichen, als Beamter der Kripo Blomberg. Es würde eine schriftliche Anzeige gegen ihn, Scheffelmeier, im Revier vorliegen, wegen Beleidigung. Absender sei der Landgerichtspräsident aus Hannover. Scheffelmeier solle deshalb bei der Polizei erscheinen.

Der denkt nicht dran und redet gleich am Telefon tacheles: »Ich sage Ihnen, deswegen komme ich überhaupt nicht vorbei. Da müssen Sie mich schon abholen, mit einem schwarzen Wägele, wie unter Adolf Hitler!"

Was war geschehen? Nicht mehr als zu erwarten war. Scheffelmeier war nach dem Gerichtstermin in Hannover der Kragen geplatzt. Er wollte sich ja beruhigen und er wollte ja kühlen Kopf bewahren, aber es ging einfach nicht. Der Zorn musste raus, ansonsten hätte es ihn schier zerrissen.

Scheffelmeier schrieb an die Vorsitzende Richterin des Verfahrens in Hannover einen galligen Brief. Fünf Seiten – eine einzige Schimpfkanonade. Oben, neben der Adresse, prangte sein neues, unmissverständliches Logo: ein Schlachtemesser, ein

Hackebeil und ein Schwert stecken in einem Buch namens Grundgesetz und haben es übel zerfleddert. Ratsch und zack! Zwischen den Seiten, gräulich verblutend, verendet ein armes Würstchen. Die Instrumente sind benannt als Staatsanwaltschaft, Rechtsbeuger und Politik. Und daneben steht der zipfelmützige, tumbe Michel und staunt ein Plakat an: »Du bist Deutschland.«

Ein Verein von Justizgeschädigten hatte sich diese gezeichnete Zustandsbeschreibung als Markenzeichen auserwählt. Scheffelmeier ist davon begeistert. Darüber mögen die Damen und Herren des Landgerichts Hannover noch milde hinweggelächelt haben, der nebenstehende Text war jedoch zuviel des Guten. Die Richterin habe »Beweise und Gutachten unterschlagen und die Öffentlichkeit angelogen und deshalb ist ihr Urteil fehlerhaft«, stand da geschrieben. In Hannover sei ein »Urteil im Namen des Justizministeriums« gefällt worden. Alles sei »eine Lüge«, und er, Scheffelmeier, empfehle der Richterin, sie sollte »sich auch mal mit Verfassungshochverrat auseinandersetzen«.

Aber die beleidigten Juristen scheinen unsicher wie sie mit dem ewigen Querkopf umgehen sollen. Erst am 2. Oktober wird der Strafbefehl nachgereicht.

Es ist ein Dokument der Empörung und eine kleine Porträtskizze eingeschnappter Richter und Richterinnen. Sie beklagen, Scheffelmeier hätte ihnen vorgeworfen, sie würden »die Wahrheit nicht ans Licht kommen lassen«, würden »Beweise und Gutachten unterschlagen«, hätten die »Akten nicht gelesen« und überhaupt »von Tuten und Blasen keine Ahnung«.

Das reicht – auf Antrag der Staatsanwaltschaft wird eine Geldstrafe von 15 Tagessätzen á 20 Euro festgelegt. Sollte Scheffelmeier nicht zahlen, tritt »an die Stelle eines Tagessatzes ein Tag Freiheitsstrafe«.

Nie und nimmer, die können ihn mal! Wolfgang Scheffelmeiers Antwort entspricht seinem über vier Jahre mit Schweiß und Ausdauer antrainierten Verhaltensmuster im Umgang mit Behörden. Er bleibt stur.

Der Polizeiinspektion Detmold, Außendienststelle Blomberg, teilt er mit, keineswegs die Absicht zu haben, zum geforderten Termin zu erscheinen. Den Richtern am Amtsgericht Hannover empfiehlt er, sich bitte sachkundig zu machen, bevor sie einen »nichtigen Strafbefehl« verschicken. Akribisch zitiert er seitenlang aus einem juristischen Artikel über »Die Grundgedanken des Strafrechts«. – Sehr geehrte Damen und Herren, erledigen Sie erst einmal Ihre Hausaufgaben!

In einem gesonderten Schreiben reicht er kurz danach den Einspruch nach. In diesem Brief wimmelt es nur so von Paragrafen, Verweisen auf analoge Fälle, Grundsatzurteilen und Seitenangaben zu juristischer Fachliteratur.

Im Dezember 2006 geben die Richterinnen und Richter klein bei. Das Amtsgericht Hannover stellt das Verfahren wegen Beleidigung ein, »weil der Strafantrag zurückgenommen worden ist«.

Gut ein halbes Jahr haben die staatlich bestellten Justizbeamten widerwillig an den Scheffelmeierschen Beschimpfungen herumgekaut, um sie letztlich doch schlucken zu müssen.

Scheffelmeier genießt den kleinen Triumph, sein Anwalt Plantiko registriert das Ereignis mit leichtem Erstaunen. Es sei sehr selten, dass so eine Strafanzeige eingestellt werde. Er vermutet, dem sei eine »politische Weisung« an das Gericht vorausgegangen. Denn was wären andernfalls die Folgen? Bei konsequenter Verhandlung der Strafanzeige hätte das Gericht die »Beleidigungen« von Scheffelmeier genau erörtern und somit auch Details des Marineunfalls ansprechen müssen.

Eine neuerliche öffentliche Belebung des Falles Fregatte MECKLENBURG-VORPOMMERN liege nach Lage der

Dinge aber weder im Interesse der Politik noch der Marine, ist Plantiko überzeugt.

Die richtigen Siege fährt jedoch die Gegenseite ein. Sie nimmt mit Erfolg Einfluss auf Zeit und Fortgang des Berufungsverfahrens. Geschickt wendet Rechtsanwalt Carsten Grau die Taktik der kleinen Nadelstiche an. Eigentlich sollte die Verhandlung am Oberlandesgericht Celle am 14. Dezember 2006 um 9 Uhr stattfinden. So ist es seit langem geplant. Einen Monat vorher aber stellt Grau fest, dass ihm dieser Termin leider gar nicht passt. Er bittet um die Vorverlegung auf 9 Uhr, da er bereits um 12 Uhr »einen Gerichtstermin beim Landgericht Münster wahrzunehmen hat, dem ein komplexer wirtschaftsstrafrechtlicher Sachverhalt zugrunde liegt«.

Die scheinen sich ihrer Sache ja sehr sicher zu sein, meinen Scheffelmeier und sein Anwalt Plantiko. Sonst hätte Grau kaum ein solch infames Schreiben abgeschickt. Offenbar geht er davon aus, dass der Termin in Celle bloß reine Formsache sei und sich nach wenigen Minuten erledigt haben müsste. Wie sonst käme er auf die Idee, bereits um 12 Uhr im fernen, westfälischen Münster anwesend sein zu können? Vom niedersächsischen Celle bis dorthin sind es immerhin rund 230 Kilometer auf Autobahn und Straße. Mit anderen Worten: Grau wäre knapp zweieinhalb Stunden unterwegs und kalkuliert für das Verfahren Scheffelmeier somit gnädig eine gute halbe Stunde ein. »Entweder weiß der Mann mehr als wir«, vermutet Scheffelmeier, »oder er will wieder einmal nur Kund tun, welche Bedeutung er diesem Prozess noch beimisst – nämlich kaum eine«. Was ist schon ein Rechtsstreit um einen toten Bundeswehrsoldaten im Vergleich zu einem »komplexen wirtschaftsstrafrechtlichen Sachverhalt«?

Advokat Grau pokert auf Zeit. Es scheint, als wolle er die ganze leidige Angelegenheit Scheffelmeier im Sande verlaufen lassen. Sehr gelegen kommt ihm dabei der Streit seines anwaltlichen Gegenübers mit der Anwaltskammer Köln. Immer noch ist nicht endgültig entschieden, ob Plantikos Zulassung entzogen wird oder ob er weiterhin Mandanten vertreten darf. Und das Oberlandesgericht Celle will diese Entscheidung des Bundesgerichtshofes erst abwarten bevor der Scheffelmeier-Prozess dort verhandelt wird, informiert die Pressesprecherin des Gerichts. Sie rechne damit im März 2007. Also wird der Termin der Berufungsverhandlung verschoben. Claus Plantiko fasst sich ein weiteres Mal an den Kopf. Er bezeichnet die Gerichtsentscheidung als »pervers«. Entweder sei er als Anwalt zugelassen oder nicht. »Aber bis zur Entscheidung in Karlsruhe gilt meine Zulassung auf jeden Fall«, antwortet Plantiko auf Presseanfragen. Beim Präsidenten des Oberlandesgerichts protestiert er gegen die unzulässige Verschleppung des Verfahrens Scheffelmeier.

Bevor jedoch die Justiz die voraussichtlich letzte Phase einläutet, wird viel Phantasie in einen Endspurt voller Plänkeleien und Rufschädigungen investiert.

Zum Beispiel der 12. April 2007, ein normaler Wochentag. Wolfgang und Ingrid Scheffelmeier wollen zum Einkaufen in den nächstgelegenen Supermarkt fahren. Zuvor werfen sie noch einen Blick in den Postkasten. Sie finden zwei amtliche Briefe vor, beide gleich aussehend. Die Papiere sind auch, bis auf die Namen der Adressaten, gleich lautend. Die Eheleute haben, jeder für sich, die Zustellungsmitteilung eines Gerichtsvollziehers erhalten.

Beide ahnen neuerlich Ungemach. Was kann so ein Mann schon von ihnen wollen, wenn nicht ihr Geld? Stimmt, gegen Wolfgang und gegen Ingrid Scheffelmeier ist eine Zwangsvollstreckung eingeleitet worden. Rechtsanwalt Carsten Grau will im Namen seines Mandanten Frank M. von Scheffelmeiers

3.930,46 Euro eintreiben. Aber wofür, um Himmels Willen?

Die beiden müssen sich hinsetzen und lesen Zeile für Zeile des Schreibens. Die angegebene Summe wurde vom Landgericht Hannover am 14. März festgesetzt, es sind die Kosten des Zivilverfahrens.

So weit, so schlecht.

Aber was bedeutet die angekündigte Zwangsvollstreckung? Man hatte ihnen doch Prozesskostenhilfe zugestanden, und die Rechnung wurde längst beglichen dank ihrer Rechtsschutzversicherung. Grau muss das Geld längst erhalten haben.

Scheffelmeier kocht augenblicklich über vor Wut, blanke Schikane sei das und Psychoterror. Die können sich auf eine geharnischte Antwort gefasst machen.

Eine Stunde später stehen er und seine Frau im Supermarkt an der Kasse. Der Einkaufswagen ist gefüllt, Scheffelmeier reicht die EC-Karte der Kassiererin. Die steckt sie in den üblichen Schlitz, verdreht die Augen und reicht sie umgehend achselzuckend zurück – tut ihr Leid, keine Abbuchung möglich.

Hinter ihm in der Schlange wird schon gemurmelt, Scheffelmeier versucht, ruhig zu bleiben. Er und seine Frau kratzen ihr Bares zusammen. Es reicht gerade so. Er muss nicht lange nachdenken. Da kann nur einer hinter stecken: Anwalt Grau. Hat der etwa ihr Konto schon sperren lassen?

Ja, er hat. Und Glück hat der Rechtsanwalt des Herrn Schiffskommandanten auch. Großes Glück nämlich, dass er, Wolfgang Scheffelmeier, im Grunde seines Herzens ein friedfertiger, nicht zu Gewaltakten neigender Christenmensch ist. Ansonsten hätte er …

Scheffelmeier ist angefressen. Gleiten sie doch mit all ihren Schlichen elegant an ihm vorbei, aber er tritt auf der Stelle. Und sie schleudern ihm noch Knüppel zwischen die Beine. Ausgebufft drücken sie den Rechtsstreit auf ein Niveau herunter, das ihn erschaudern lässt. Das jahrelange Kleinklein und die immer neuen Winkelzüge des Advokaten versperren ihm bereits ab und zu den Blick auf sein großes Ziel: Gerechtigkeit für seinen Sohn Sammy zu erzwingen. Und nun das, ein »vorläufiges Zahlungsverbot«. Die Gerichtskosten sind bezahlt, aber Frank M. und sein Anwalt wollen ihm trotzdem an die Gurgel. Kein Geld für Miete, kein Geld für Essen und Trinken, kein Geld für Benzin – für die nächste Zeit Schachmatt.

Scheffelmeier bringt sich wieder an seinem heimischen Arbeitsplatz in Position und schreibt los. Beim Amtsgericht Blomberg beantragt er die Einstellung der Zwangsvollstreckung. Ohne Erfolg. Der Richter weist ihn zurecht, dass nicht Blomberg, sondern das Landgericht Hannover zuständig sei. Ironie des Schicksals: dort landet der Antrag ausgerechnet bei der Richterin, die gegen ihn Anzeige wegen Beleidigung erstattet hatte.

Scheffelmeier im Stress. Von früh bis nachmittags in der Firma, danach schnell nach Hause und ran an den Computer. Ein Brief an die Staatsanwaltschaft Detmold ist fällig, Strafanzeige gegen Rechtsanwalt Grau. Abgeblitzt – es sei keine Rechtsverletzung erkennbar.

Wenigstens auf seine Versicherung ist Verlass. Die HUK-Coburg bestätigt dem Landgericht Hannover, dass sie den fraglichen Betrag bereits am 28. März überwiesen hat – exakt auf das Konto, das gerichtlich angegeben wurde.

Aufatmen. Bis zu dem Moment, in dem Scheffelmeier vollkommen an der Zurechnungsfähigkeit der mit der Zwangsvollstreckung beschäftigten Instanzen zweifelt. Auf seinem Tisch liegen zwei Papiere, beide von Rechtsanwalt Carsten Grau und beide mit Datum vom 10. April 2007.

Das eine Schreiben ist der Auslöser für den aktuellen Unfug, die Ankündigung von Zwangsvollstreckung und Pfändung. Das andere ist vermutlich kurz danach aufgesetzt worden und enthält die Mitteilung, dass »zwischenzeitlich ein Betrag« eingegangen sei und die »Vorpfändung des Kontos wieder aufgehoben« werde.

Angriff und Rückzieher an ein und demselben Tag. Scheffelmeier fühlt sich wie ein schnaubender Stier, den man am Nasenring gefügig durch die Arena zerrt. Da hat der Grau wider besseres Wissen ein juristisches Räderwerk in Gang gesetzt, das ihn beinahe aus der Bahn geworfen hätte. Der soll die passende Antwort kriegen, eine ohne jeden Respekt:

»Hallo Carsten,

vom Vollstreckungsgericht Blomberg habe ich mir erzählen lassen: ›Wer weiß, dass ein Rechtsschutzversicherer bezahlt oder schon bezahlt hat und trotzdem eine Zwangsvollstreckung einleitet, der begeht eine Straftat.‹ Das nur zur Info.

PS: Vergiss' nicht, dem M. von mir Grüße zu bestellen.«

Seiner Sparkasse legt Scheffelmeier den Beleg für die bezahlten Gerichtskosten vor. Man bedauert – aber es werde der offizielle Nachweis benötigt, dass der Vorgang eingestellt sei. Ehe der eintrifft, vergehen Tage. Scheffelmeier ist dennoch beruhigt. Zum Glück hat er ein gutes Verhältnis zu seiner Sparkasse. Fürs erste hilft sie ihm unbürokratisch aus der Patsche, er kommt an sein Geld. Man kennt sich eben in der Provinz und vertraut einander, wenn's drauf ankommt.

Aber diese Wochen zehren an seinen Kräften. Nicht so an seiner Verbitterung, die nimmt in gleichem Maße zu.

Letzte Hoffnung Karlsruhe

Endlich teilt das Oberlandesgericht Celle den neuen Termin für die Berufungsverhandlung mit. Sie ist, alle Eventualitäten, wie die eines Zulassungsentzugs von Anwalt Claus Plantiko, kühn einkalkulierend, für den 10. Mai 2007 anberaumt. Bis dahin werden mehr als fünf Jahre seit dem Tod von Samuel Scheffelmeier vergangen sein.

Dessen Eltern reisen mit einem Rest Hoffnung und in Begleitung von Plantiko nach Celle. Karlsruhe ist in seiner Sache noch immer nicht zu einer Entscheidung gelangt. Das könnte ein gutes Omen sein. Vielleicht finden Wolfgang und Ingrid Scheffelmeier in Celle doch einen Richter vor, der die Akten tiefgründig studiert hat und begreift, dass Sammy nie und nimmer selbst Schuld an seinem Tod in der Ostsee haben kann.

Die beiden wälzen immer die gleichen Fragen hin und her: Warum ist diese Erkenntnis so schwer? Warum will bisher kein Gericht aus dem Berg von Untersuchungsakten die simple Wahrheit heraussezieren, dass der Junge noch leben könnte, wenn der Schiffskommandant ein Rettungsboot eingesetzt hätte und die Schutzanzüge der Soldaten kältetauglich gewesen wären? Warum brauchen Militärs und Politiker offenbar mehr Mut, diese Wahrheit laut und vernehmlich auszusprechen, als junge Menschen in Uniform in die Kriegsgebiete der Welt abzukommandieren und sie dort zu verheizen? Sie kommen auf die immer gleiche Antwort: Die Führung der Deutschen Marine und die Politiker der deutschen Regierung halten sich für unfehlbar und sie sind zu feige, sich im Ernstfall zu ihrer Verantwortung zu bekennen.

Wolfgang Scheffelmeier ist des dauernden Papierkriegs mit Staatsanwälten, Richtern und Anwälten müde und der Alibiveranstaltungen vor Gericht überdrüssig. Aber er sieht es als seine verdammte Pflicht und Schuldigkeit an, jede Möglichkeit zu nutzen, die Recht und Gesetz ihm bieten. So viele Jahre hat er sich mit Gott und der Welt herumgeschlagen (der Herr möge ihm den Spruch verzeihen!), da kann er nicht einfach aufhören. Im Drama »Einer gegen alle« besetzt er immerhin eine Hauptrolle. Und anders als sein Gegenspieler kommt er ohne Souffleur aus. Nein, ein sang- und klangloser Abgang ist seine Sache nicht. Außerdem hat er am Grab seines Sohnes geschworen, alles zur Aufklärung des Unfalls zu tun. Die Behauptung, Sammy habe seinen Tod selbst verschuldet, muss zurückgenommen werden.

Von diesem Ziel allerdings – und das konstatiert Wolfgang Scheffelmeier für sich voll Bitternis – ist er weiter denn je entfernt. Man hat ihn abgedrängt. Am Ende eines langen Weges durch die Instanzen ist ihm und seiner Frau einzig eine Schadensersatzklage geblieben. Es geht um mehrere Zehntausend Euro – aber eigentlich sollte es darum überhaupt nicht gehen.

Sie pochen auf Gerechtigkeit und das geltende Recht gesteht ihnen mit Ach und Krach das Erbetteln von Almosen zu.

Im Saal 50 des Oberlandesgerichts Celle bleibt, wie befürchtet, die Überraschung aus. Ingrid und Wolfgang Scheffelmeier erleben nicht viel mehr als eine Wiederholung längst bekannter Abläufe. Der Vorsitzende Richter spricht von einer »Verkettung unglücklicher Umstände« und davon, dass Fregattenkapitän Frank M. »eine schwierige Entscheidung zu treffen hatte«. Eine vorsätzliche Pflichtverletzung sei nicht nachweisbar und gegen internationales Seerecht sei auch nicht verstoßen worden. Die Fregatte MECKLENBURG-VORPOMMERN

Scheffelmeiers auf dem Weg zum Landgericht Hannover

habe sehr wohl auslaufen dürfen, obwohl ein Rettungsboot beschädigt war.

Einziger Trost – von einer Eigenschuld des Marinesoldaten Scheffelmeier an seinem Tod ist nicht die Rede.

Resigniert fahren Scheffelmeiers zurück nach Cappel. Sie sind auch in der zweiten Instanz des Zivilverfahrens gescheitert. Das Urteil wird am 5. Juni nachgereicht. Ansprüche auf Schmerzensgeld werden darin ausgeschlossen. Auch, weil die Kläger nicht »mit Substanz« dargelegt hätten, dass bei ihnen wegen des Todes ihres Sohnes gesundheitliche Schäden entstanden seien.

Wie beweist eine Familie, dass sie seit Jahren permanent am Rande des Zusammenbruchs existiert? Wie zerrüttet müsste das Ehepaar vor Gericht ausschauen, damit ihm die psychische Dauerkrise geglaubt wird? Gerade erst war Wolfgang Scheffelmeier krank geschrieben, von Dezember 2006 bis zum darauf folgenden Januar. Anschließend schickten ihn die Ärzte für sechs Wochen in eine Psychosomatische Klinik. Das Auf und Ab der Ereignisse, der Stress und die Schlafstörungen haben ihn an den Rand seiner Kräfte gebracht.

Und immer die Sorge um seine Frau. Seit dem Unfall leidet sie an Depressionen, hat Migräneanfälle und nimmt Medikamente ein. Besonders schmerzhaft sind für ihn die Tage, an denen sie schweigsam und in sich gekehrt durch das Haus geht und alles wie mechanisch erledigt. Wie oft, wenn er sie so sah, hatte er Angst, sie würde sich das Leben nehmen.

Sie wollen Beschwerde gegen die Ablehnung der Revision einlegen. Für diese letzte Chance wäre der Bundesgerichtshof in Karlsruhe zuständig. Mit Rechtsanwalt Claus Plantiko geht das nicht, dem fehlt die erforderliche BGH-Zulassung. Außerdem soll sein separater Fall bald in Karlsruhe auf der Tagesordnung stehen.

Die letzte juristische Dienstleistung, die Plantiko für Wolfgang und Ingrid Scheffelmeier erbringen kann, besteht in der Vermittlung eines Kollegen mit BGH-Lizenz, der ihre Beschwerde vertreten würde. Wendt Nassall aus Karlsruhe, Rechtsanwalt beim Bundesgerichtshof, findet sich dazu bereit.

Dann hat zunächst Rechtsanwalt Plantiko selbst vor den Schranken des höchsten deutschen Gerichts anzutreten. Es wird seine Beschwerde verhandelt, die er gegen den Beschluss des Anwaltsgerichtshofs von Nordrhein-Westfalen einlegte, ihm die Anwaltszulassung zu entziehen. Anwesend sind sieben Richter und fast 50 Zuhörer. Der Rechtsstreit zwischen Juristen sorgt für Aufsehen, denn es handelt sich nicht um die Privatfehde eines störrischen Anwalts mit einer schmollenden Rechtsanwaltskammer. Es geht vielmehr ans Eingemachte der deutschen Justiz. Eine wachsende Zahl von Anwälten, Rechtswissenschaftlern und sogar Richtern in Deutschland ist unzufrieden mit der praktizierten Verfahrensweise bei der Auswahl von Richtern. Und Plantiko ist immer für deftige Sprüche gut, das verspricht Spannung.

Der in Acht und Bann Geschlagene soll anfangs nicht zu Wort kommen, darf dann aber doch reden. Ausführlich zerpflückt Plantiko die gegen ihn erhobenen Anschuldigungen und erklärt, der ihm von der Rechtsanwaltskammer Köln »attestierte Querulantenwahn« sei ein abwegiger Vorwurf. »Von meiner Person einmal abgesehen, sind Querulanten die wertvollsten Menschen«, legt er nach. »Der Mathematiklehrer ist nicht wahnkrank oder querulatorisch, wenn er seinen Schülern immer wieder eintrichtert, dass zwei plus zwei gleich vier ist, bis sie das begriffen haben. So erreicht er einen Bildungsfortschritt. Und der Querulant unter Erwachsenen einen Zivilisationsfortschritt – siehe das Beispiel Martin Luther. Eine dem Grundgesetz gemäße Demokratie lässt sich nicht mit Jawoll-Sagern, also Nichtquerulanten betreiben.«

Stumm und reglos ertragen die Richter in roten Roben das rhetorische Donnerwetter. Dass er sie mit seinem Auftritt auch nur ansatzweise überzeugen würde, erwartet Plantiko nicht. Vielmehr vermutet er, dass die BGH-Richter als oberste Vertreter des Systems, das sie über Jahrzehnte mit geschaffen haben, dessen unleugbare Mängel nicht zugeben werden. Wer diese Mängel benennt, den würden sie als Systemstörer wahrscheinlich ausschalten.

Genauso geschieht es.

Der Bundesgerichtshof bescheinigt ihm nicht weniger als Berufsuntauglichkeit, indem er einschätzt: »Es besteht eine gesetzliche Vermutung, dass der Antragsteller aus gesundheitlichen Gründen nicht nur vorübergehend unfähig ist, seinen Beruf als Rechtsanwalt ordnungsgemäß auszuüben.«

Diese Vermutung hätte Plantiko widerlegen können, wenn er fristgemäß das von der Anwaltskammer geforderte ärztliche

Gutachten erbracht hätte. Das tat er nicht. Im Gegenteil – »Das Verhalten des Antragstellers in gerichtlichen Verfahren sowie seine Äußerungen über Richter, Staatsanwälte und die Justiz insgesamt ließen ernsthaft daran zweifeln, dass der Antragsteller sich noch in einer geistigen Verfassung befindet, in der er die für einen Rechtsanwalt unabdingbare Fähigkeit zu sachlicher Prüfung und Stellungnahme besitzt.«

Anwalt Plantiko ist keine Hilfe, sondern eine schlimme Gefahr für Mandanten.

Es werden Redeauszüge von Anwalt Plantiko vor Gerichten angeführt, in denen er harsche Kritik am deutschen Rechtssystem übte, den Richtern Verfassungshochverrat vorwarf, von Strafvereitelung und Rechtsbeugung sprach und das alles ausschmückte mit deftigen Zitaten klassischer Dichter und Denker. Letztlich sei er »von seinen Vorstellungen in krankhafter Weise derart beherrscht«, dass er die Belange seiner Mandanten nicht mehr in gebotener Sorgfalt wahrnehmen könne.

Claus Plantiko scheitert auf ganzer Linie. Der Bundesgerichtshof schmettert seine Beschwerde ab und entzieht ihm mit Wirkung vom 28. Januar 2008 die Zulassung als Rechtsanwalt.

Finanziell ist das für Plantiko kein Problem, mit 69 Jahren könnte er seit einiger Zeit das Rentnerdasein genießen. Aber viel lieber würde er auch künftig vor den Schranken der Gerichte gegen den beklagenswerten Zustand der deutschen Justiz wettern. Daraus wird nichts, er steht nun unter scharfer Beobachtung.

Als Plantiko einige Wochen nach der Niederlage von Karlsruhe ein Papier als »Rechtsanwalt« unterschreibt, greift der Rechtsstaat ein. Die Anwaltskammer Köln will ihm solchen frechen Schriftzug ein für allemal verbieten lassen. Sie interessiert nicht einmal, dass ein Amtsgericht zuvor zu der Meinung gekommen war, diese seine Berufsbezeichnung sei nach wie vor richtig.

Scheffelmeiers verfolgen den Rausschmiss ihres ehemaligen Anwalts aus seiner Gilde sehr aufmerksam. Plantiko hat sie stets mit den aktuellen Dokumenten versorgt und anhand derer versuchen sie schon mal in die Geisteswelt der hohen Richter von Karlsruhe vorzudringen. Es kann nicht schaden, etwas genauer zu wissen mit wem man es dort zu tun bekommt.

Unterdessen gehen die ersten Briefe zwischen Wolfgang Scheffelmeier und seinem neuen Rechtsbeistand Wendt Nassall hin und her. Scheffelmeier hat dicke Umschläge voll von Zeitungsartikeln, Verweisen auf andere Soldatenunfälle und eigene Kommentare zu den bisherigen Gerichtsentscheidungen zusammengepackt und ihm zugeschickt, es ist der Extrakt aus jahrelangem Dagegenhalten. Der Neue soll erfahren, wen er sich da als Mandanten eingehandelt hat.

Anstatt sich über einen aktiven Partner zu freuen, reagiert Nassall gereizt. Der BGH lasse sich durch solche Pressearbeit in keiner Weise beeindrucken, wird Scheffelmeier belehrt. Bei allem Verständnis für die Wut und die Trauer über den Verlust des Sohnes – »für Kohlhaas'sche Heimleuchtungen« stehe er nicht zur Verfügung.

Das hat gesessen. Scheffelmeier muss schlucken, der Herr Bundesanwalt scheint aus besonderem Holz geschnitzt zu sein, der spielt in einer anderen Liga. Er merkt, dass er übers Ziel hinausgeschossen ist und bittet um Entschuldigung. Natürlich wolle er die Kompetenz des BGH-Anwalts überhaupt nicht in Frage stellen und ihn auch nicht belehren.

Doch angetan von seinem neuen Rechtsbeistand ist Scheffelmeier nicht. In seinen Briefen lässt er durchblicken, dass die Erfolgsaussichten nicht sonderlich gut seien. Und er verlangt von seinen Mandanten, sie sollten unbedingt ihre »Schockschäden weiter substantiieren«, sonst würden die Chancen vor Gericht weiter sinken. Genügt etwa nicht, was sie ihm über ihre psychischen Probleme, über Kuren und Medikamente aufgeschrieben haben? Was meint er mit »substantiieren«? Rezepte, Reha-Bescheinigungen, ärztliche Gutachten? Scheffelmeier erwartet von Nassall, dass er eindeutig ansagt und klar einfordert, was er braucht.

Optimistisch liest sich das alles nicht. Wolfgang Scheffelmeier hat den Eindruck, sein Bundesanwalt agiert halbherzig und geht nur mit halber Kraft los. Einer, der ein Scheitern anscheinend einkalkuliert hat und der bereits vorbaut.

Am 8. Oktober 2007 übergibt Wendt Nassall dem Bundesgerichtshof die Nichtzulassungsbeschwerde- und Revisionsbegründung in Sachen »Scheffelmeier u. a. / BRD u. a.« Darin wird die Revision gegen das Urteil des Landgerichts Hannover vom 7. April des Vorjahres beantragt. Im Falle einer Revisionszulassung sollte es aufgehoben und an die Kläger Schmerzensgeld gezahlt werden.

Dann ist Abwarten angesagt. Aus Karlsruhe ist nichts zu hören, Scheffelmeiers haben sich in Geduld zu üben. Das zieht sich hin über acht lange Monate, bis zum 26. Juni 2008.

An jenem Tag beschließt der Bundesgerichtshof, dass die Beschwerde des Ehepaars Scheffelmeier zurückgewiesen wird. – »Weil weder die Rechtssache grundsätzliche Bedeutung hat noch die Fortbildung des Rechts oder die Sicherung einer einheitlichen Rechtsprechung eine Entscheidung des Revisionsgerichts erfordert.«

Die Entscheidung findet Platz auf einer halben Seite Papier. Wolfgang und Ingrid Scheffelmeier sind ratlos. Hat diese »Rechtssache« ihren Ursprung nicht im Tod ihres Sohnes? Und der hat für sie eine sehr grundsätzliche Bedeutung und sollte die auch für die Marine haben. Nichts da, nicht mal das anhaltende Interesse der Öffentlichkeit an dem Fall scheint von Belang. Das also soll's jetzt gewesen sein. Endgültig. Nicht ganz, zuvor sollen sie noch 680 Euro an die Rechnungsstelle vom Bundesgerichtshof überweisen.

Ja, so ist es, gibt Anwalt Wendt Nassall ihnen in ein paar Zeilen zu verstehen. Er betrachtet das Verfahren als abgeschlossen und dankt für das Vertrauen. Nein, so kann es nicht sein, tönt Wolfgang Scheffelmeier zurück. Er nennt es eine Frechheit und Unverschämtheit, was sich der Bundesgerichtshof da mit ihm geleistet habe. Nassall und die Richter am BGH werden beschimpft, die Sache solle politisch abgewürgt werden.

»Mir wurde in Karlsruhe rechtliches Gehör verweigert«, empört sich Scheffelmeier. »Mein Anwalt muss deshalb Gehörsrüge einreichen. Unverzüglich.«

Der denkt nicht daran, keinen einzigen Moment. Weil er nicht den geringsten Anlass zur Annahme habe, der BGH hätte Scheffelmeiers Grundrecht um rechtliches Gehör verletzt. Einmal dabei, seinen Mandanten zurechtzuweisen, zieht Wendt Nassall auch gleich einen energischen Schlussstrich unter ihre kurze Beziehung: »Weitere Korrespondenz werde ich mit Ihnen in dieser Sache nicht mehr führen.«

Nur ein Fax aus der Kanzlei des Anwalts flattert Scheffelmeier noch ins Haus, eine Liste aller beim Bundesgerichtshof zugelassenen Rechtsanwälte. Der unmissverständliche Fingerzeig: Scheffelmeier, suchen Sie sich doch einen aus, wenn Sie meinen, andere bedienen Sie besser!

Selbst wenn er das wollte – die Frist für eine Gehörsrüge ist verstrichen und für eine Verfassungsbeschwerde reicht die Zeit nicht aus. Scheffelmeier sieht sich in einer Sackgasse. Aber für einen geräuschlosen Rückzug ist er nicht zu haben. Seine erste Reaktion: Er erteilt seiner Rechtsschutzversicherung ein Auszahlungsverbot. Wenn Nassall sein Honorar haben will, soll er es einklagen.

Und die Rechnungsstelle des BGH kriegt ebenfalls ihr Fett weg. Sie soll wissen, dass er beabsichtigt, die Kostenrechnung niederzuschlagen. Natürlich macht er das nicht in Form einer dürren, blutleeren Mitteilung, sondern druckt ein Pamphlet in gewohnt Scheffelmeierscher Qualität. Er spickt seine Zahlungsverweigerung mit einer Aufzählung justizkritischer Literaturtipps und schließt mit der Feststellung: »So verstehen wir Bürger nun endlich, warum zum Beispiel ein Ackermann und ein Hartz nicht zu den erforderlichen Strafen verurteilt werden, sondern nur zu einem Taschengeld.«

Ob die Damen und Herren der Rechnungsstelle das wirklich lesen wollen oder ob sie das vielleicht gar selbst schon wissen, ist dem Absender egal. Alle, die mit seinem Elend auch nur das Geringste zu tun haben könnten, werden unter Beschuss genommen. Sie sollen sich was schämen. Alle.

Wolfgang Scheffelmeier macht sich wieder über seine Akten her. Er heftet neue Schreckensmeldungen aus der spannungsgeladenen Welt Justitias ab. Seit Wochen berichten regionale Zeitungen über einen Richter am Oldenburger Oberlandesgericht, der unter Erpressungsverdacht steht. Beschuldigt wird auch seine Ehefrau, eine Staatsanwältin. Scheffelmeier stößt das sauer auf – Oldenburg, ausgerechnet dort! Er schneidet die Artikel aus, kopiert sie und schickt sie in alle Welt.

Mittlerweile kennt er Justizgeschädigte in allen Ecken Deutschlands und hat eine Selbsthilfegruppe mitgegründet. Scheffelmeier sammelt alles, was über die Unzulänglichkeiten des deutschen Rechtssystems und das Versagen einzelner Staatsdiener veröffentlicht wird. Und jeden kritischen Bericht nimmt er als willkommene Bestätigung für seine trotzige Meinung, dass da was faul ist im Staate. Jedes Mal fühlt er sich ein bisschen mehr als der moralische Sieger der vergangenen Gerichtsverfahren.

Dann sind da aber noch andere Ordner, die an Umfang zunehmen – Presseberichte über die Bundeswehr, über Auslandseinsätze, Unfälle und Tote. In den Bergen Afghanistans oder wieder während eines Manövers auf See. Aber Scheffelmeier archiviert nicht nur, er will begreifen, was wo warum passiert. Und er will anderen Soldateneltern, die vielleicht so wie er mit der Bundeswehr aneinander geraten sind, zur Seite stehen. Sogar Mitglied im Bundeswehrverband ist der Zivilist Wolfgang Scheffelmeier geworden, dafür zahlt er artig jeden Monat seinen Beitrag. – »Weil ich wissen will, worüber ich rede und worüber ich mich aufrege.«

Neuigkeiten von der MECKLENBURG-VORPOMMERN gibt es auch. Anfang 2007 wird das Kriegsschiff in Bremerhaven generalüberholt. Anlässlich solcher Gelegenheiten dringt sogar die eine oder andere erfreuliche Information von der Küste bis zu Scheffelmeiers nach Cappel in Westfalen vor. Man habe die »Bedienung einer Aussetzvorrichtung für Beiboote vereinfacht«, verkündet der Marineinspekteur.

Und die Pressestelle der Deutschen Marine in Glücksburg teilt mit, dass seit Juli 2006 die Sicherheitsbelehrungen nicht mehr halb-, sondern vierteljährlich stattfinden. Jeder Soldat habe zudem die Teilnahme daran mit seiner Unterschrift nachzuweisen. Im Gegensatz zu früher – da genügte ein Vermerk im Schiffstagebuch.

Und noch eine Regelung sei verändert worden: Soldaten, die auf Speedbooten fahren, müssen zuvor grundsätzlich einen speziellen, dicken Kälteschutzanzug überstreifen. Es habe sich »unglaublich viel verändert bei der Marine, auch bei den Rettungswesten«, berichtet der Presseoffizier und fügt hinzu: »Aber nicht wegen Herrn Scheffelmeier.«

Wider besseres Wissens beharrt die Marine auf ihrer Version zum tödlichen Ausgang des Unfalls vom März 2002: »Beide Soldaten, Samuel Scheffelmeier und Stefan Paul, hatten ihre Schwimmwesten falsch angelegt.«

Andere Rettungswesten, mehr Sicherheitsbelehrungen, eine verbesserte Rettungstechnik. Damit hat die Deutsche Marine de facto eingestanden, zuvor jahrelang mit mangelhafter und lebensgefährlicher Ausrüstung auf See unterwegs gewesen zu sein. Öffentlich eingestehen mag man das nicht. Die Militärs reden lieber über andere Dinge.

Zum Beispiel über den Jahresbericht 2008 der Deutschen Marine – »Fakten und Zahlen der maritimen Abhängigkeit der Bundesrepublik Deutschland«. Der Befehlshaber der Flotte, Vizeadmiral Hans-Joachim Stricker, hält diese jährlich herausgegebenen Marinebilanzen für »wahre Bestseller«. Und er fordert, Deutschland müsse ein nationales Interesse an sicheren Seewegen haben. Bei der Präsentation des Berichts sagte der Vizeadmiral: »Spätestens dann, wenn sich durch unsichere Seewege die Transportkosten erhöhen und dann vielleicht ein MP-3-Player das Dreifache kostet, wird den Leuten bewusst wie abhängig wir von der See sind.«

Leider, so fügte er hinzu, höre das maritime Bewusstsein oft bereits südlich von Hamburg auf.

Deutschland rüstet sich für große Aufgaben und die MECKLENBURG-VORPOMMERN darf vorneweg schwimmen. Wieder hat sie ihren Heimatstützpunkt Wilhelmshaven verlassen. Seit Januar 2009 ist sie das Führungsschiff der NATO-Operation »Enduring Freedom«. Die deutsche Fregatte mit ihren 218 Männern und 20 Frauen an Bord soll im Golf von Aden für »dauerhafte Freiheit« sorgen. Insgesamt 1.800 Soldatinnen und Soldaten umfasst das deutsche Marinekontingent der See- und Luftstreitkräfte am anderen Ende der Welt. Sie sollen Schiffsrouten kontrollieren und Schiffe untersuchen.

Mit der MECKLENBURG-VORPOMMERN gegen internationale Terroristen. Aber weil die Schurken von Taliban und Al Quaida auch auf den Weiten der Meere irgendwie nicht so einfach aufzuspüren und zu kriegen sind, ist noch Zeit für andere gute Taten. Wenn man schon mal unterwegs ist …

Ende November 2008 schlägt der Hubschrauber der Fregatte somalische Piraten in die Flucht, die zwei Handelsschiffe attackiert hatten. Die Legitimation teurer Kriegstechnik und langwieriger Einsätze ganz weit weg ist bei den Lieben daheim für die nächste Zeit gesichert.

Wer glaubt, in der Heimat wird nicht über die Konsequenzen solchen Freiheitskampfes nachgedacht, der irrt. Man hat sich mit Weitblick darauf eingerichtet, der tapferen Söhne und Töchter zu gedenken, die die globalen Waffengänge womöglich mit dem Leben bezahlen. Für eine Million Euro soll in Berlin ein Ehrenmal für gefallene Bundeswehrsoldaten gebaut werden.

Es kann aber auch eine kostengünstige Variante deutscher Heldenehrung zur Anwendung kommen – das in vielen Schlachten bewährte Eiserne Kreuz. Das selbstverständlich nicht mehr so heißt, sondern »Ehrenkreuz«. Eine Ähnlichkeit mit dem lange verschämt verdrängten Vorgängermodell ist trotzdem unübersehbar. Der alte Geist scheint in keine neue Form zu passen.

Bundeswehrreservisten und einzelne Bundestagsabgeordnete hatten vorgeschlagen, diesen Orden »Für besonderen Mut oder besondere Tapferkeit« zu verleihen. Das urdeutsche Blech wurde eine Weile diskutiert und am 6. Juli 2009 erstmals verliehen. Bundeskanzlerin Angela Merkel persönlich überreichte die Tapferkeitsmedaille an vier Soldaten für »ihren herausragenden Einsatz in Afghanistan« aus. Die Männer hatten sich nach einem Selbstmordanschlag in Kundus auf die Bundeswehr um verletzte Kameraden gekümmert. Kämpfen und Sterben für Deutschland am Hindukusch.

Wenn der Tod dann doch kommt, sollen ihm echte Männer tapfer ins Angesicht schauen. Helden schrecken vor nichts und niemandem zurück. Denn »der Tod ist nur ein Mythos, gleichsam ein Schreckgespenst der Mutlosen, uns zu hindern, das

Äußerste zu wagen«. Diese kruden Zeilen – sie sollen von einem Edward G. Orsten stammen – lassen sich gleichsam als Leitspruch soldatischen Handelns ganz oben auf der Fregatte MECKLENBURG-VORPOMMERN entdecken. Angepinnt in Sichtweite vom Platz des Kommandanten auf der Brücke des Kriegsschiffes.

Diethard Kersandt, der Experte für Schiffssicherheit und bestens vertraut mit den Umständen des Todes von Sammy

»Der Tod ist nur ein Mythos, gleichsam ein Schreckgespenst der Mutlosen, uns zu hindern, das Äußerste zu wagen.« Wer immer dieser Edward G. Orsten ist (ihn kennt nicht einmal das Internet): Das Zitat riecht nach Ernst Jünger und Stahlgewitter. – 2004 lief auf arte *der Dokumentarfilm »Heldentod – der Mythos vom schönen Sterben«. »Über Generationen galt der Tod eines Soldaten im Krieg als Heldentod«, hieß es da, und die Autoren Sönke el Bitar und Gorch Pieken fragten nicht grundlos: »Sind junge deutsche Soldaten auf den Extremfall mit Todesfolge vorbereitet? Wie geht die deutsche Öffentlichkeit mit den im Auslandseinsatz zu Tode gekommenen Bundeswehrsoldaten um? Ist ihr Tod ein gewöhnlicher Berufsunfall, oder sterben sie wieder den Tod fürs Vaterland?«*

Scheffelmeyer und Stefan Paul, will seinen Augen nicht trauen, als ihm im August 2009 während der Rostocker Hansesail dieser Spruch auffällt.

Kersandt hat als einer von hunderten Neugierigen während der bunten Segeltage das »open ship« besucht. Das Aufkreuzen der MECKLENBURG-VORPOMMERN zum großen maritimen Spektakel an der Warnow hat Tradition. Der Name des Schiffes verpflichtet schließlich. Zugleich wirbt die Deutsche Marine gern für Verständnis für ihre weltweiten Einsätze und für soldatischen Nachwuchs.

Auf der Brücke, wo sich auf einem Zettel so mutig über den Tod lustig gemacht wird, stehen auch junge Männer der Besatzung, um Auskünfte zu erteilen.

Diethard Kersandt fragt nach, ihn interessiert, was die Soldaten über ihr Schiff wissen. Nein, der Name Samuel Scheffelmeier würde ihm nichts sagen, antwortet einer von den Befragten.

Der Autor Michael Schmidt, Wolfgang Scheffelmeier, Diethard Kersandt, Eberhard Peter und Joachim Hahne (v.l.n.r.) bei der Buchvorstellung in Rostock am 21. Januar 2010

Kersandt macht noch ein Foto von der Kommandobrücke und dem Leitspruch für die Mutigen, dann geht er von Bord. Traditionspflege hatte er sich anders vorgestellt, gerade auf diesem Schiff. Kersandt ist beunruhigt. Wie bereitet man die jungen Männer und Frauen eigentlich vor auf ihre Einsätze überall in der Welt? Ahnungslosigkeit nicht aus Versehen, sondern als gewollte Voraussetzung?

Marinesoldat Samuel Scheffelmeier fand sein Ende in der Pommerschen Bucht. 36 Minuten dauerte sein Todeskampf in der eiskalten Ostsee. Danach kämpften seine Eltern darum, die Wahrheit über den Tod ihres Sohnes zu erfahren. Nach sechs Jahren und drei Monaten wurde auch sie beerdigt – in den Akten der Gerichte.

Seine Familie und Freunde brauchen keine Ehrenmale und Totenorden, um ihn nicht zu vergessen.

»Es war nach dem Unglück, wir hatten soeben in Wilhelmshaven festgemacht«, erinnert sich sein Kamerad Mark Milla. »Sammys Freundin Rebecca und seine Schwester Salome kamen an Bord, um seine Sachen abzuholen. Wir gingen in seine Kammer und öffneten seinen Spind – und kriegten einen Schreck. Da flatterte uns ein Zettel entgegen, auf dem stand: *Macht's gut, Ihr schmantigen Boxer!* Das hatte wirklich Sammy geschrieben. Die Mädchen brachen gleich wieder in Tränen aus.

Aber so war er, der Sammy – hatte nur noch wenige Tage zu dienen und bereitete sich mit coolen Sprüchen schon auf seinen Abschied vor.

Ein starker Typ und ein Freund wie man ihn so schnell nicht wieder findet.«

2. Auflage 2010

ISBN 978-3-89793-225-8

© 2010 verlag am park in der edition ost Ltd.
Neue Grünstraße 17, D-10179 Berlin
Alle Nachdrucke sowie Verwertung in Film, Funk
und Fernsehen und auf jeder Art von Bild-, Wort- und
Tonträgern sind honorar- und genehmigungspflichtig.
Alle Rechte vorbehalten.

Illustrationen: Archiv Michael Schmidt, privat, Robert Allertz (1)

Titelfoto: Samuel »Sammy« Scheffelmeier an Bord der Fregatte
MECKLENBURG-VORPOMMERN

Die Bücher des verlags am park und der edition ost Ltd.
werden von der Eulenspiegel Verlagsgruppe vertrieben

16.90 Euro

www.edition-ost.de